复旦社云平台
数字化教学支持说明

为提高教学服务水平，促进课程立体化建设，复旦大学出版社建设了"复旦社云平台"，为师生提供丰富的课程配套资源，可通过"电脑端"和"手机端"查看、获取。

【电脑端】

电脑端资源包括 PPT 课件、电子教案、习题答案、课程大纲、音频、视频等内容。可登录"复旦社云平台"（www.fudanyun.cn）浏览、下载。

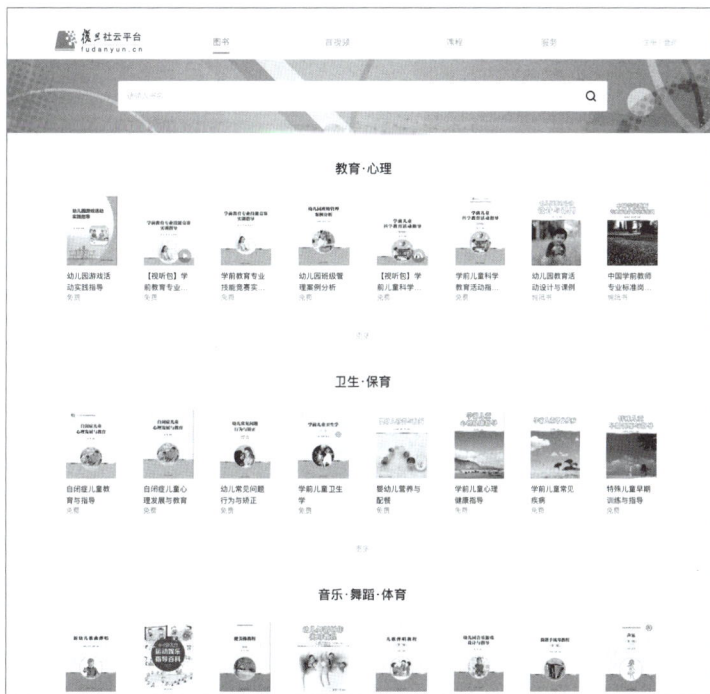

Step 1 登录网站"复旦社云平台"（www.fudanyun.cn），点击右上角"登录／注册"，使用手机号注册。

Step 2 在"搜索"栏输入相关书名，找到该书，点击进入。

Step 3 点击【配套资源】中的"下载"（首次使用需输入教师信息），即可下载。音频、视频内容可通过搜索该书【视听包】在线浏览。

【手机端】

PPT 课件、音视频、阅读材料：用微信扫描书中二维码即可浏览。

扫码浏览 ➡

【更多相关资源】

更多资源，如专家文章、活动设计案例、绘本阅读、环境创设、图书信息等，可关注"幼师宝"微信公众号，搜索、查阅。

平台技术支持热线：029-68518879。

"幼师宝"微信公众号

【本书配套资源说明】

1. 刮开书后封底二维码的遮盖涂层。

2. 使用手机微信扫描二维码，根据提示注册登录后，完成本书配套在线资源激活。

3. 本书配套的资源可以在手机端使用，也可以在电脑端用刮码激活时绑定的手机号登录使用。

4. 如您的身份是教师，需要对学生使用本书的配套资料情况进行后台数据查看、监督学生学习情况，我们提供配套教师端服务，有需要的老师请登录复旦社云平台（官方网址：www.fudanyun.cn），进入"教师监控端申请入口"提交相关资料后申请开通。

融合型·新形态教材

复旦社云平台　fudanyun.cn

普通高等学校学前教育专业系列教材

学前教育学

主　编　　杜丽静　叶好琴

副主编　　孙莹莹　张剑春　曾志发

编　委　　杜丽静　叶好琴　金建生　徐冬鸣　孙莹莹

张剑春　周艳芳　吕菲菲　范文利　曾志发

复旦大学出版社

前　言

　　人生百年，立于幼学。0～6岁阶段所享有的学前教育品质直接关系到亿万儿童的和谐发展，影响千家万户的民生幸福，甚至关系着中国式现代化的蓝图实现和民族未来的兴旺永达。党的十八大以来，学前教育同人们在以习近平总书记为核心的党中央坚强领导下，认真践行为党育人、为国育才的重要使命，建构广覆盖、保基本、有质量的学前教育公共服务体系，满足人民群众幼有所育的美好期待。而今，党的二十大胜利召开，习近平总书记指出："当前，我国教育已由规模扩张阶段转向高质量发展阶段。要坚持把高质量发展作为各级各类教育的生命线，加快建设高质量教育体系，以教育高质量发展赋能经济社会可持续发展。"学前教育也从普及普惠向高质量发展转型，随之而来的是学前教育学这个学科在社会发展和文化振兴中不断丰盈、扩展、更新，形成适应新时代要求的学前教育学。

　　学前教育学是一门研究学前教育的各种现象和深层规律的科学，也是以教育学原理、学前儿童发展心理学、教师发展、伦理学等相关理论为基础的融合课程，涉猎内容广泛，包括学前教育功能、学前教育思想、学前教育的儿童与教师、课程与教学、游戏、保健、环境、政策等多个子领域。作为一门理论基础课，学前教育学既贯穿古今，又融合中西；既反映古今学前教育中儿童观、教育观、教师观、游戏观等的沿革、变迁、更替，也反映中外学者对学前教育的共识、理解、差别与推动，可以向学生传递最为基本的、影响学前教育现实发展的中外学者的学理认知。同时，这门课也是问题导向、实践导向、综合导向的课程。问题导向性强调学前教育学会揭示当前学前教育发展的表面问题和潜藏深处的痼疾、顽疾，以问题为导向指明学前教育未来发展的可能方向；实践导向性强调理论联系实际，能反映学前教育实践中的最新成果和最好做法，强调策略性知识、程序性知识和学前教育的情境性特征，承认不同情境下学前教育的独特价值；综合导向性强调学前教育学内容的综合性，旨在调和体系和知识的分离，使学生获得综合的学前教育理论与实践的图景。

　　《学前教育学》自2013年首次出版以来，得到了学前教育专业广大师生的好评。在过去的十多年里学前教育学在社会发展的力推下萌发出很多新的观点，产生了众多新的问题，面临着新的挑战，也积累了一系列新的政策支持。为此，我们进行了本轮修订，主要涉及以下三个方面：

　　一是根据学前教育学学科发展修改了内容体系，增加了第三章经典学前教育思想，涵括经典的中国学前教育思想和国外学前教育思想；增加了第十一章学前教育政策与法规的制定、实施与监督，学前教育立法进程以及相关政策法规的解读。除了大段内容的改动，也根据中外学前教育理论与实践的快速发展，在每章增加了最新的学前教育理论、学前教育实践，比如第一章增加了马赛克法，第二章增加了儿童友好城市建设的学前教育社会功能。

　　二是根据学前教育四轮行动计划和学前教育改革的成果，删减了不符合当下学前教育要求的内容，填充了学前教育体制机制完善、幼儿园课程改革的新成果，充分体现了中国当代学前教育实践基础上的重要成就。

三是本书的体例上设置了"本章导读""学习目标""知识架构""案例思考""思考与练习""推荐阅读"等栏目，为学生提供清晰的学习目标和知识架构，呈现反映现实学前教育中真实情况的案例。用练习题巩固学生对幼儿园教师资格考试和幼儿园教师编制考试的考点掌握，扩展学生的学习资源。

本书是集体智慧的结晶，具体编写人员如下：第一章、第二章、第四章由绍兴文理学院杜丽静老师编写；第三章由绍兴文理学院孙莹莹老师编写；第五章由丽水学院金建生、叶好琴老师编写；第六章由丽水学院叶好琴、吕菲菲老师编写；第七章由丽水学院范文利老师编写；第八章由丽水学院周艳芳老师编写；第九章由绍兴文理学院张剑春老师编写；第十章由丽水学院曾志发老师编写；第十一章由绍兴文理学院徐冬鸣、杜丽静老师编写。最后，由第一主编负责统稿，并根据内容和统一格调进行微调。

本书在编写过程中参考了大量文献，我们尽力在文中以脚注和书末用参考文献的形式进行标注，但肯定还有许多遗漏之处，敬请谅解。

本书得到了绍兴文理学院校本教材重点建设项目的资助，谨致衷心感谢！

本书可作为学前教育专业学生的教材用书，也可以作为幼儿园教师资格考试和幼儿园教师编制招考复习用书。

杜丽静
绍兴文理学院

目　录

第一章
学前教育学概述

本章导读

　　学前教育学的研究对象是学前教育现象、学前教育问题以及学前教育规律。学前教育学的历史发展经历了孕育阶段、萌芽阶段、初创阶段和发展阶段四个阶段。常用的学前教育学的研究方法是观察法、调查法、个案研究法、行动研究法和马赛克方法。

学习目标

- 理解学前教育学的研究对象。
- 识记学前教育学的核心概念。
- 掌握学前教育学不同历史发展阶段的代表人物及其代表作、基本思想。

知识架构

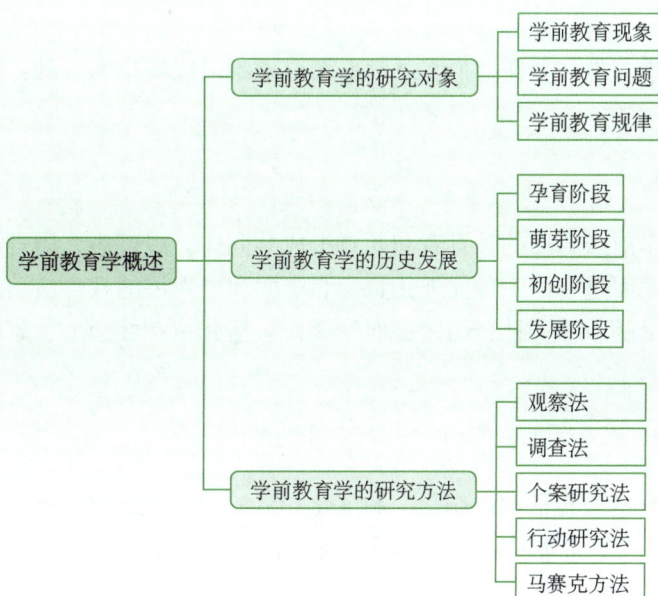

案例思考

两种做法

有一个数学教育活动，活动目标是"理解生活中三个物体的排列规律，知道模式的特点"。中一班的李老师在电子白板上呈现出人行道、格子衬衫、花纹图案的地毯，引导幼儿说出这些物体的排列规律，并要求幼儿知道这是模式，模式有重复性、预见性和规律性特点。中二班的章老师则给幼儿提供了很多操作材料，让幼儿自由摆弄材料形成有规律的物体，并记录自己的操作结果，和同伴分享。

思考 哪一位教师的做法较好？为什么？它揭示了哪些学前教育规律？为什么？

第一节 学前教育学的研究对象

_{微 课}

学前教育的概念

要分析学前教育学的研究对象，首先必须明确学前教育的概念。学前教育有广义和狭义之分。广义的学前教育是指以学龄前儿童（0～6 岁儿童）为对象的教育，泛指一切形式、一切场合的学前教育，包括专门机构的学前教育、家庭学前教育和社会学前教育。狭义的学前教育主要指专门机构的学前教育，是指有专人实施的各种机构对 0～6 岁儿童进行的教育，旨在促进儿童在身体、认知、情感和社会性方面的和谐发展，包括 0～3 岁阶段的婴幼儿教育和 3～6 岁阶段的幼儿教育。本书着重探讨专门机构的学前教育，同时兼顾家庭学前教育和社会学前教育。

_{微 课}

学前教育学的概念

学前教育学是教育科学的一个分支[1]，是研究学前教育现象和问题，揭示学前教育规律的一门科学。学前教育学的主要任务在于总结学前教育的宝贵经验，研究学前教育的基本理论，借鉴各国学前教育的先进思想和前沿实践，为学前教育高质量发展提供学理支持。

一、学前教育现象

学前教育现象就是学前教育存在的形态。学前教育现象可以概括为三种：学前教育活动、学前教育事业和学前教育思想。

（一）学前教育活动

学前教育活动是由学前教育中的教育者和儿童组成共同体，以健康、语言、社会、科学和艺术为内容，以游戏为基本活动而进行的一种促进儿童身心全面和谐发展的教育活动。学前教育活动随着人类社会的产生而产生，又随着人类社会的发展而发展，包括儿童在社会上、家庭里和专门机构中所受的各种教育影响。

（二）学前教育事业

学前教育事业是使学前教育活动组织化、制度化、目的化、规范化、有序化，并使之与社会生活联系起来的一种社会事业。自原始社会到 1904 年，我国学前教育活动是无组织、零碎的，没有成为学前教育事业。1904 年 1 月，张之洞、张百熙和荣庆合订了《奏定学堂章程》（亦称《癸卯学制》），内含

---

[1] 黄人颂.学前教育学（第三版）[M].北京：人民教育出版社，2015：6.

《奏定蒙养院章程》及《家庭教育法章程》，这是中国近代学前教育的第一个法规。它规定："蒙养院专为保育教导三岁以上至七岁之儿童""蒙养通乎圣功，实为国民教育之第一基址"。从此以后，学前教育活动走上组织化、制度化、目的化、规范化和有序化的轨道，演变为学前教育事业。时至今日，我国政府已充分认识到学前教育事业的重要性。2010年11月，《国务院关于当前发展学前教育的若干意见》指出："学前教育是终身学习的开端，是国民教育体系的重要组成部分，是重要的社会公益事业。"

（三）学前教育思想

学前教育思想是指人们经过理论加工而形成的，具有思维深刻性、抽象概括性、逻辑系统性和现实普遍性的学前教育认识。翻开中国学前教育史的画卷，贾谊、颜之推、朱熹、王守仁、张之洞、康有为、蔡元培、鲁迅、陶行知、陈鹤琴、张雪门、张宗麟等教育家都有丰富而系统的学前教育思想。打开外国学前教育史的画卷，柏拉图、亚里士多德、昆体良、伊拉斯谟、蒙田、莫尔、康帕内拉、夸美纽斯、洛克、卢梭、裴斯泰洛齐、赫尔巴特、欧文、福禄培尔、杜威、蒙台梭利、德可乐利、罗素、克鲁普斯卡雅、乌索娃等教育家也有深刻而独到的学前教育思想。

以上二种学前教育现象是密切联系的。学前教育活动、学前教育事业是形成一定学前教育思想的基础，并使已形成的学前教育思想得以发展、深化和提高；而学前教育思想又反过来作为一种学前教育法则，指导和制约学前教育活动和学前教育事业的实践，体现着学前教育理论和学前教育实践的辩证统一与有机结合。

二、学前教育问题

学前教育问题是指学前教育系统内部或学前教育与社会其他系统之间的不协调状态。学前教育问题具有历史性、普遍性、复杂性和社会性等特性。在历史上，陈鹤琴曾列举了当时中国普通幼稚园存在的四种弊病（问题）：与环境的接触太少，在游戏室的时间太多；功课太简单；团体动作太多；没有具体的目标。陶行知也列举了当时国内幼稚园存在的三种弊病：外国病，花钱病，富贵病。在现实中，我国城市学前教育存在着幼儿入园难、入园贵、师资队伍结构不合理及幼儿园教育小学化倾向等问题；农村学前教育存在着机构数量少、办园条件差、师资队伍不稳定及同样的幼儿园教育小学化倾向严重等问题。

学前教育问题的存在阻碍着学前教育的发展，学前教育问题的解决推动着学前教育的前行。不同教育家回答同一学前教育问题，就形成了不同的学前教育思想。学前教育问题的转换，表明学前教育学研究范式的变革。学前教育学研究必须从学前教育问题出发，深入分析学前教育问题，真正把握学前教育问题的本质，并从中揭示学前教育规律。善于敏锐地把握、提出和解决学前教育问题，是学前教育学研究的基本功。

三、学前教育规律

学前教育规律是学前教育内部诸因素之间、学前教育与其他事物现象之间的本质联系，以及学前教育发展变化的必然趋势。它是教育的一般规律在学前教育阶段的具体表现和特殊形式。学前教育规律具有客观性、必然性、价值性和可重复性等特点。

按学前教育规律的关联度，可分为外部规律和内部规律。学前教育的外部规律指向学前教育与社会系统及其因素之间客观而必然的关系。如幼儿教育与人口状况、经济实力、公共政策、科技水平、风俗习惯、生态环境等社会因素之间的关系。它既表现为社会系统中不同方面或因素的发展对于学前教育发展的制约或支持，也表现为学前教育对于社会各方面发展的特定功效和贡献。学前教育的内部规律是学前教育自身内部诸多要素之间的本质联系及发展的必然趋势。如课程内容设计与组织的有机性，教学中的目标、内容与方法之间的内在一致性，幼儿园一日活动中教学与游戏的合理融合，保育和教育的相互结合等，这些都是学前教育内部规律在不同层面上和不同过程中的具体体现[1]。

按学前教育规律的层次性，可分为基本规律和特殊规律。学前教育的基本规律是学前教育规律中最一般的和最具普遍适用性的规律，它存在于一切学前教育现象之中，并始终贯穿于学前教育发展的整个过程[2]。基本规律包括两个：一是学前教育与儿童发展相互适应的规律，它直接表现为学前教育与学前儿童的生理发展、心理发展及人格发展等诸方面的相互适应和相互促进；二是学前教育与社会发展相互适应的规律，它具体表现为学前教育与社会的经济、政治、文化、人口、科技等诸方面的相互适应和相互促进。而学前教育的特殊规律则是反映学前教育发展不同时期、不同领域的特殊性规律[3]。特殊规律也包括两个方面。一是不同社会形态下学前教育发展的不同规律。人类社会经历了原始社会、奴隶社会、封建社会、资本主义社会和社会主义社会五种不同社会形态，不同社会形态下学前教育都有一定发展，但其发展都受到当时的生产力、政治经济制度、文化生活及地域环境等因素制约，表现出一定的特殊性。二是不同领域学前教育活动的不同规律。学前儿童的健康、语言、社会、科学和艺术五个领域的目标、内容与实施等方面都是不同的，各领域学前教育活动均表现出各自的特殊性。学前教育的基本规律是特殊规律的归纳和概括，学前教育的特殊规律是学前教育基本规律的具体化和个别化。

重要知识点

学前教育学的研究对象是学前教育现象和问题，目的是揭示学前教育规律。

学前教育的基本规律：

一是学前教育与儿童发展相互适应的规律；

二是学前教育与社会发展相互适应的规律。

第二节　学前教育学的历史发展

学前教育学的历史发展过程大致可分为孕育阶段、萌芽阶段、初创阶段和发展阶段。

一、孕育阶段

这一阶段是从原始社会到 15 世纪末。从远古开始，人类就从事学前教育活动，只是没有系统化、理论化而已，学前教育思想散见在各种著作之中。

（一）中国学前教育学的发展

在我国，有关学前教育思想的论述最早可以追溯到周朝。西周时期是奴隶社会发展的鼎盛时期，也是奴隶社会学前教育实施的较成熟时期。人们彼时已经能够按照儿童年龄大小来制订循序渐进的学前教育实施计划。《礼记·内则》曾记载："子能食食，教以右手。能言，男唯女俞，男鞶革，女鞶丝。六年，教之数与方名。七年，男女不同席，不共食。八年，出入门户及即席饮食，必后长者，始教之

---

[1][2][3]　丁海东.论学前教育的规律［J］.学前教育研究，2009（7）：29.

让。九年，教之数日。十年，出就外傅……"我国实施胎教的历史可上溯到西周时期，贾谊的《新书》曾记载周成王母注意胎教之说。

1. 贾谊

贾谊（前200—前168），西汉初期著名的政论家、文学家。贾谊的著述，今人辑为《贾谊集》，包括《新书》10卷。贾谊祖述"古制"，是汉代最早提倡胎教的教育家。他认为，胎教是早期教育之始端，王室之家要设置对太子实施胎教的专门处所——"菱室"，孕妇自身也要有胎教意识。贾谊还提出早谕教的观点。他认为，太子是否具有良好品行决定着他日后继承皇位时的道德表现，应接受最佳的早期教育。他说："太子之善，在于早谕教与选左右。""心未滥而先谕教，则化易成也。"

2. 颜之推

颜之推（531—约590以后），生活在南北朝至隋朝期间，是著名的历史学家、文字音韵学家和教育思想家，著有《颜氏家训》。《颜氏家训》是一部系统完整的家庭教育教科书，是中国历史上第一部以论述儿童教育为主的著作。他继承了贾谊的胎教思想，他说："古者，圣王有胎教之法：怀子三月，出居别宫，目不邪视，耳不妄听，音声滋味，以礼节之。"[1] 他提倡早教，他说："人生小幼，精神专利，长成以后，思虑散逸，固须早教，勿失机也。"[2] 他十分赞成"教妇初来，教儿婴孩"的俗谚。父母作为教育者必须做到爱严结合、以身作则、一视同仁，要为子女慎选朋友。颜之推的家庭教育思想对于我们开展家庭学前教育仍有重要的参考价值。

3. 朱熹

朱熹（1130—1200），南宋时著名的思想家、教育家，宋代集理学之大成者，主要著作有《四书集注》《近思录》《小学》《童蒙须知》等。他倡导胎教。他在《小学》中说："古者妇人妊子寝不侧，坐不边，立不跸，不食邪味，割不正不食，席不正不坐，目不视邪色，耳不听淫声。……如此则生子，形容端正，才德过人矣。"孩子出生后，家庭应选好"乳母"，因为"乳母之教，所系尤切""乳母不良非惟败乱家法，兼令所饲之子性行亦类之"。他认为"必求其宽裕慈惠、温良恭敬，慎而寡言者，使为子师"，教导学前儿童学习"善道""从小便养成德行"。在他看来，童蒙之学有顺序性规律。他说："夫童蒙之学，始于衣服冠履，次及言语步趋，次及洒扫涓洁，次及读书写文字，及有杂细事宜，皆所当知。"[3] 教育者必须循序渐进地做好儿童教育工作，不宜揠苗助长。

（二）国外学前教育学的发展

在国外，有关学前教育思想的论述可以追溯到古希腊。古希腊柏拉图和亚里士多德的学前教育思想奠定了学前教育理论的基础，古罗马昆体良的学前教育思想则具有特殊意义。

1. 柏拉图

柏拉图（前427—前347），古代希腊雅典城邦的哲学家、思想家、教育家，著有《理想国》。他主张胎教，强调儿童的早期教育。他说："凡事开头最重要。特别是生物。在幼小柔嫩的阶段，最容易接受陶冶，你要把它塑成什么型式，就能塑成什么型式。"[4] 柏拉图提倡儿童的社会教育。婴儿出生后，应施以公共教育。养育儿童的机构被称为养育院，养育院又细分为0~3岁的托儿所和3~6岁的游戏场，托儿所的教育者是经过严格挑选的女仆，游戏场的教育者是性格温和、富有知识的妇女。柏拉图安排了旨在促进儿童德、智、体、美和谐发展的教育内容，包括讲故事、寓言、算数、诗歌、音乐、艺术、体育锻炼等课程。他主张，教育学前儿童宜采用游戏的教学方式，宜运用榜样法和陶冶法进行品德教育。柏拉图的上述观点标志着学前公共教育思想的诞生。

---

① 颜之推. 颜氏家训［M］. 长春：时代文艺出版社，2002：6-7.
② 颜之推. 颜氏家训［M］. 长春：时代文艺出版社，2002：102.
③ 朱子. 朱子家训［M］. 郑州：中州古籍出版社，1995：7.
④ 柏拉图. 理想国［M］. 郭斌和，张竹明，译. 北京：商务印书馆，1986：71.

2. 亚里士多德

亚里士多德（前384—前322），古代最伟大的思想家和最博学的人物，著有《伦理学》和《政治学》等。他倡导胎教，提出已婚男女应在生育之前接受医生的专业指导，学习生育知识，孕妇要注意身体变化与心理健康。他第一次提出儿童的年龄分期问题，指出了每个年龄阶段的教育重点。出生到7岁为第一个阶段，以体育训练为主。他主张婴儿出生后应喂母乳，应通过游戏及忍受寒冷的锻炼促进身体活动，增强体质。儿童5岁以后即可开始学习不宜过重的课业，以免妨碍身体发育。要注意儿童教养情况，不与奴隶接触，以免沾染不好的习惯。另外，7～14岁为第二个阶段，以道德教育为主。14～21岁为第三个阶段，以理智培养为主。

3. 昆体良

昆体良（约35—95），罗马著名的演说家和教育家，著有《雄辩术原理》。他强调儿童的早期教育，认为儿童的学习越早越好。保姆、父母是儿童早期教育的重要人员，智育、体育和美育是儿童早期教育的内容。他在教育史上第一次提出双语教育的问题，希望儿童最好先学习希腊语，再学习拉丁语。他对幼儿教师提出了一系列严格的要求，即教师要热爱儿童，要善于观察和了解儿童，要善于启发引导，要善于因材施教，要正确运用批评和表扬。他十分重视学前儿童的游戏活动，认为儿童"爱好游戏，那是天性活泼的标志……"，要寓发展智力和培养德行于游戏之中。他要求教师充分利用游戏这一儿童喜爱的活动方式，把它变成为一种娱乐、学习和教育的活动形式。他竭力反对儿童教育中的体罚现象，倡导禁止体罚儿童。

（三）孕育阶段学前教育学发展的特点

1. 丰富性

在孕育阶段，一些哲学家、思想家、政治家和教育家阐述学前教育的思想在各种文献资料中层出不穷，这些都极大地夯实了学前教育学的内容，从而使该阶段的学前教育学发展呈现出丰富性的特点。

2. 实践性

在孕育阶段，学前教育学发展的实践性特点是指各位哲学家、思想家、政治家和教育家所提出的学前教育思想不仅直接来源于他们从事的教育实践，而且呈现形式也明显地体现出实践性的特点。

3. 零散性

在孕育阶段，学前教育的思想虽然在各种文献资料中层出不穷，但是学前教育学的思想基本上散见于各种著作之中，并未形成较为完善的理论体系。学者虽然较多地关注学前教育，但是并没有专门研究学前教育问题。因此，这一时期的学前教育学发展呈现出零散性的特点。

二、萌芽阶段

这一阶段是从16世纪至19世纪初期，学前教育学处在萌芽阶段，还没有成为一门独立的学科。

（一）中国学前教育学的发展

我国自隋炀帝开始，实施科举制选拔官吏。明清以后，学前教育学发展缓慢。但是在这一时期，王守仁等教育家提出了一些可贵的学前教育思想。

1. 王守仁

王守仁（1472—1529），明代中叶著名的哲学家、教育家，著有《传习录》《大学问》等。他认为，儿童教育的目标是"明人伦"，内容是德、智、体、美。他提出了四个儿童教育原则：一是顺应性情原则。他说："大抵童子之情，乐嬉游而惮拘检，如草木之始萌芽，舒畅之则条达，摧挠之则衰痿。今教童子，必使其趋向鼓舞，中心喜悦，则其进自不能已。"[1] 二是因材施教原则。他认为，人与人是不同的，教学须因人而异，因材施教。三是循序渐进原则。他说："为学须有本原，须从本原上用力，渐渐盈科而进。"四是教学相长原则。他认为，师生之间固然闻道有先后，知识有厚薄，年龄有长幼，但从本质上还是一种互相促进、互相影响、互相帮助、互相学习的关系。

2. 王廷相

王廷相（1474—1544），明朝中叶著名的政治家、哲学家和教育家，著有《王氏家藏集》等，今人编有《王廷相集》。他认为，必须注意儿童的早期教育，教育应以正面诱导为主。他说："童蒙无先入之杂，以正导之而无不顺受，故《易》可以养其正性，此作圣之功。壮大者已成驳僻之习，虽以正导，彼以先入之见为然，将固结而不可解矣，夫安能变之正？故养正当于蒙。"[2] 他认为，教育者的身教胜于言教。他说："古人有身教焉，今人惟恃言语而已矣，学者安望其有得？"[3] 他希望教育者和儿童都要不断学习，以适应外界变化，因为"礼乐名物，古今事变，亦必待学而后知哉"。他要求教育者引导儿童及时接触实际事物，实地学习。如果儿童从小就被幽闭起来，不与外界接触，将来长大成人，则不能分辨牛马，不能理解人之常情，更不能获取任何真知。王廷相关于儿童早期教育的见解是很精辟的。

（二）国外学前教育学的发展

在这一阶段，国外学前教育学发展的代表人物主要有夸美纽斯、卢梭、裴斯泰洛齐等。

1. 夸美纽斯

夸美纽斯（1592—1670），捷克著名的教育家，著有《大教学论》《母育学校》和《世界图解》等。《大教学论》是近代最早的一部教育学著作，《母育学校》是历史上第一部学前教育专著，《世界图解》是历史上第一本看图识字课本。他依据儿童的年龄特征，把人的受教育过程划分为四个阶段（每个阶段6年）。第一个阶段是婴幼儿期（出生到6岁），儿童在母育学校接受家庭教育。母育学校的教育内容包括胎教、体育、德育和智育四个方面。他重视儿童的活动，尤其是游戏，他认为游戏最适合幼儿，因为游戏可以使儿童"自寻其乐，并可以锻炼他们的身体健康、精神的活泼和各种肢体的敏捷"。他号召父母们帮助和指导儿童玩游戏，陪着他们玩游戏。夸美纽斯还重视儿童的玩具，因为真的工具常会给孩子带来危险，所以必须找些玩具来代替真的工具。

2. 卢梭

卢梭（1712—1778），法国启蒙思想家、哲学家、教育家，著有《爱弥儿》和《社会契约论》等。《爱弥儿》一书集中反映了卢梭的自然教育思想。自然教育的目的是培养自然人。要培养自然人，教育必须顺应儿童天性发展的自然历程，即遵循儿童身心发展的特点，同时还要尊重儿童的个性特点。他主张把人的身心发展划分为四个时期，每个时期有不同的教育重点：第一个时期是婴儿期（出生到2岁），身体柔嫩、娇弱，以身体养护为教育的重点；第二个时期是儿童期（2～12岁），感觉发达，教育应以身体锻炼和感官训练为主；第三和第四时期分别是少年期（12～15岁）和青年期（15～20岁）。卢梭呼吁要爱护儿童，尊重儿童，珍视短暂的童年生活。他要求关心儿童的游戏，允许儿童充分地进行自由活动，而不应强迫儿童苦读书。

3. 裴斯泰洛齐

裴斯泰洛齐（1746—1827），瑞士教育家，著有《林哈德和葛笃德》《葛笃德怎样教育她的子女》《幼儿教育书信》等。裴斯泰洛齐曾担任斯坦兹孤儿院的管理和领导工作，斯坦兹孤儿院的教育有两个方面内容最为突出：一是实施爱的教育，激发儿童的良心，培养儿童善良的情感和团结友爱、互助合作的精神，使孤儿院的教育和生活家庭化；二是实施劳动教育，根据儿童的年龄特点组织劳动训练，促进他们体力、智力和道德的发展，从而获得生活必备的劳动技能。他认为，教育的目的就是促进人

---

① 孟宪承. 中国古代教育文选［M］. 北京：人民教育出版社，1979：298.
② 冒怀辛. 慎言·雅述全译［M］. 成都：巴蜀书社，2009：341.
③ 冒怀辛. 慎言·雅述全译［M］. 成都：巴蜀书社，2009：359.

的一切天赋能力的和谐发展，实施和谐发展的教育内容包括德育、智育、体育和劳动教育。德育最基本的要素是儿童对母亲的爱，智育最基本的要素是数目、形状、语言，体育最基本的要素是关节活动。他认为自然赋予儿童关节活动的能力是体力发展的基础，也是进行体育练习和各种体力活动的要素。劳动是体力活动的一个方面，因此关节活动也是劳动教育的要素。

（三）萌芽阶段学前教育学发展的特点

1. 专门化

萌芽阶段的学前教育学发展开始呈现出专门化的特点。一是出现了以教育作为专门研究内容的诸多学者，如夸美纽斯、卢梭、裴斯泰洛齐等；二是诸多学者在其教育专著中专门探讨了学前教育，如夸美纽斯的《母育学校》、卢梭的《爱弥儿》、裴斯泰洛齐的《林哈德和葛笃德》与《幼儿教育书信》等。

2. 完备化

萌芽阶段的学前教育学发展开始呈现出完备化的特点。一是指学前教育学开始大致地形成一个独立学科所具有的独立研究对象、研究内容，且开始形成自己的研究方法。虽然这些学科要素并不成熟和完善，但也呈现出一定的完备性特点。二是许多教育家有关学前教育学的研究成果开始体系化，且开始集中反映在其某一本教育专著中。虽然这些教育专著不是以学前教育学的字样命名，但是却直接体现了学前教育学的内容。

3. 理论化

萌芽阶段的学前教育学发展也开始呈现出理论化的特点。一是许多教育家不满足于学前教育经验的描述，而开始将学前教育经验上升到学前教育理论，去努力挖掘、揭示学前教育规律；二是一些教育专著的理论化水平不断提高，如夸美纽斯的《母育学校》。《母育学校》共分十二章，大致可以分为三个部分：第一部分是总论（包括第一章至第四章），第二部分是分科教育（包括第五章至第十章），第三部分阐述家庭与学校教育的衔接（包括第十一章和第十二章）。该书主要阐述家庭学前教育思想，是夸美纽斯整个教育理论体系的一个重要组成部分。

三、初创阶段

这一阶段是从 19 世纪中期到 20 世纪前半期，生产力的发展和科学技术的发展为学前教育学的研究提供了科学基础。19 世纪中期，学前教育学开始从普通教育学中分化出来，成为一门独立的学科。

（一）中国学前教育学的发展

19 世纪中期以后，我国教育家主张改革旧教育制度，不断吸收西方资产阶级教育思想的精华，不断总结学前教育的经验，系统研究学前教育理论和实践，为我国建立独立的学前教育学作出了贡献。

1. 康有为

康有为（1858—1927），清末著名的政治家、思想家和教育家，著有《大同书》《新学伪经考》和《孔子改制考》等。康有为首次提出一整套儿童公育思想，设想了从胎教到幼教的完整的学前公共教育体系。他主张，儿童教育应从胎儿期开始。妇女一旦受孕，就应进入"人本院"接受胎教，以"端人生之本"。凡婴儿出生后，满 6 个月即断奶，产母离开人本院，婴儿则被送到育婴院养育。满 3 岁后，移入慈幼院或怀幼院教育，如不设慈幼院，则仍在育婴院受教育，直到 6 岁入学为止。康有为还对人本院和育婴院的环境、建筑、设备、医务、教育等都提出了具体的要求。他的理想虽然脱离现实，却反映了新兴资产阶级的一些要求，促进了我国近代儿童公育思想的发展以及学前教育机构的产生。

2. 蔡元培

蔡元培（1868—1940），中国近代的民主革命家、科学家和教育家，著有《在上海市儿童节庆祝大会上的演说词》《现代儿童对于科学的态度》等。他设计了从胎教院、乳儿院到蒙养院（幼稚园）的社会学前教育体系。妇人有了身孕，便进胎教院。生了子女，便迁到乳儿院。一年以后，小儿断乳，就送到蒙养院受教育。胎教院、乳儿院的设施都是有益于孕妇或乳儿母亲的身体与精神的。幼稚园教育创立之始，"大抵为三岁以上之儿童而设，而今则大都会兼为一岁以上之儿童设之"。他鉴于当时幼稚园师资缺乏，"决定于各省区环境适宜的地点，开设幼稚师范"，以培养幼稚教育所急需的师资。蔡元培重视家庭学前教育，他说："家庭者，人生最初之学校也。""当其子之幼稚，而任教训指导之责者，舍父母而谁？此家庭教育之所以为要也。"[①] 而家庭教育之道，"先在善良其家庭"，父母应该成为孩子的模范和榜样。他还提出以儿童为本位，让儿童个性得到自然、自由发展。

🔍 深度链接

鲁迅的儿童教育观

鲁迅激烈地批判了旧教育对儿童的摧残。他说："中国的孩子，只要生，不管他好不好，只要多，不管他才不才。生他的人，不负教他的责任。……小的时候，不把他当人，大了以后，也做不了人。"鲁迅十分反对这种幼者的全部便应为长者所有、理应做长者的牺牲的封建专制思想。他用生物进化论的观点指出"后起的生命，总比以前的更有意义，更近完全，因此也更有价值，更可宝贵"。鲁迅在揭露批判封建专制主义儿童教育的同时，阐发了他的儿童观和儿童教育的主张。他指出父母对于子女，应该是健全的产生，尽力的教育，完全的解放。为了教育好儿童，第一要理解儿童，第二要指导儿童，第三要解放儿童。

3. 张雪门

张雪门（1891—1973），我国著名的学前教育专家，著有《幼稚教育》《幼稚园教育概论》《幼稚园教育新论》《增订幼稚园行为课程》《中国幼稚园课程研究》《幼稚园课程活动中心》《幼稚园教材研究》等。他提出了改造民族的幼稚教育的四项具体目标：铲除我民族的劣根性；唤起我民族的自信心；养成劳动与客观的习惯态度；锻炼我民族为争中华之自由平等而向帝国主义作奋斗之决心与实力。幼稚教育理论的核心是行为课程。张雪门说："生活就是教育，五六岁的孩子们在幼稚园生活的实践，就是行为课程。"行为课程的目的是："满足儿童心身的需求"；养成儿童"扩充经验"的方法与习惯；培养儿童生活的能力。张雪门认为，如果从教材的科目来看，行为课程主要包括手工、美术、言语、常识、故事、音乐、游戏和算术。他将行为课程的实施分为以下三个阶段：课程实施前的准备、课程实施中的指导、课程实施后的进展。同时，张雪门特别重视幼稚师范教育的见习和实习。

4. 陶行知

陶行知（1891—1946），"伟大的人民教育家"（毛泽东语），著有《创设乡村幼稚园宣言书》《幼稚园之新大陆》《如何使幼稚教育普及》《要使全国个个乡村都有一个幼稚园》《今日之幼稚园》等。他是我国平民幼稚教育理论的首创者和实践的开拓者，如他创办了我国历史上第一所乡村幼儿园——南京燕子矶幼稚园，合办了我国第一个工人子弟幼稚园——上海劳工幼稚园。他针对当时幼稚园的三大弊病——外国病、花钱病和富贵病，提出要建立中国的、省钱的和平民的幼稚园。陶行知以幼儿生活为中心，认为幼儿教育的内容应该包括健康、道德、科学、艺术和劳动等方面的教育。他的"艺友制"幼师培养方式也为我国近代幼师培训打开了新的思路。

5. 陈鹤琴

陈鹤琴（1892—1982），中国现代杰出的教育理论家和著名的教育实践家，著有《儿童心理之研究》《儿童心理及教育儿童的方法》《儿童故事》《儿童游戏》《儿童唱歌》和《活教育的教学原则》等。

---

① 中国蔡元培研究会.蔡元培全集（第二卷）［M］.杭州：浙江教育出版社，1997：107-108.

他创办中国最早的幼稚教育实验中心——南京鼓楼幼稚园，认真研究幼稚园的课程设置及儿童特点等问题。他认为，儿童具有以下特点：小孩子好游戏；小孩子好模仿；小孩子好奇心强；小孩子喜欢成功；小孩子喜欢野外生活；小孩子喜欢合群；小孩子喜欢被称赞。他将学前儿童分为以下四个发展阶段：新生婴儿期（出生到一个月左右），乳儿期（新生到1岁左右），步儿期（1岁左右到3岁半左右），幼儿期（3岁半左右到6岁）。同时确定了与各发展阶段相适应的教育重点。陈鹤琴主张，幼儿教育的内容应是全面的，包括健康教育、语言教育、品德教育、科学教育、环境教育、艺术教育和劳动教育，以"培养全面发展的儿童"。他提出，要用比赛的方法、比较教学法、替代教学法、游戏教学法和整个教学法等保教方法来教育幼儿。他创办江西省立幼稚师范学校和国立幼稚师范专科学校，来培养优秀的幼儿教育师资。陈鹤琴还高度重视家庭学前教育。他指出，小孩子的"知识之丰富，思想之发展与否，良好习惯之养成与否，家庭教育实应负完全的责任"。

（二）国外学前教育学的发展

在国外，这一时期的代表人物主要有福禄培尔、杜威、蒙台梭利、皮亚杰和维果茨基等。

1. 福禄培尔

福禄培尔（1782—1852），德国19世纪著名的幼儿教育家，著有《人的教育》《慈母游戏和儿歌》与《幼儿园教育学》。1837年，他在勃兰根堡设立了一所幼儿学校（1840年取名为幼儿园），这是世界上第一所幼儿园。他认为儿童共有四种本能，分别是活动的本能、认识的本能、艺术的本能和宗教的本能，宗教的本能是前三种本能的归宿。他特别重视活动的本能，提出教育要追随活动的本能，就是要唤起和发展儿童的积极性、创造性和自动性。他将儿童发展分为三个时期：一是婴儿期，这是"吸收期"，主要以身体养护为主；二是幼儿期，这是"真正的人的教育开始的时期"，除了身体的保育外，还应多注意儿童心智的发展；三是少年期，这是学习的时期，应以后天的环境为主，以课程为中心。他主张，幼儿园课程包括游戏、恩物、作业、歌谣和语言。

2. 杜威

杜威（1859—1952），美国实用主义哲学家、社会学家和教育家，著有《民主主义与教育》《我的教育信条》《学校与社会》《儿童与课程》《经验与教育》等。他认为，儿童生来就潜存着四种本能，分别表现为四种活动：语言和社会的本能及其活动；制作的本能及其活动；研究和探索的本能及其活动；艺术的本能及其活动。教育应该尊重儿童的天性，即本能及其活动，教育的任务就是创造条件促进儿童本能的生长和儿童活动的开展。杜威认为，儿童发展的过程可以分成三个阶段：一是游戏期（4～8岁），这是儿童通过各种活动而学习的阶段；二是自发的注意时期（8～10岁）；三是反射的注意时期（10岁以后）。他认为，教育的本质是教育即生长、教育即生活、教育即经验的不断改造。他倡导"从做中学"，把它作为其全部教学理论的中心原则，充分体现了学与做（即知与行）的结合。他倡导"儿童中心"，教育的措施便围绕儿童而组织起来。

3. 蒙台梭利

蒙台梭利（1870—1952），意大利杰出的幼儿教育家和20世纪"幼儿园改革家"，著有《蒙台梭利方法》《蒙台梭利私人手册》《高级蒙台梭利教学法》《童年的秘密》《幼儿之成长》等。1907年，她应邀在罗马开办了第一所新型幼儿学校——"儿童之家"，安排了实际生活练习、肌肉训练、自然教育和体力劳动、感觉训练以及读、写、算练习等教学内容。她认为，儿童存在着与生俱来的"内在的生命力"（或叫"内在潜力""人类的潜能"），幼儿教育的任务是激发和促进儿童的"内在潜力"的发现，并按其自身规律获得自然的和自由的发展。幼儿教育的目的有两个：一是生物的目的，即帮助个体自然发展；二是社会的目的，即使个体适应并利用环境。他认为，幼儿教师主要扮演观察者、环境创设者、指导者、家园合作的联络者等角色。

4. 皮亚杰

皮亚杰（1896—1980），瑞士著名的儿童心理学家及教育家，著有《儿童的语言与思维》《儿童的道德判断》《儿童的智力起源》《发生认识论》等。从认识发生和发展的角度，他系统而深入地研究了学前儿童心理，提出了独特的学前教育思想。他认为，制约儿童心理发展的主要因素是成熟、物理环境、社会环境和平衡化。他把儿童心理分为四个阶段，即感知运动阶段（0～2岁）、前运算思维阶段（2～7岁）、具体运算阶段（7～12岁），以及形式运算阶段（12～15岁）。教学能促进学前儿童智慧的发展，但通过教学来加速学前儿童思维的发展是有一定限度的，不能超越学前儿童的发展阶段。儿童心理发展是内部结构的组织和再组织的过程，具有联系性和阶段性。他强调儿童与环境的相互作用——活动的重要性。他认为儿童发展的每一个阶段都是由儿童的成熟和与环境的相互作用产生的。他注重儿童的兴趣和需要，重视游戏的作用。

5. 维果茨基

维果茨基（1896—1934），苏联早期卓越的心理学家和"文化-历史"理论学派的创始人，著有《学龄前期的教学与发展》《思维和语言》等。维果茨基把心理机能分为两类：一类是低级心理机能，另一类是高级心理机能。低级心理机能是指感觉、知觉、不随意注意、形象记忆、情绪、冲动性意志、直观的动作思维等。高级心理机能是指观察（有目的的知觉过程）、随意注意、词的逻辑记忆、抽象思维、高级情感、预见性意志等。儿童心理机能由低级向高级发展。维果茨基提出了著名的"最近发展区"概念，即儿童现有发展水平和潜在发展水平之间的差距。现有发展水平是儿童独立可以完成的任务所代表的水平，潜在发展水平是儿童在教师或同伴的帮助下能完成的任务所代表的水平。这两种水平之间的差异，决定了儿童心理发展的最近发展区，教学应走在儿童发展的前面，引导儿童的发展。

（三）初创阶段学前教育学发展的特点

1. 独立性

初创阶段的学前教育学开始从普通教育学中分化出来，成为一门独立的学科。它具有独立的研究领域——学前教育问题；具有独立的概念与范畴，如儿童公育、幼稚园行为课程等；具有科学的研究方法，如实验法等；具有独立的研究结果，如已经产生了陈鹤琴、福禄培尔和蒙台梭利等大批重要的学前教育学家，已经出现了《幼稚园教育概论》《儿童心理之研究》《幼儿园教育学》和《蒙台梭利方法》等大量专门而系统的学前教育学著作。

2. 科学性

初创阶段的一些教育学家和心理学家开始应用科学方法来探析学前教育问题。陈鹤琴采用实验法来论述学前教育问题。1923年，陈鹤琴创办南京鼓楼幼稚园，把它作为推行科学性幼儿教育的一个实验基地。通过实验法，他认真研究幼稚园的课程设置，深入研究和精心设计、创制了标准桌椅、木马、木偶等玩具和教具，并将实验成果整理成《我们的主张》，提出了适合儿童心理、教育原理和中国国情的15条幼稚教育意见。皮亚杰和维果茨基等开始应用心理学的知识来论述学前教育问题，学前教育学研究的科学性水平进一步提高。

3. 理论性

萌芽阶段的学前教育学发展虽然已经具有一定的理论化特点，但还是蕴涵着浓郁的经验主义意味。到了初创阶段，学前教育学的发展开始呈现出高度的理论性特点，即人们开始系统研究学前教育现象和学前教育问题，深入揭示学前教育规律，并进行高度的抽象概括，以形成较为完善的学前教育理论。《幼稚园教材研究》《儿童心理及教育儿童的方法》《儿童与课程》和《教育科学与儿童心理学》等都是较为完善的学前教育理论著作。

四、发展阶段

这一阶段起自20世纪中期，众多教育学家和心理学家以生态学、人类学、社会学、心理学、生理学等相邻学科为理论基础，深入研究学前教育，学前教育学开始从一门新独立的学科逐渐成为一门体系完善的学科，全球学前教育学处在进一步繁荣和发展阶段。

（一）中国学前教育学的发展

1. 幼儿园综合教育

幼儿园综合教育是 20 世纪 80 年代初幼儿园教育改革的创新性研究成果。最具代表性的改革是由南京师范大学学前教育专业的教师与南京市实验幼儿园的教师合作进行的探索，主要是通过"幼儿园综合教育结构的探讨"（1983—1986 年）和"农村学前一年课程的研究"（1987—1989 年）两个课题来进行的。幼儿园综合教育在南京师范大学研究者的笔下多被称作"幼儿园综合教育课程"，它指幼儿园整体教育，反映幼儿园教育的整体结构和内在联系，体现各部分之间的相互作用以及整体功能[1]。所以，这里的综合教育课程实际上指的是综合教育。幼儿园综合教育的理论依据是马克思主义教育哲学、发生认识论、人类发展生态学和单元教学理论。研究幼儿园综合教育的主要目的是为幼儿园贯彻落实《幼儿园教育纲要（试行草案）》提供一种课程模式；通过探索建立幼儿园课程模式的一般规律，为探索其他模式提供参考的思路。幼儿园综合教育理论的精髓是综合性。综合性体现为三个方面和三个层次。三个方面是指教育内容、教育手段和教育过程，三个层次是指主题活动、一日活动和个别活动。幼儿园综合教育的形式载体是主题。幼儿园综合教育丰富了幼儿园的教学模式，体现了幼儿的"三性"（积极性、主动性和创造性），开创了幼儿园课程改革的先河，为我国幼教事业的发展建立了新的突破口。

2. 幼儿素质教育

20 世纪 80 年代末 90 年代初，素质教育引起我国教育界的广泛关注与高度重视。幼教工作者提出了幼儿素质教育概念。"幼儿素质教育是一种以素质为导向的教育，它以培养幼儿的各种理想素质为目标，通过各种教育活动使幼儿得到整体和谐的发展。"[2]幼儿素质教育的实质：它是幼儿人生起点的教育，是全面发展的教育，是培养幼儿主体性的教育，是促进幼儿整合性发展的教育，是尊重每一个幼儿的教育。幼儿素质教育理论随着实践的开展而不断丰富，其理论构建也逐渐完成。幼儿素质教育实践的发展从注重培养幼儿的单一素质，到真正回归到重视幼儿的个性与全面发展，在重视幼儿的整体和谐发展的过程中，不断地丰富着幼儿素质教育理论。幼儿素质教育的实施对策是提高幼儿教师的整体素质，发挥幼儿的主体作用，营造有利的内外环境等。

3. 幼儿园游戏化教育教学

2001 年教育部颁布的《幼儿园教育指导纲要（试行）》（简称《纲要》），在其"总则"中强调"以游戏为基本活动，保教并重，关注个别差异，促进每个幼儿富有个性的发展"。幼儿园教育因此镌刻了"游戏化"的烙印。伴随举国推动四轮学前教育行动计划的落实，幼儿园游戏化教育教学成为儿童本位学前教育的集中体现，最典型的是江苏省全省推广的课程游戏化项目、浙江安吉的"安吉游戏"模式[3]、山东省利津游戏和个性化教育[4]。幼儿园游戏化教育教学是把游戏精神嵌入幼儿园教育教学中，教师依据一定的教育目的和计划，将教学目标、幼儿兴趣、游戏形式、活动内容统合起来。也就是活动目标对幼儿是隐蔽的（教师心中是清楚的），教师的要求尽可能转化为幼儿的需要（内容是幼儿感兴趣并力所能及的），尽可能发挥幼儿的主动性（诱导幼儿自己去发现知识），不急功近利和过于追求结果（重在过程体验）[5]。

---

① 赵寄石.赵寄石学前教育论稿［M］.南京：南京师范大学出版社，2001：364.
② 张博.现代幼儿教育观念研究［M］.长春：东北师范大学出版社，2003：124.
③ 虞永平，张斌.改革开放 40 年我国学前教育的成就与展望［J］.中国教育学刊，2018（12）：18-26.
④ 张婕，吴闻蕾.对"基于儿童立场的个性化教育"的持续探索与实践——从上海思南路幼儿园的变化与发展管窥我国学前教育的改革历程［J］.幼儿教育，2019（25）：9-14.
⑤ 邹海瑞.基于游戏的幼儿园教与学研究——以三所幼儿园的三类游戏实践为例［D］.华东师范大学博士论文，2017：14.

（二）国外学前教育学的发展

1. 瑞吉欧幼儿教育

瑞吉欧幼儿教育源于20世纪60年代，在马拉古兹（Loris Malaguzzi）等人的发起和领导下，依靠市政府和社区民众的全力支持、合作与参与，经过专业人员（包括教师和教研员）数十年的艰苦努力，依据欧美进步主义教育和建构主义等理论，隆重推出了一个颇具特色的、堪称影响世界的幼儿教育体系。

瑞吉欧幼儿教育主要有以下七个特点。第一，社会和家长共同支持幼儿教育。瑞吉欧·艾米利亚的幼儿教育是全社会的事。0~6岁的保育和教育是一项十分重要的市政工程，享有12%的政府财政拨款。家长有权利参与幼儿学校所有环节的一切事务并自觉承担起相应责任。第二，学校管理风格是民主与合作。瑞吉欧教育系统是一个以儿童为中心的联盟，一个教师和儿童都可同样获得"家一样感觉"的地方。第三，实行生成课程和方案教学。瑞吉欧教育实行生成课程，即强调过程中的设计而不是活动前的设计，师生共建课程。生成课程来源广泛，如师生感兴趣的各种事物、现象、问题、主题和活动等。方案教学既是瑞吉欧的课程，也是其主要的教学方法。方案教学强调要以合乎人性的方式，积极鼓励儿童与环境中的人、事、物产生有意义的互动[①]。第四，方案记录是儿童成长和表现的载体。瑞吉欧幼儿学校非常仔细地记录幼儿平时的成长与表现。记录主要包括幼儿在不同阶段的作品，如幼儿讨论、评价、表达和解释活动时的文稿、照片、录音带和录像带，教师与家长的评论等。第五，一百种语言是儿童学习和表达的手段。一百种语言是一种隐喻，是指儿童有自己特殊多样的表达自我，自我与他人、环境建立关系的方式，这些语言包括表达语言、沟通语言、符号语言、认知语言、道德语言、象征语言、逻辑语言、想象语言和关系语言等。教师借助这些语言与儿童沟通，判断儿童的学习情况。第六，合作学习与反思实践是教师成长的关键。瑞吉欧的幼儿教师是通过进入一个充满各种关系的环境中学习而实现的。各位教育者构成了合作的共同体，幼儿教师和幼儿的成长被视为"连续体"。教师不断观察、分析、记录、保存幼儿各种活动的过程和结果，为幼儿建立档案。第七，开放的环境是学校的第三位教师。瑞吉欧的教师们将幼儿学校的环境称作"我们的第三位教师"。瑞吉欧设计改造环境的核心问题是如何促进环境的开放性和资源的高效综合利用，力求学校环境资源向社区开放，向所有公民开放，努力营造一种有利于儿童发展与学习的氛围。瑞吉欧的环境舒适、温暖、轻松，处处都体现学校尊重儿童的教育精神。

2. 发展适宜性教育

发展适宜性教育（Developmentally Appropriate Practice，简称DAP）是全美幼儿教育协会（National Association for the Education of Young Children，简称NAEYC）首次明确提出的。所谓发展适宜性教育，是指早期教育相关人员应当运用儿童发展的有关知识，在教育实践中作出最适宜于儿童发展的决策，即为儿童提供与其发展水平相适宜的教养环境、材料、教育内容和方法[②]。它既是一种理论框架，又是一种教育哲学。教育者在进行教育前应当充分考虑儿童的年龄适宜性、个体适宜性和文化适宜性。年龄适宜性要求教师应该从儿童的实际出发，依据儿童的年龄特征有的放矢地进行教学；个体适宜性要求教师根据儿童的人格特征、学习风格及家庭背景的特点，不断促进儿童个体发展；文化适宜性要求教育必须与每个儿童所处的文化背景相适应。发展适宜性教育力争构建适宜的课程，而适宜的课程需要优秀的、有准备的教师。发展适宜性教育的影响因素是儿童的特点、教师的特征和外界环境，其特点是真正以儿童为中心，教师不仅要考虑儿童的发展，还要考虑文化和语言的特殊性，注重文化适应的教学，形成有系统的教育体系。发展适宜性教育的研究趋势是研究领域不断拓宽与深入、美国之外的研究逐渐丰富、研究的本土化逐渐凸显[③]。发展适宜性教育现已成为美国幼儿教育的行动指南和评

---

① 刘永凤. 瑞吉欧幼儿教育法述评［D］. 华中师范大学硕士学位论文，2008：22.
② 郭力平. 早期学习标准与发展适宜性教育的冲突、融合及其启示［J］. 幼儿教育（教育科学），2008（10）：12-18.
③ 梁玉华，庞丽娟. 发展适宜性教育：内涵、效果及其趋势［J］. 全球教育展望，2011，40（8）：53-59.

> **深度链接**
>
> "发展适宜性教育实践"是美国幼儿教育协会最重要的正式立场声明之一，是关于如何更好地支持和引导儿童实现最优化发展的推荐性的教育实践。自 1987 年推出以来，它经过不断修正和完善，已产生了重要的世界性影响，可以说是美国幼儿教育领域最重要的实践准则。进入 21 世纪后，在"学习标准化"与"教育问责制"不断强化的背景下，"发展适宜性教育实践"所倡导的教育实践（以自由游戏为主，强调自主选择与个别化的师幼互动等），如何应对这些新的挑战，就成了幼教领域广大实践工作者以及理论研究者、政策制定者共同关注的问题。

估标准，同时也深刻影响世界其他国家的学前教育。

3. 多彩光谱方案

多彩光谱方案（Project Spectrum）是由哈佛大学的加德纳教授和塔伏茨大学的费尔德曼教授率领研究小组合作完成的一项持续 10 年（1984—1993 年）的早期教育方案。多彩光谱意蕴着每个儿童智能、潜能及风格所表现出的广泛多样性，即每个儿童都是多彩的。多彩光谱方案有两个理论基础：一是加德纳的多元智能理论，二是费尔德曼的非普遍性发展理论。加德纳的多元智能理论指出，人类所有个体至少有八个领域的智能，即语言智能、数理逻辑智能、身体运动智能、音乐智能、视觉空间智能、人际交往智能、自我认知智能、自然认识智能等。费尔德曼的非普遍性发展理论强调，人的发展范围是可以由普遍领域到独特领域的，普遍领域的发展是人人都可以达到的。依据这两种理论，多彩光谱方案就有了八大课程领域——机械和建构、科学、音乐、运动、数学、社会理解、语言、视觉艺术活动，以及八大评估领域——运动、语言、数学、科学、社会理解力、视觉艺术、音乐、工作风格。多彩光谱方案向我们诠释其独特的设计思路：尊重差异（全方位地展现学习领域）→追求平等（多角度地挖掘儿童强项）→倡导合作（有针对性地发展儿童强项）→重视实践和创造（多维度地构建搭桥方案）[1]。多彩光谱方案主要有三个特点：课程和评估相结合；是一种综合性课程方案；是一种更为宽泛、人道的评估方案[2]。

（三）发展阶段学前教育学发展的特点

1. 综合性

本阶段的学前教育学发展具有综合性的显著特点。幼儿园综合教育理论的精髓就是综合性，它体现了三个方面（教育内容、教育手段和教育过程）和三个层次（主题活动、一日活动和个别活动）的综合。多彩光谱方案是一种综合性课程方案，它是学术型课程和建构型课程之间的过渡，它综合了学术型课程对基本技能的直接教学的强调和建构型课程对儿童的自发游戏和自动发现的重视，而这种综合代表了早期教育课程的发展趋势。

2. 多元化

本阶段的学前教育学发展具有多元化的重要特点。多元化表现为以下两点。第一，学前教育的理论依据是多元的。幼儿园综合教育的理论依据是马克思主义教育哲学、发生认识论、人类发展生态学和单元教学理论。瑞吉欧幼儿教育的理论依据是欧美进步主义教育和建构主义等理论。发展适宜性教育的理论依据是儿童发展和建构主义等理论。第二，学前儿童的发展是多元的。幼儿素质教育强调发展幼儿的多种素质，重视幼儿的个性与全面发展。多彩光谱方案强调发展儿童的多种智能。

---

① 李敏宜，霍力岩. 透视光谱方案的设计思路 [J]. 学前教育研究，2003（3）：8-11.
② 王春华. 光谱方案述评——看实践中的多元智力理论 [J]. 学前教育研究，2001（6）：16-19.

3. 个性化

本阶段的学前教育学发展具有个性化的主要特点。幼儿创造教育就是一种高度个性化的教育。发展适宜性教育强调个体适宜性，要求教师根据儿童的个性特点促进其个体发展。多彩光谱方案不仅是一种综合性课程方案，而且是一种个性化课程方案，强调课程材料的丰富性、启发性和针对性，即强调课程的个性化。

第三节　学前教育学的研究方法

常用的学前教育学研究方法有观察法、调查法、个案研究法、行动研究法和马赛克方法等。

一、观察法

观察法是教师按照一定的目的和计划，用自己的感官并借助辅助工具，系统地观察自然状态下发生的现象和行为，从而获取事实材料的一种研究方法。观察法是非常适合研究学前教育对象——幼儿的行为的一种科研方法。国内外著名学者陈鹤琴、皮亚杰、班杜拉等都使用该方法研究儿童，研究儿童心理和儿童行为。例如，我国著名的幼儿教育专家和儿童心理学家陈鹤琴，从他的第一个孩子陈一鸣出生之时起，就用日记的方式逐日对其身心变化的各种刺激反应进行周密的观察并作出详细的文字记载与影像记录，连续追踪观察 808 天，积累了大量的研究材料，后来出版了《儿童心理之研究》一书。

根据不同的划分角度，可以将观察法划分为不同的类型。

1. 根据观察的情境和条件，可分为自然观察与实验室观察

自然观察是在一般的日常情境中，观察事件或行为的自然发生与进程。实验室观察则是在实验室有控制的条件下，设置特定的情境，规定刺激的性质，观察特定条件下的特定行为。

2. 根据观察内容的不同要求，可分为系统观察和局部观察

系统观察是全面、周密、整体地了解所观察的现象或对象。局部观察是只侧重了解所观察现象或对象的局部情况，获得有关局部问题的认识。

3. 根据观察者是否参与观察对象的活动，可分为参与性观察和非参与性观察

参与性观察是指研究者不同程度地参与到观察对象的日常活动，从内部观察并记录观察对象的行为表现与活动过程。非参与性观察是观察者不介入观察对象的活动，不干预其变化发展，以局外人和旁观者的身份从外部了解观察对象。

4. 根据是否借助仪器，可分为直接观察和间接观察

直接观察是指不借助仪器，靠观察者自身的感觉器官进行观察。间接观察则是利用各种仪器或技术手段，间接地对现象或行为进行观测，从而获取资料的观察。

5. 根据观察是否有严格的设计，可分为结构性观察和非结构性观察

结构性观察是细致地设计观察的内容、程序与记录方法，基本上按照设计的步骤进行观察，适时量化处理观察的记录结果。非结构性观察则事先没有严格的设计，比较灵活，常有选择地观察一定的现象或对象，且难以量化处理观察的记录结果。

6. 根据对被观察行为的控制程度，可分为叙述性观察、取样观察与观察评定

叙述性观察是随着事件或行为的发生，自然地将它再现出来，观察者详细地作观察记录，然后将观察的资料加以分类与研究，主要包括日记描述法、轶事记录法、连续记录法和实例描述法四种类型。

取样观察是一种比较严格、系统的观察方法，对被观察的行为或现象作有控制的系统观察，主要包括时间取样观察法和事件取样观察法。观察评定则是对被观察的行为进行更高程度控制的观察，主要包括等级评定法和清单法。

案例分析

个案呈现：

　　我和小朋友们在欢快的音乐声中尽情地游戏，慧慧始终跟在我的身后，一会儿用手推开小朋友，一会儿用手指指着他们，不让其他小朋友靠近我。而她还时不时高兴地抱抱我的腿，搂搂我的腰，其他小朋友看见了，也纷纷学她的样子，十几个孩子一起围上来，有的抱我的腿，有的拽我的衣服，我被围得水泄不通。我怕发生危险，着急地说："小朋友赶紧找一个空位子站好了，这样太危险了！"孩子们在我的引导下，很快四散开来，只有慧慧依旧紧跟在我身后。我悄悄地对慧慧说："你到那边做操，老师看你会更清楚的，好吗？"她一开始默不作声，继而"哇"的一声大哭起来，好像受了多大委屈似的，任凭我怎么哄也无济于事。

个案分析：

　　1. 慧慧对老师的搂抱行为是爱老师的一种表现，是她表达情感的一种方式。但是，她认为老师只属于她一个人，是一种很典型的独占心理。

　　2. 在慧慧刚入园的一个月里，我们对她的这种搂抱行为感到很欣慰。所以，无论她何时何地搂抱老师，我们也不加制止。平日里，由于慧慧性格倔强，我们在一日生活规则方面就不自觉地降低了对她的要求，这就导致了慧慧在幼儿园集体生活中缺乏一定的规则意识。

　　3. 我们了解到，慧慧在家里是说一不二的，自己想做什么就必须去做，没有一点儿商量的余地，稍加阻拦她就会号啕大哭，家长在孩子的这种表现面前往往就会妥协。

（吴雪利：中国幼儿教师网）

二、调查法

　　调查法是在科学方法论的指导下，通过运用问卷、访谈、测量等科学方式，收集有关教育问题或教育现状的资料，并对所获得的资料进行定量与定性分析，从而探究教育一般规律的一种研究方法。调查法是学前教育研究中运用最广泛的一种研究方法，调查通常不受时间、空间的限制，在自然情境中收集数据，效率较高。婴幼儿身心发展的特点与教育对策，婴幼儿的游戏活动和一日活动等都可以作为调查研究的对象。

　　根据不同的划分角度，调查法可以有不同的分类。

1. 按调查的功能，可分为现状调查、历史调查、发展调查和比较调查

　　现状调查就是对某一教育现象目前的状况进行调查。历史调查就是对某一教育现象发生、发展和变化的过程进行系统的调查。发展调查就是对某一教育现象在一个较长时间内的特征变化进行调查，以找出其前后的变化与差异。比较调查就是针对不同国家、地区、学校、教师、学生之间有关现象的

相似性和差异性进行的调查。

2. 按调查的范围，可分为全面调查和非全面调查

全面调查是对某范围内所有被研究对象进行的调查。非全面调查是对某范围内的某些或某一被研究对象进行的调查，包括典型调查、抽样调查和个案调查。典型调查就是在调查范围内选择部分具有代表性的对象进行调查。抽样调查就是从被调查对象的全体范围（总体）中，抽取一部分单位（样本）进行调查，并以样本特征值推算总体特征值的一种调查方法。个案调查就是有意识地选择被调查的某一教育现象或对象进行调查与描述。

3. 按调查的手段，可分为问卷调查、访谈调查、座谈会调查和测验调查

问卷调查就是研究者为了了解某些事实或意见，向被调查者分发问卷，要求被试实事求是地填写，然后进行回收整理研究。访谈调查是一种调查者通过与调查对象面对面谈话直接收集材料的方法。座谈会调查是依据事先准备好的调查提纲，向到会者提出问题，让大家展开讨论，借以取得资料的一种方法。测验调查是通过考查的方式去测定某些研究现象实际情况的一种调查方法。

调查法的全过程，一般分为确定调查课题、制订调查计划、收集调查资料、整理分析调查资料、撰写调查报告五个步骤。

三、个案研究法

个案研究法是指运用多种方法系统地研究某一对象，获得尽可能多的相关资料，以推出一般结论的一种研究方法。个案研究的目的，是要详细分析特殊问题，从而得出有一定代表性的理论或规律。某个示范性幼儿园、某个有问题的幼儿、某个教学素养高或低的教师，都可以成为个案研究的对象。

根据不同的依据，可以将个案研究划分为多种类型。

1. 根据研究目的，可划分为诊断性个案研究、指导性个案研究和探索性个案研究

诊断性个案研究是对特殊对象进行判断然后设计解决问题方案的研究。指导性个案研究是推广新的教学方法或教学经验而进行的研究。探索性个案研究是发现教育问题，设计完整的试验方案，从而揭示教育规律的研究。

2. 根据研究对象，可划分为个人个案研究、机构个案研究和团体个案研究

个人个案研究是指以某一个体为研究对象，通过访谈、问卷调查等获取相关资料，对该个体特殊的历史、现状以及后来的发展进行研究。机构个案研究是以幼儿家庭、幼教机构等单位为研究对象进行的研究。团体个案研究是以幼儿园或地区中一定数量的幼儿或幼儿教师为研究对象进行的研究。

3. 根据研究手段，可划分为观察性个案研究、调查性个案研究、实验性个案研究和测验性个案研究

观察性个案研究是运用观察的方式收集与研析某一个体资料的方法。调查性个案研究是运用调查的方式收集与研析某一个体资料的方法。实验性个案研究是运用实验的方式收集与研析某一个体资料，并检验原有假设效力的方法。测验性个案研究是运用量表或其他测量工具来收集与研析某一个体资料的方法。

4. 根据研究时间序列，可划分为追因个案研究、追踪个案研究和现状（临床）个案研究

追因个案研究是在相关事实已经显现或形成之后，研究者为了探究其原因而进行的个案研究，是一种由果求因的过程。追踪个案研究是在确定研究问题后，选定研究对象并制订计划，有目的地进行长期跟踪考察，运用各种研究手段收集相关资料，以解释或揭示研究对象发展变化的过程和趋势的研究。现状（临床）个案研究是研究者通过选择有一定代表性的研究对象，运用观察、测量、访谈等多种手段，进行全方位、立体化的研究，以及时发现一定的规律和问题的研究。

个案研究法的基本步骤：确定研究对象，制订研究计划，收集个案资料，分析个案资料，整理个案资料，做出科学结论。虽然个案研究法的研究对象数量不大，但只要操作科学适当，仍然能够归纳概括出带有普遍意义的规律。

四、行动研究法

行动研究法是指在教育情境中，教育实践工作者为解决教育的实际问题，通过计划、实践、反思、修正以解决教育实际问题的一种研究方法。行动研究法既是一种方法技术，也是一种新的科研理念、研究类型。发展学前儿童个性，提高幼儿园教育教学活动质量，提高幼儿园教育管理水平等，都可以成为行动研究法的课题。

1. 行动研究的类型

依据不同的分类标准，可以将行动研究划分出多种类型。

（1）按照研究中反思特质的表现，可划分为内隐式"行动中认识"、行动中反思和对行动进行反思[①]。内隐式"行动中认识"的研究是实践者对自己日常的例行式行动进行的研究，旨在了解其无法清楚地用语言表达的内隐性知识。行动中反思是指参与者不是依靠现存的理论或技巧来处理问题，而是针对一个独特的情形来思考问题。对行动进行反思是指参与者反省一项行动的整个过程及过程中所涉及的因素及其相互关系，进而作出新的改善、获得新的认识的过程。

（2）按照行动研究参与者的结构，可划分为独立行动研究、小组行动研究和联合行动研究[②]。独立行动研究是指实际工作者独立进行科学研究，研究对象的人数也相对较少，不需要外来专家的指导。小组行动研究是指一组研究人员进行合作行动研究，人员既可以是完全由教师组成的研究集体，也可以是由负责不同工作的人员（如教师、保育员、管理人员）共同组成的研究集体。联合行动研究是由专家、教师、行政人员等组成的联合研究集体开展的行动研究，是最典型的行动研究，也是最高层次的行动研究。

2. 行动研究的过程与步骤

行动研究法的基本过程大致分为循序渐进的四个环节：第一是计划，主要包括明确问题、收集信息、分析问题、制订行动计划；第二是行动，主要包括实施行动项目、对行动的监控、调整；第三是观察，主要包括记录、访谈、问卷、收集背景资料；第四是反思，主要包括整理描述结果、分析解释原因、评价行动、构想纠正失误和克服困难的新行动计划。

行动研究法有以下七个步骤：确定研究问题，设计研究方案，选择研究对象，收集研究资料，分析研究资料，解释和应用研究结果，撰写研究报告。

五、马赛克方法

马赛克方法（Mosaic Approach）是1999年艾莉森·克拉克（Alison Clark）和彼得·莫斯（Peter Moss）在开展"倾听幼儿"研究中提出并应用的，试图解决"倾听言语能力有限、表达方式与成人截然不同的5岁以下幼儿"的难题[③]。该方法是通过多种研究工具的使用获取儿童的经验或看法，每一种工具获取的信息都形成一片"马赛克"，放在一起就构成了有关儿童及其看法与经验的完整图画[④]。

"马赛克方法"由三个环节构成：第一，信息生成与采集；第二，信息汇总与处理；第三，结论反思与实践改造。第一个环节主要目的是尽量通过多个渠道收集信息，比如观察、儿童访谈、儿童摄

---

① 陈向明. 质的研究方法与社会科学研究［M］.北京：教育科学出版社，2000：450.
② 杨爱华. 学前教育科学研究［M］.南京：南京师范大学出版社，2001：258.
③ 毛乐，鄢超云. 马赛克方法的隐喻分析——以《倾听幼儿：马赛克方法》为例［J］.陕西学前师范学院学报，2021（9）：67-73.
④ 刘宇. 儿童如何成为研究参与者："马赛克方法"及其理论意蕴［J］.全球教育展望，2014，43（9）：68-75.

影及制作图书、游览及地图制作、游戏扮演、家长访谈、教师访谈等[①]。研究者分析多个渠道的儿童观点和看法，形成真正意义上"有儿童"的认识基础。第二个环节主要目的是对所得到的信息进行汇总、整合和意义构建。需要强调的是意义建构绝不是成人对所有收集信息的意义建构，而是坚持"儿童主体"的原则对各类信息进行厘清、整合。第三个环节的主要目的是对实践予以反思和整改[②]，研究者在儿童的"带领"下进行积极解释、反思儿童观点。

马赛克方法的特点：方法多元化、参与性、反思性、适应性、聚焦于儿童的鲜活经验以及扎根于实践[③]。集中起来就是两个特点：一个是交流模式的多元化，另一个是反思主体多样化。交流模式的多元化是指研究方法既包括传统的方法，也包括参与的、视觉的方法；反思主体多样化是指儿童、早期教育者、家长、研究者共同参与的反思建构过程，这个过程是为了让儿童成为平等的参与者。

马赛克方法的应用给学前教育研究领域带来一股新流，倡导研究者完全以儿童为本位，从多渠道倾听儿童的观点，利用多个方法、通过多个途径围绕儿童收集全面的、详细的信息，最后刻画完整的儿童生活图景。但马赛克方法的应用也有一定的挑战：第一，马赛克方法的运用对研究者的素养要求极高，研究者必须熟练掌握多种研究方法及适用范围；第二，马赛克方法的运用需要注意遵循儿童研究伦理，充分尊重儿童的意愿和兴趣进行研究；第三，研究实践成本比较高，研究周期比较长[④]。

思考与练习

一、不定项选择题

1. 世界上第一本学前教育专著是（ ）。
   A.《母育学校》　　　　　　　　　　B.《林哈德与葛笃德》
   C.《儿童与课程》　　　　　　　　　D.《童年的秘密》
2. 学前教育学的开创者是（ ）。
   A. 陈鹤琴　　　　　　　　　　　　B. 蔡元培
   C. 蒙台梭利　　　　　　　　　　　D. 福禄培尔
3. 福禄培尔的著作主要有（ ）。
   A.《幼儿园教育学》　　　　　　　　B.《慈母游戏和儿歌》
   C.《幼儿园书信集》　　　　　　　　D.《科学的教育学》
4.《大教学论》的作者是（ ）。
   A. 卢梭　　　　　　　　　　　　　B. 裴斯泰洛齐
   C. 夸美纽斯　　　　　　　　　　　D. 昆体良
5. 学前教育学萌芽阶段的主要代表人物有（ ）。
   A. 王守仁　　　　　　　　　　　　B. 夸美纽斯
   C. 卢梭　　　　　　　　　　　　　D. 蒙台梭利
   E. 裴斯泰洛齐
6. 学前教育学初创阶段的主要代表人物有（ ）。
   A. 蔡元培　　　　　　　　　　　　B. 张雪门

① 苗曼."马赛克方法"与幼儿教育改革［J］.教育发展研究，2018，38（22）：7-15.
② 刘宇.儿童如何成为研究参与者："马赛克方法"及其理论意蕴［J］.全球教育展望，2014（9）：68-75.
③ Clark, A, Moss, P. Listening to young children: The mosaic approach (second edition) [M]. London: NCB, 2011: 7, 9.
④ 毛乐，鄢超云.马赛克方法的隐喻分析——以《倾听幼儿：马赛克方法》为例［J］.陕西学前师范学院学报，2021（9）：67-73.

C.福禄培尔 　　　　　　　　　　　　D.蒙台梭利

E.维果茨基

7. 多彩光谱方案的理论基础主要有（　　　）。

A.多元智能理论 　　　　　　　　　　B.非普遍性理论

C.建构主义理论 　　　　　　　　　　D.发生认识论

8. 孕育阶段学前教育学发展的特点主要有（　　　）。

A.丰富性 　　　　　　　　　　　　　B.实践性

C.零散性 　　　　　　　　　　　　　D.独立性

9. 萌芽阶段学前教育学发展的特点主要有（　　　）。

A.专门化 　　　　　　　　　　　　　B.完备化

C.理论化 　　　　　　　　　　　　　D.个性化

10. 初创阶段学前教育学发展的特点主要有（　　　）。

A.独立性 　　　　　　　　　　　　　B.科学性

C.理论性 　　　　　　　　　　　　　D.实践性

11. 发展阶段学前教育学发展的特点主要有（　　　）。

A.综合性 　　　　　　　　　　　　　B.多元化

C.个性化 　　　　　　　　　　　　　D.零散性

12. 学前教育现象可以概括为（　　　）。

A.学前教育活动 　　　　　　　　　　B.学前教育事业

C.学前教育思想 　　　　　　　　　　D.学前教育问题

二、判断题

1. 学前教育学是一门以学前教育为研究对象的学科。　　　　　　　　（　　）

2. 学前教育的内部规律指向学前教育与社会系统及其因素之间客观而必然的关系。　（　　）

3. 不同社会形态下学前教育发展的不同规律属于学前教育的基本规律。　（　　）

4. 幼儿园综合教育理论的精髓是综合性。　　　　　　　　　　　　　（　　）

5. 颜之推是汉代最早提倡胎教的教育家。　　　　　　　　　　　　　（　　）

6. 《世界图解》是历史上第一本看图识字课本。　　　　　　　　　　（　　）

7. 要素教育理论是裴斯泰洛齐教育理论的精华所在。　　　　　　　　（　　）

8. 陈鹤琴创办了我国历史上第一所乡村幼儿园——南京燕子矶幼稚园。　（　　）

9. 《孩子的一百种语言》是瑞吉欧幼儿教育的重要著作。　　　　　　（　　）

10. 幼儿园游戏教育教学是体现儿童本位的教育。　　　　　　　　　（　　）

三、名词解释

1.学前教育 　　　　　　　　2.学前教育学 　　　　　　　3.学前教育问题

4.学前教育规律 　　　　　　5.幼儿素质教育 　　　　　　6.发展适宜性教育

7.多彩光谱方案 　　　　　　8.马赛克方法

四、简答题

1.简述幼儿园综合教育的主要观点。

2.简述发展适宜性教育的主要观点。

3.简述学前教育学的研究对象。

4.简述马赛克方法的特点。

五、论述题
1.试述瑞吉欧幼儿教育的特点。
2.论述幼儿园游戏化教育教学。

· 推荐阅读 ·

1.刘晓东、卢乐珍等著：《学前教育学》。第一章：百年中国学前教育。本章介绍西方学前教育的产生以及对学前教育产生重要影响的西方教育家，中国近代学前教育的产生，中国现当代学前教育的演进。

2.唐淑主编：《学前教育史》。第二章：古代学前教育思想。本章介绍贾谊的幼年太子教育思想、颜之推的家庭教育思想、王守仁的儿童教育思想。第五章：现代教育家的学前教育思想。本章介绍现代学前教育重要代表人物张雪门、陈鹤琴、张宗麟的教育思想。

3.［美］卡洛琳·爱德华兹、莱拉·甘第尼、乔治·福尔曼著，尹坚勤、王坚红、沈尹婧译：《儿童的一百种语言：转型时期的瑞吉欧·艾米利亚经验》。第一章：背景与起点。本章主要介绍瑞吉欧·艾米利亚经验、一个独特的城市与区域、意大利早期教育、展览的启示。

第二章
学前教育的功能

本章导读

　　学前教育是基础教育的有机组成部分，也是我国儿童福利事业的重要组成部分。学前教育与整个人类社会的发展密切相关，包括政治、经济、文化、人口、家庭以及学龄前儿童个体等各方面的发展。学前教育的功能及其功能的发挥会影响学前教育事业本身的发展、社会的发展和学龄前儿童个体的发展。对学前教育功能的研究，要把握其独特性，熟悉学前教育基本的社会功能和个体功能，并且在此基础上探寻充分发挥学前教育功能的有效策略，从而支持、带动和促进社会与个体的发展。

学习目标

- 掌握学前教育功能的基本特征与类型。
- 识记学前教育功能与发挥的概念。
- 了解学前教育功能发挥的策略。
- 记住学前教育的社会功能与个体功能。

知识架构

学前教育的功能
- 学前教育的社会功能
  - 学前教育的政治功能
  - 学前教育的经济功能
  - 学前教育的文化功能
  - 学前教育的人口发展功能
- 学前教育的个体功能
  - 学前教育的保育功能
  - 学前教育对个体认知发展的功能
  - 学前教育对个体社会性发展的功能
- 学前教育功能发挥的举措
  - 提高民众对学前教育的科学认识
  - 加大对学前教育的投入力度并且合理分配
  - 严格按照学前教育法规执行并加强质量监管
  - 加强对学前教育的科学研究
  - 提升儿童友好城市建设的力度

案例思考

到幼儿园里做什么?

小萍是一个活泼可爱的小女孩,今年刚满3岁,准备上幼儿园了,家里人四处打听附近幼儿园的名额,也逐步了解幼儿园的理念。爸爸说:"幼儿园应该开发幼儿的智力,不让孩子输在起跑线上,应该去教孩子东西比较多的幼儿园。"妈妈说:"孩子比较活泼淘气,幼儿园老师应该好好管管她,要选择一个行为规范管理好的幼儿园。"奶奶认为:"只要孩子在幼儿园快快乐乐就行了,其他都无所谓。"

思考 小朋友到幼儿园应该学什么?做什么?

到幼儿园里做什么实际上是学前教育的功能问题。学习完本章应能正确解答上述问题。

学前教育功能是教育功能在学前阶段的应用,是学前教育对社会和个人所具有的能力和作用。学前教育功能可以依据不同维度划分不同类型,既有个体功能也有社会功能,既有基本功能也有派生功能,既有正向功能也有负向功能,既有显性功能也有隐性功能。本章将具体介绍依据不同维度而划分的多样功能。

第一节 学前教育的社会功能

教育与社会密不可分,是子系统与总系统之间的关系。政治、经济、文化与教育都是社会这个大系统中的子系统。社会的政治、经济、文化等诸多方面的综合作用会影响教育的各个方面,同样,教育的变化与发展也会对社会产生影响。教育对社会的反作用与社会发展水平呈正相关,越是现代化的社会,越是进步的社会,对教育的需求越大,教育对社会的反作用也就越大[1]。

学前教育的社会功能也被称为工具功能,是指学前教育对社会所产生的作用,主要表现为对政治、经济、文化、人口与家庭等方面的影响。社会生产力的发展是学前教育产生的根本原因,对学前教育的规模及具体组织形式与内容等方面的发展都有制约作用。反过来,学前教育也会对社会生产力的发展产生影响。学前教育若得到优质和高效的普及,就能促进儿童早期经验的积累,为社会培养好的公民。美国佩里学前教育研究的纵向数据显示,优质的学前教育方案可以提高儿童的受教育年限和教育成就、增加国家税收、减低福利开支和预防犯罪。经过成本收益分析,扣除通货膨胀等因素,每投资一美元帮助贫困儿童,便有17.07美元的收益[2]。

一、学前教育的政治功能

阶级社会有了国家以后,就产生了政治。政治是一种复杂的社会现象,会通过法律、方针、政策等对学前教育事业的发展产生影响。从一定程度上来说,教育是一种有效的政治资源,在影响社会政治发展方面有着独特的作用。学前教育、中小学教育以及高等教育等教育体系主要是通过培养人来实

---

[1] 叶澜.教育概论[M].北京:人民教育出版社,2006:98.
[2] [美]苏珊·纽曼.学前教育改革与国家反贫困战略——美国的经验[M].李敏谊,霍力岩,译.北京:教育科学出版社,2011:9.

现对政治的反作用。教育能培养具有一定阶级意识的后代，他们长大以后会维护和巩固一定的政治制度，在其中发挥积极的作用。

（一）通过学前教育初步培养合格小公民

《幼儿园工作规程》规定，学前教育的目标之一是培养幼儿爱家乡、爱祖国、爱集体等的情感。列宁曾经指出，文盲是站在政治之外的。学前教育是启蒙教育，会为将来培养具备良好政治文化素质的公民作出贡献。

我国古代提倡"学而优则仕"，学业成绩会在一定程度上影响人们对为官从政的认识与观念。中小学和高等教育固然起着重要的作用，但是学前教育的影响也不容忽视。有研究发现，幼儿园里有的小朋友特别向往能够被教师指定为班级里的小老师、值日生或小组长。而很多幼儿教师会采用这种方式进行班级文化管理，他们挑选值日生的标准是基于对幼儿的认识，认为相对有信服力、会讲事实摆道理的幼儿更加能胜任。通过最初的这种锻炼方式也能培养幼儿的组织与管理能力，而且有可能对其以后的职业等方面的规划产生影响。现代社会各项事业的发展日新月异，社会结构和政治活动日趋复杂，社会各级治理人才和普通公民都需要具备较高的素养，而素养的形成从学龄前阶段就已经开始。学前教育对儿童的认知、情感和技能等方面都会产生作用，从而影响人的素养。

（二）通过学前教育宣传政治观点

幼儿需要接受一定的思想政治教育，幼儿的政治观念主要是通过参观博物馆、图书馆、美术馆、展览馆、科学馆等各种活动得以形成，尤其是在国庆节等明显蕴含着政治内容的节日里会得到更加丰富的认识。幼儿的政治意识会传播给同伴、教师及家庭成员，他们在一个相对较小的范围内制造舆论、宣传思想和影响群众。因此，通过学前教育可以传播政治意识，倡导主流政治价值观，使社会正统思想为广大人民群众所知晓。

学前教育主要是通过影响幼儿教师、学龄前儿童及其家长的政治思想从而影响社会的政治意识。例如，"爱国、爱家乡、爱师长、爱同伴"是幼儿园社会领域重要的内容，也是培养幼儿热爱社会主义、拥护社会主义核心价值观的重要载体。例如，幼儿在参访并搭建家乡的石头桥、家乡的建筑，在品尝并制作家乡独有的酱菜、腊肉的过程中，在表演家乡特有的越剧之时，渐渐萌发我是绍兴人、我的家乡独一无二、热爱我的家乡的情感，并形成"爱家乡、爱祖国"的认知观点。这种从小形成的认知犹如树木的根基，为幼儿未来人生价值观的形成奠定基础。

二、学前教育的经济功能

教育能够巩固经济基础，促进社会生产。学前教育的经济功能是指学前教育对社会经济发展所发挥的作用。随着社会生产技术、手段和方式的飞速发展，学前教育对社会经济增长的促进作用正在不断增强，在社会经济生活中的地位稳步提高。对学前教育的财政投入是一种收益远远大于成本的公共投资。例如，国外关于学前教育的经济效益研究显示：普及学前教育可以使所有接受教育的儿童获益，尤其是低收入群体，其经济效益远远大于投资传统经济方案的效益，学前教育具有很高的经济回报率，是最值得投资的教育时段。[1] 学前教育的回报率主要体现在：提高受教育学生在小学的考试成绩、完成高中学业的可能性，提高技能和工作效率，减少未来犯罪活动的发生率，减少在校学生对公共援助的使用。[2]

---

[1] 裴指挥，刘焱. 国外学前教育的社会经济效益研究 [J]. 比较教育研究，2011，33（6）：1-4+14.

[2] Costa, D. V., Erbabian, M., & Wu, Y. Economic effects from preschool and childcare programs [EB/OL]. (2021-08-23) [2024-04-30].https://budgetmodel.wharton.upenn.edu/issues/2021/8/23/economic-effects-preschool-and-childcare-programs.

前文论及的高瞻·佩里研究结果表明，在其他条件相同的情况下，幼儿时期投入 1 美元所产生的回报将比幼儿期之后投入同样金额所产生的回报大得多，在所有教育阶段的投入中，只有学前教育和小学低年级的投入所产生的回报超过了机会成本。因此，学前教育是一个非常值得投入的教育领域，这样的投入会取得非常好的回报。美国有研究表明，普及学前教育和同样的资源投入到商业补贴中会给一个州带来有差异的实际收入。结果显示，商业补贴在一定时间内会给州带来更多的收入，但是等到接受过学前教育的幼儿成为社会主要劳动力时，学前教育的经济效益更明显。[①]

（一）学前教育可以支持母亲就业

学前教育不同于中小学教育的特点在于，它在"教育"之外具有提供"托幼服务"、鼓励和促进就业的社会公共服务功能。幼儿教师作为专业的教育工作者，为学龄前儿童提供有目的、有计划和有组织的教育教学活动。这就为幼儿母亲就业提供了强大的支持，越来越多的母亲开始走出家门参加工作，不再只是待在家里教养孩子。随着母亲的就业，整个社会所创造的物质财富会越来越多。

美国"普及学前教育与投资传统经济方案的比较研究"的研究项目预测，持续普及学前教育到 2080 年可提高将近 2% 的国家就业率和国内生产总值，会为国家多创造出 300 多万个就业机会，其中最主要的就是为儿童母亲提供了就业的机会，学前教育所创造的收入约为其每年投入的 4 倍。早在 1998 年，加拿大就有研究表明，给 2～6 岁儿童提供高质量的、全日和全年制的幼儿教育产生的效益是其他公共投资的 2 倍，接近一半的幼儿教育社会效益源于财政支持孩子的母亲而增加的就业。[②] 学前教育给儿童的家长提供了就业的可能性，尤其是儿童的母亲。如果对学前教育投资更加合理和科学，那么所产生的社会经济效益会更明显。

（二）学前教育可以提升劳动力素养

学前教育可以创造、保存并传播科学文化知识，提高学前儿童的科学文化水平。当今世界，"知识经济"的概念已经深入人心，知识可以转化为生产力。教育是知识创新、传播和应用的主要基地，也是培育创新精神和创新人才的摇篮。学前教育的发展可以促进幼儿教师的素养提升，幼儿教师的专业化在很大程度上解决了妇女就业的问题。当然，社会也广泛提倡越来越多的男性加入幼儿教师的队伍中。幼儿教师作为社会劳动力的一支队伍，既会对幼儿教育事业本身的发展产生影响，也会对社会经济大发展产生作用。学前教育对经济增长的促进作用主要体现在各级各类人才的早期培养，以及提升学前儿童和幼儿教师的素养方面。

（三）学前教育可以带动其他行业的发展

学前教育通过自身的运营，可以直接推动经济增长。通过大力发展学前教育，不仅可以有效地扩大受教育人口的比例，而且可以带动建筑、仪器设备、文教用品、办公家具、通讯、交通、报刊出版、旅游等一系列行业的发展，从而达到带动经济增长的目的。众所周知，社会上曾经出现"入园难""入园贵"的问题，后期出现了因少子化而"一孩难求"的问题。这些问题催生了学前教育的产业化发展与变化，比如幼儿园、托育机构的规划与建设，亲子用品、婴幼儿服装、婴幼儿食物、婴幼儿图书与玩具的生产、设计、销售、回馈等完整产业链，从规模扩展进而发展到追求品质。比如，浙江省云和县有国内最大的儿童木质玩具产业，浙江省慈溪市有国内较大的儿童服饰用品产业两者都是学前教育带动其他行业发展的实例。

---

① Timothy J. Bartik. The Economic Development Benefits of Universal Preschool Education Compared to Traditional Economic Development Programs W. E [J]. Upjohn Institute for Employment Research, 2006(5): 3.
② 蔡迎旗. 学前教育概论［M］. 武汉：华中师范大学出版社，2006：55.

三、学前教育的文化功能

（一）学前教育具有传递文化的功能

文化是人类在活动中创造的，对个体来说是后天习得的，它不可能通过遗传的方式延续，而只能通过传递的方式发展下去。学前教育是培养人的一种社会活动，具有传递文化的功能。学前教育可以将优秀的文化转化为教育内容，呈现给幼儿，让幼儿在文化的浸润中学习，逐渐将优秀文化传递给幼儿。例如，绍兴的一些幼儿园教师将非遗文化"黄酒酿造"作为课程内容，让幼儿在参访、酿造的过程中传承越地文化。学前教育阶段也可以让幼儿习得当地的语言、习俗、规范，幼儿在这个体验过程中渐渐继承了当地的特色文化。

（二）学前教育具有选择文化的功能

文化选择是文化变迁和文化发展的起始环节，它表现为对某种文化的自动选择或排斥。学前教育并不传播所有的文化，而是往往根据一定的标准对文化进行选择。首先，选择有价值的文化精华，剔除文化糟粕，传播文化中的真善美。学前教育中尽可能让幼儿接触和感受真善美的东西，防止他们过早地认识邪恶或丑陋，这样有利于幼儿真善美性情的形成。其次，根据受教育者的年龄特点和教育教学的规律，选择适合教育过程的文化。学龄前儿童具有与其他年龄阶段儿童不同的学习特点和方式，因此学前教育对文化的选择要充分考虑受教育者的特点。例如，幼儿园的教育教学活动往往采用游戏的方式进行，让幼儿在游戏活动中通过操作、体验与感受来实现快乐的学习与成长，游戏是幼儿园教育活动最主要的形式。教育必须对文化进行选择，总体上有吸收和排斥两种选择方式，选择文化是传递文化的前提。

（三）学前教育具有更新和创造文化的功能

学前教育对文化具有一定的选择，并在选择的基础上进行组织、生成和传播，这样一个过程在一定程度上就是文化的重组和更新的过程。文化的更新需要人，只有具备创造力的人才有可能更新旧文化和创造新文化。学前教育也是创造和传播新文化的手段。在学前领域，教育非常强调对幼儿创造力的培养。幼儿对新事物的兴趣往往特别浓厚，学前教育在保护幼儿学习欲望的基础上通过组织科学的教育教学活动，往往比较容易促进幼儿创造力的生成。例如，某幼儿园坐落在鲁迅外婆家绍兴市孙端安桥头附近，幼儿不仅可以浸润在鲁迅先生童年趣味的情境中，体验浓浓的童趣文化，还能体验现代科技 AI 机器人模拟鲁迅先生童年时捉黄鼠狼、和闰土一起看社戏的场景，体验当代科技更新自然主义的童趣文化。

四、学前教育的人口发展功能

当代社会，人口问题日益显著，"人口爆炸"和"人口下滑"相继成为困扰人类社会可持续发展的紧要问题。通过学前教育的实施，可以提高人的认识和科学技术水平，使人们自觉地执行人口政策，提高人口素质。人口与家庭存在着密不可分的关系，家庭结构、家庭成员的观念等与人口数量之间会相互影响。

（一）学前教育影响人口增长

学前教育与国家的人口发展战略大计紧密相关。中华人民共和国成立初期，我国需要大力发展经济、工业、农业等各行各业，一些城市首先在企业、机关、工厂设立幼儿园，农村成立临时托儿组、换工看娃等方式，^① 多种途径发展学前教育，使众多妇女从照顾儿童的家庭事务中解放出来，缓解了家庭的育儿和工作紧张的压力，一定程度上支持家庭释放了生育意愿，促进了我国人口规模的发展。然而，在当下社会，随着世界格局的变革，经济面临重大转型，年轻家庭的育儿、工作、生活压力日渐增大，越来越多的适龄青年推迟了他们的初婚年龄和生育时间，甚至不愿意生育，这种状况导致出生人口下滑，未来不仅影响人口发展战略，也会影响到各行各业的繁盛发展。

（二）学前教育影响人口质量

教育的基本功能在于促进人的发展，实现人类社会的全面进步。学前教育提升人口质量的功能，首先表现在对学龄前儿童的培养方面，即通过学前教育提高学龄前儿童的科学文化水平，使其成长为德、智、体、美和谐发展的一代新人，增强他们创造美好生活与享受美好生活的能力。再者，表现在对幼儿教师和家长的教育上。通过一定的职业教育或培训使家长和幼儿教师都能掌握先进的知识技能，提高对优生优育的认识，为后代创造更好的生活环境，提供更好的成长条件。尤其是教师，作为幼儿教育的专业工作者，要能够主动建立良好的家园互动，实现科学的家园共育。

微课

学前教育的人口发展功能

（三）学前教育影响家庭结构

学前教育对家庭结构的影响，主要表现在三个方面。

第一，学前教育会影响家庭人口数量。随着我国逐渐放宽生育政策，从"独生子女"到"单独二孩"，再到"全面二孩"和"全面三孩"政策，加之学前教育普及普惠已经达到一个历史新高度，优质而便利的学前教育解决了很多家庭的后顾之忧，助推了家庭人口数量增长，影响到家庭人口组成、家庭规模大小等。

第二，学前教育会影响家庭资源分配。近年来，随着全国学前教育宣传月的持续推广，家庭越来越注重教育资源的合理分配，尤其是在家庭教育资源有限的条件下如何公平而合理地分配教育资源。例如，如果家庭有两个孩子，对每名幼儿的教育经济投入不会相差太大，会根据幼儿的兴趣、合理需求适度投入；再如，父母会分工照顾和引导不同的幼儿，妈妈带姐姐，爸爸带弟弟等。

第三，学前教育影响家庭的教养模式。家庭教养模式是父母或主要照顾者在抚养子女过程中所采取的一系列行为和态度的总和，包括权威型、专制型、放任型、忽视型等。随着儿童友好城市建设的大力推广，学前教育的科学理念深入人心，家庭中的教养模式也会发生变化，逐渐从忽视型、放任型转向更为积极的权威型。

第二节　学前教育的个体功能

1988 年，75 位诺贝尔奖得主齐聚一堂，有记者曾问其中一位获奖者："您在哪所大学、哪个实验室学到了您认为最重要的东西？"这位白发苍苍的学者沉思片刻后说："幼儿园。"这位学者解释说："幼儿园教会我把自己的东西分一半给小伙伴，不是自己的东西不要拿，东西要放整齐，吃饭前要洗手，做错事情要表示歉意，午后要休息，要仔细观察大自然。"在幼儿园所养成的良好习惯给这位学者日后的成功打下了坚实的基础。

学前儿童的发展是指儿童在成长过程中，身体和心理方面有规律地进行量变与质变的过程。学前

---

① 唐淑. 学前教育史［M］. 北京：人民教育出版社，2009：194.

教育的个体功能，是指学前教育对儿童的身心和谐发展所具有的影响与作用，具体包括对儿童身体、认知、社会性等方面发展的影响与作用。杰出的教育家马卡连柯认为，5岁以前是非常重要的教育基础，占整个教育过程的90%，5岁以后的教育促使人进一步成长、开花、结果，但事实上花朵在5岁以前就已绽蕾。因此，学前教育对个体的身心发展具有重要的功能。

一、学前教育的保育功能

学前教育的对象是学龄前儿童，他们作为人的产生和发展都必须依赖于个体具有正常的生理和身体条件。儿童身体的发展包括机体的正常发育、体质增强等方面，学前教育会影响学龄前儿童的体能、生活习惯的养成以及自我保护的意识与行为等。儿童需要从周围环境中获得食物、衣服等各方面的照料和安慰。因此，学前教育对象的特殊性就决定了学前教育首先具有保育功能，并且保教结合是世界学前教育的发展趋势。

（一）学前教育影响幼儿的体能

促进儿童身体正常发育和机能的协调发展，增强儿童的体质，是学前教育的主要目标之一。通过科学有效的学前教育，能够促进学龄前儿童生理的发展与成熟，包括儿童机体器官、消化系统、免疫系统、大脑等方面的发展。首先，幼儿园的硬件配置和相关制度会影响幼儿体能的发展。幼儿园的设备设施、装修装饰材料、用品用具和玩具材料等，应当符合国家相关的安全质量标准和环保要求。幼儿园配备或者租赁的校车，应当符合法律法规以及国家和地方的其他相关规定。幼儿园还应该严格执行国家有关食品药品安全的法律法规，保障饮食饮水卫生安全，应当建立幼儿健康检查制度和幼儿健康卡或档案，每年对幼儿进行体检一次，每半年测身高、视力一次，每季度量体重一次。在一些特殊时段，例如传染病多发季节，要安排保健医生每天对幼儿进行相应的检查。其次，专业的教育教学活动会影响幼儿体能的发展。例如，户外活动、健康教育活动均为学前教育的重要组成部分，这些活动可以优化幼儿的生理机能、身体素质、身体基本活动能力等。正常情况下，幼儿户外活动时间要求每天不得少于2小时。幼儿的体育活动可以通过各种游戏进行，幼儿能通过走、跑、跳、投掷、攀登、钻爬等行为得到动作的锻炼。

（二）学前教育影响儿童生活习惯的养成

一个健康的儿童不仅体能正常无障碍，而且具备良好的生活习惯。幼儿园的一日生活常规等教育活动都能对幼儿良好生活习惯的养成产生影响。幼儿园里许多活动要求幼儿守秩序，例如，上下楼梯要排队，拿碗盛饭也要排队，在专门的社会领域活动里还要教会幼儿在园外生活中遵守社会秩序，这些都有利于幼儿养成守秩序的好习惯。幼儿园的进餐活动非常重要，幼儿教师在幼儿进餐前给他们适当地播放一些轻音乐或请幼儿休息一会儿，为其营造一个和谐、轻松的就餐氛围，也会锻炼幼儿拿筷子的技能，通过一段时间幼儿良好的进餐习惯就能逐渐养成。在小班，有一些自己叠衣服的活动，既是为了促进幼儿大动作的发展，也是为了使其养成良好的生活习惯。

（三）学前教育影响儿童的自我保护

自我保护既是一种意识，也是一种能力。无论是意识的养成，还是能力的培养与锻炼，儿童的自我保护会强烈地受到学前教育的影响。换言之，如果没有人通过各种活动引导儿童自我保护，他们就很难认识到自我保护的重要性和基本方法与技巧。幼儿园教职工自身要具有安全意识，掌握基本急救常识和防范、避险、逃生、自救的基本方法，并且在此基础上对幼儿进行安全教育。安全教育是学前教育的重要内容，安全的环境是组织幼儿教育活动的前提。同时，培养幼儿的自我保护意识与能力也是幼儿安全教育的目标之一。幼儿园应当把安全教育融入一日生活，并定期组织开展多种形式的安全教育和事故预防演练。

二、学前教育对个体认知发展的功能

（一）学前教育影响幼儿的感知与操作

在人类个体心理发展历程中，感觉和知觉的发展是最早且发展速度最快的心理过程。儿童出生后的几年时间里，感觉和知觉的发展水平就会和成人的水平相差无几。因此，学前教育在最初的阶段能够对儿童的感知觉发展产生比后期更大的影响。例如，幼儿的颜色视觉属于感觉的发展内容，学前教育可以促进幼儿认识颜色能力的发展。从小班的认识几种简单和常见的颜色，一直到大班进行深绿、浅绿、橘红、粉红等复杂颜色的教学中可发现，学前阶段对儿童进行颜色认识教育的效果是明显的。

在操作方面，学前儿童在幼儿园和家庭里都有足够的时间与空间去开展各种操作活动，在幼儿园里利用各种材料进行学习，在家庭里摆弄各种玩具。尤其是教师在幼儿园里专门组织的多样化的教学活动，可以增加幼儿的操作机会，促进幼儿操作技能的掌握。幼儿园的手工活动可以发展幼儿的手指精细动作，科学活动中的幼儿操作可以促进幼儿探究能力的发展。

（二）学前教育影响幼儿的思维

思维是人脑对客观现实的概括和间接反映，按照个体发展水平可将思维分为直觉行动思维、具体形象思维和抽象逻辑思维。学前儿童思维的发展意味着其认识水平的提高，能够促进其情感、意志和社会性等方面的发展。大量研究表明，0~3岁是直觉行动思维阶段，3~7岁是具体形象思维阶段，在5岁以后就出现了抽象逻辑思维的萌芽。

学前教育能够影响幼儿思维能力的发展。首先，思维是在感知的基础上产生和发展的。幼儿教师通过有意识、有计划地组织活动，能够丰富幼儿的感性知识及其表象，幼儿在获得大量具体、生动的材料后经过大脑的分析、概括等思维过程就有可能促进思维能力的发展。其次，语言是思维的武器和工具。语言教育是幼儿教育的五大领域之一，幼儿语言能力的发展能够影响其思维的发展。此外，学前教育还可以通过一些游戏来训练幼儿的思维能力，如智力游戏、实验等。智力游戏趣味性浓，可以在活泼、轻松的氛围中唤起幼儿已有的知识印象，促使幼儿积极动脑去进行分析、比较、判断、推理等一系列逻辑思维活动，从而促进幼儿抽象逻辑性的发展。

（三）学前教育影响幼儿的语言

任何教育教学活动和生活都离不开语言的学习与运用，幼儿语言能力的发展影响着智力等其他方面的发展。作为幼儿园五大领域之一，语言领域的要求是能够通过各种语言活动促进幼儿的倾听、理解与表达。学前教育的语言活动会充分考虑幼儿的年龄特点、身心发展规律、学习进程和发展阶段，遵循从具体到抽象、从简单到复杂、由近及远的原则进行。例如，4~5岁幼儿口中已经开始出现一些复合句式，语言教育就考虑到幼儿已有的能力基础，着重开展活动，提供机会促进幼儿连贯性语言的表达。

幼儿园的语言教育活动既可以专门地进行，也可以渗透在健康、社会、科学、艺术等领域的教育之中。幼儿教师会以幼儿喜欢的方式，让幼儿在感受、复述等活动中获得倾听和表述的能力，使得幼儿喜欢欣赏不同体裁的文学作品，并且学习用正确的方法进行早期阅读。幼儿园可以提供良好的语言环境，便于幼儿围绕共同的主题进行交流，加上幼儿教师有意识的引导，幼儿就更有可能获得良好的发展。

三、学前教育对个体社会性发展的功能

社会性发展是指儿童从一个自然人，逐渐掌握社会的道德行为规范与社会行为技能，成长为一个

社会人，是一个社会化的过程。幼儿期是儿童社会性发展的重要时期，幼儿社会性发展是儿童未来发展的重要基础，学前教育能够影响个体的社会性发展。

（一）学前教育影响幼儿的品德

培养幼儿诚实、自信、好问、友爱、勇敢、爱护公物、克服困难、讲礼貌、守纪律等良好的品德行为和习惯是幼儿教育目标的内容之一。学前教育对幼儿品德的影响可以通过专门的幼儿教育活动来进行，也可以通过幼儿教师的言行对幼儿产生潜移默化的影响。3～6岁幼儿大部分时间是在幼儿园里度过的，他们喜欢教师并且会观察和模仿幼儿教师的行为。因此，具备较高品德素质的教师会给幼儿良好品德的发展带来积极的影响。反之，如果幼儿教师出现语言暴躁、粗鲁，动作幅度大等不文明的言行，就会对幼儿品德形成产生消极作用。此外，幼儿教师会引导幼儿的道德认知，帮助其养成良好的道德习惯。

（二）学前教育影响幼儿的情感

优质的学前教育能够萌发幼儿积极的情绪情感。

一方面，优质的学前教育一定是亲子关系稳定、师幼关系和谐的教育，在这样的教育历程中教师或家长会引导幼儿建立信任感和自信心，支持幼儿准确识别他人的情绪，在适合的场域合理表达自己的喜怒哀乐，进而形成准确的情绪理解、适度的情绪表达能力。

另一方面，优质的学前教育是一个向下扎根的奠基教育，会将社会的正向价值融入各类活动中，通过浸润、熏陶而萌发幼儿积极的情感。例如，教师会开展一系列"我是浣纱娃"的主题教育活动，将爱家乡、爱祖国、爱集体、爱劳动等态度、价值观融入西施故里参观、动手操作、亲身体验等方式中，让幼儿浸润在真实的环境中，渐渐萌生了爱诸暨浣纱、爱祖国、爱老师等的情感。

（三）学前教育影响幼儿的个性

有研究表明，2～3岁是幼儿性格与个性的萌芽阶段，到了5岁左右初步形成。因此，幼儿个性的发展会受到学前教育的极大影响。一是，幼儿教师会对幼儿的个性产生影响。幼儿教师会受到专业标准的要求，其一言一行都应该规范，给幼儿树立良好的榜样。我国幼儿教师通常都是年轻貌美、活泼开朗的女性，她们靓丽的外形和积极乐观的性格会对幼儿产生潜移默化的影响。幼儿教师的职责要求其理解、关爱幼儿，幼儿也能从中学到理解和关心他人。二是，同伴会对幼儿的个性产生影响。幼儿园是一个集体环境，幼儿的行为会受到其他因素的制约，其个性的发展也会受到同伴的影响。例如，本身内向、不爱说话的幼儿，遇上了自信、开朗、活泼的好朋友，其个性会渐渐变得外向。

第三节　学前教育功能发挥的举措

学前教育功能的指向具有一定方向，它有着正负之分。学前教育的正功能是指学前教育的积极作用，而负功能是指学前教育在发挥积极作用的同时对社会和个体发展所产生的消极作用。过去我们过多地关注、研究学前教育的正功能，而忽视了学前教育的负功能。要防止学前教育的功能异化，如过度的早期智力开发、过早的优势智能定向、过量的单一兴趣培养、过重的学科知识学习。

学前教育功能的发挥，主要通过教育对象的发展来实现。从一定意义上来说，学前教育对社会发展的功能也是通过影响个体发展来实现的。因此，学前教育功能的发挥离不开对学龄前儿童的培养。

要发挥学前教育在人的发展中定向、促进、形成、引发、矫正、改造、提升等多种功能，既使人的发展符合社会前进方向，又使个体特质及其潜在意识在社会提供的可能范围内得到充分的真实发展，教育的两大功能才有可能发挥[1]。此外，学前教育功能的发挥必须立足于社会和个体的整体发展，既不是社会经济、政治或文化等某一个单方面的发展，也不是个体认知或社会性等某一个维度的发展。学前教育正向功能的发挥需要从理念、认识、投入、立法、监督、研究等多个方面合力推进，具体举措如下。

一、提高民众对学前教育的科学认识

学前教育的发展起步非常晚，至今仍然处于发展的初级阶段。由于人们的忽视与轻视，使得学前教育的功能发挥得不彻底。因此，全社会都应该认识到学前教育的重要性，提高对学前教育的认识。人们从出生开始就应能受到良好的教育，因此要充分重视早期教育对社会和个体的功能，这就要求相关机构加大对学前教育的宣传。事实上，近年来普惠性学前教育和学前教育一年或三年的普及率等的提出，都在一定程度上改善了现状。

二、加大对学前教育的投入力度并且合理分配

学前教育产生经济效益的基础是对学前教育有足够的投入，在充分投入和合理利用的情况下就有可能产生巨大效益。我国对学前教育财政投入总额从 2010 年的 728 亿元增加到 2019 年的 4 104 亿元，学前教育经费投入占总经费投入的比例从 2010 年的 3.7% 增加到 2019 年的 8.2%[2]。对学前教育的投入主要表现为办托幼机构和重点扶持弱势对象。一是，国家财政有学前教育的单列经费。政府出资举办一定数量的幼儿园，并且有选择性地重点扶持城乡弱势家庭的子女接受学前教育。二是，社会力量也是办托幼机构的主要力量。我国鼓励国家机关、社会团体、企事业组织和其他社会力量兴办哺乳室、托育机构、幼儿园，促进学前教育事业的迅速发展。

教育从承受社会期待到最终对社会系统产生作用，至少经历四个分段过程，即功能取向的确立、功能行动的发生、初级功能结果的产生及次级功能结果的衍生。功能取向的确立，即教育系统在对社会所赋予功能期待进行理解、分析、比较与判断的基础上决定是否及怎样回应这些期待，从而确立自身功能取向的过程，其主体部分是对统治阶层所赋予功能期待加以选择。对功能取向转化为功能行动的过程起制约作用的社会因素主要是社会对于教育的实际投入，尤其是物质投入[3]。

从图 2-1 可以看出，对教育的投入是促使功能取向转化为功能行动的重要条件。国家和社会力量都可以对学前教育加大投入。在世界上许多国家，学前教育都被视为一种准公共产品，具有很强的福利性。不少西方发达国家，如德国、美国，已经把学前教育视为民族竞争力的重要组成部分。自 1990 年，英国政府开始推进高质量免费学前教育，直到 21 世纪，免费学前教育的范围逐步扩大[4]。日本学前教育免费制度则是自 2019 年 10 月 1 日之后开始全面实施，既包括所有 3～5 岁儿童，也包括非纳税家庭的 0～2 岁儿童[5]。

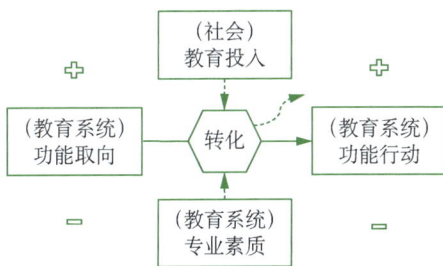

图 2-1　教育的功能取向转化为功能行动的过程

① 叶澜.教育概论［M］.北京：人民教育出版社，2006：306.
② 北京大学中国教育财政科学研究所.学前教育财政保障与公平报告［R］.中国教育财政，2023（12）：9.
③ 黄藤.学校教育基本功能研究［M］.西安：陕西人民教育出版社，2006：67.
④ 钱雨.教育福利视角下英国学前教育立法经验分析［J］.教育发展研究，2022，42（6）：16-23.
⑤ 孙雪荧，李玲.日本学前教育免费制度：背景、架构与问题［J］.外国教育研究，2021，48（7）：101-111.

三、严格按照学前教育法规执行并加强质量监管

近十几年来，我国相继制定实施了《幼儿园管理条例》《幼儿园工作规程》等法规性文件，但相对义务教育、高等教育、职业教育等全国性法律而言，目前学前教育立法层次偏低，仅处于我国教育法律体系中的第四层次。2018 年，中共中央批准了十三届全国人大常委会立法规划，其中学前教育法列入立法规划的第一类项目。[①] 2023 年 6 月，国务院总理李强主持召开国务院常务会议，讨论并原则通过《中华人民共和国学前教育法（草案）》，决定将草案提请全国人大常委会审议。[②] 制定学前教育法可以明确学前教育的性质、定位，能够明确政府发展学前教育的责任与相关部门的职责分工，建立学前教育财政投入体制和运行保障机制，明确教师身份地位、待遇、专业发展等基本权益，建立健全学前教育督导评估与问责制度等，[③] 一定程度上有利于提高学前教育的质量，不至于使其成为我国教育体系的"短板"。

十余年来，我国围绕《国务院关于当前发展学前教育的若干意见》已经配套了一揽子政策，这些政策匹配《幼儿园工作规程》《幼儿园管理条例》等法规，充分发挥着导向、规范、管制、调控学前教育健康有序发展的功能。2022 年，教育部印发《幼儿园保育教育质量评估指南》，强调内容上要确保保育教育过程质量，方式上强调班级观察与科学评估，[④] 并在全国开启了推广运用保教质量监管新序幕。应该说学前教育事业是高质量教育体系的根基部分。中央及各级政府逐渐建构幼儿园保教质量评估监管体系，以对学前教育的结构性要素、过程性要素、产出性要素作出科学合理的评价。评价的结果是为了引导各行政部门、幼儿园主体及社会各界充分认识到学前教育的重要性，进而在学前教育高质量发展的征程上迈上新台阶。

四、加强对学前教育的科学研究

教育科学研究是教育事业的重要组成部分，也是促进教育改革发展的重要保证[⑤]。学前教育科学研究涉及对学前教育现象、学前教育规律、学前教育过程，以及学前教育政策与效果的系统研究。一般而言，可以划分为理论研究、政策研究、实践研究等不同范畴。近年来，学前教育科学研究中涌现出众多质量高的不同类型的研究，这些研究有利于进一步提高教育科学在创新理论、服务决策、指导实践中的作用。例如，南京师范大学虞永平教授率领的团队深耕学前教育体制机制改革研究多年，对学前教育体制机制现状、问题、实践、改革、政策等多个层面进行深度探讨，为我国学前教育体制机制合理构建提供可行的思路与建议[⑥]。总体而言，学前教育领域涌现出众多中央关心、社会关注、人民关切的热点难点问题，一些学者开展了深入的研究。一方面加强基础性、前瞻性的学前教育政策和战略研究，增强教育科研服务学前教育事业发展的能力；另一方面探索适应新时代要求的有效教育方式和途径，寻求破解学前教育难题的有效策略和方法，推动解决学前教育实践问题。

五、提升儿童友好城市建设的力度

学前教育是基础教育的重要组成部分，是关乎儿童健康成长、人民安居乐业、国家和民族未来的

---

①③　庞丽娟，王红蕾，贺红芳，袁秋红.关于我国学前教育立法的思考［J］.教育发展研究，2018，38（23）：46-50.
②　中华人民共和国中央人民政府.李强主持召开国务院常务会议　听取优化营商环境工作进展及下一步重点举措汇报等［EB/OL］.新华社，https://www.gov.cn/.2023-06-02.
④　李克建，陆浩.学前教育质量评价工具的演进路径与未来趋势［J］.学前教育研究，2023（2）：1-11.
⑤　高丙成.高品质科研引领学前教育高质量发展［J］.今日教育（幼教金刊），2024（5）：1.
⑥　虞永平，王海英，张斌，等.儿童·国家·未来——学前教育体制机制改革研究［M］.南京：南京师范大学出版社，2020：1-3.

重要事业。[①] 儿童健康成长除了是学前教育领域的重要任务之外，也是全民、全社会共同努力的核心任务之一。因此，我们的社会应该为儿童提供友好、健康、和谐的生长环境。这非常需要"儿童意识"的塑造。"儿童意识"是国家高度认识儿童的价值，将"尊重儿童、认识儿童、支持儿童发展"的意识融入政策决策、教育理念、民众意识、大众文化和建筑设计中。"儿童意识"实际上彰显了对儿童成长的友好呵护，反映了一个文明国家如何为下一代打造一个友好发展的系统工程。2021 年，国家发展改革委等部门联合印发《关于推进儿童友好城市建设的指导意见》，提出了建设儿童友好城市的重要部署。儿童友好是为儿童成长发展提供适宜的条件、环境和服务，切实保障儿童的生存权、发展权、受保护权和参与权[②]。学前教育的大力发展可以将"儿童意识"发扬光大，鼓励社会民众形成一种"尊重儿童、呵护儿童、支持儿童"的自觉，发挥教育资源的撬动作用，使社会福利资源、城市建设资源等向更有利于儿童发展的方向配置，进一步提升儿童友好城市建设的力度。同时，儿童友好城市建设力度的提升又可以促进人们的"儿童意识"，进而使学前教育的功能得到更好的发挥。

思考与练习

一、不定向选择题

1. 学前教育的保育功能是由学前教育（　　　）的特点决定的。

A. 对象　　　　　　　B. 发展　　　　　　　C. 教师　　　　　　　D. 机构

2. 教育立法层次最低的是（　　　）。

A. 义务教育　　　　　　　　　　　　B. 高等教育

C. 职业教育　　　　　　　　　　　　D. 学前教育

3. 学前教育质量不包括（　　　）。

A. 结构性要素　　　　　　　　　　　B. 过程性要素

C. 产出性要素　　　　　　　　　　　D. 产生性要素

二、判断题

1. 学前教育功能是因，学前教育效益是果。　　　　　　　　　　　　（　　　）

2. 学前教育能促进幼儿身心的和谐与健康发展。　　　　　　　　　　（　　　）

3. 保育功能在学前教育功能中比较突出，保教结合是其趋势。　　　　（　　　）

4. 提高学前教育质量不是促进幼儿教育功能发挥的策略。　　　　　　（　　　）

5. 多渠道办托幼机构能够促进幼儿教育功能的发挥。　　　　　　　　（　　　）

6. 教育能促进个体思想意识的社会化，促进个体行为的社会化，培养个体的职业意识和角色。　　　　　　　　　　　　　　　　　　　　　　　　　　　（　　　）

7. 学前教育由于某些异化，存在负向功能，会阻碍个体的全面发展。（　　　）

8. 当社会发展处于负向时，教育对社会出现总体的负向功能；反之，当社会发展处于正向时，教育对社会发展的功能总体上是正向的。　　　　　　　　　（　　　）

9. 学前教育的发展一定会促进人口大规模扩张。　　　　　　　　　　（　　　）

10. 儿童友好城市建设与学前教育发展有一定关联。　　　　　　　　（　　　）

---

① 虞永平，张斌. 改革开放 40 年我国学前教育的成就与展望［J］. 中国教育学刊，2018（12）：18-26.

② 闫晓英，周京. 完善公益普惠儿童福利体系　为儿童友好提供制度支撑——解读国家发展改革委等部门联合印发的《关于推进儿童友好城市建设的指导意见》（基于民政视角）［J］. 社会福利，2021（11）：23-24.

三、简答题

1. 学前教育的经济功能有哪些？
2. 学前教育的文化功能有哪些？
3. 学前教育的人口发展功能是如何体现的？
4. 学前教育功能发挥的举措有哪些？

四、论述题

1. 如何通过学前教育正功能的发挥来提高学前教育效益？
2. 如何发挥学前教育对个体社会性和个人认知发展的功能？
3. 论述为什么学前教育立法对学前教育事业有重要影响？

· 推荐阅读 ·

1. [美]布鲁斯·富勒著，宋映泉、张眉、程静译：《美国学前教育的政治与文化之争》。第二章：有关幼儿教育的历史之争。本章介绍普及学前教育运动是如何受到政治、文化等各因素影响的。

2. 黄人颂主编：《学前教育学（第三版）》。第二章：学前教育与社会的关系。本章介绍学前教育的产生和发展以及学前教育与社会经济、政治、文化等方面的关系。

第三章
经典学前教育思想

本章导读

　　学前教育思想是人们对学龄前儿童所接受的教育现象的一种理解和认识，这种理解或认识以某种方式表达出来，并对教育实践产生一定的影响。中外涌现出众多经典学前教育思想，有些教育思想启迪了我国学前教育思想的萌发、产生、演进，有些教育思想对我国学前教育实践产生了深远影响。我国古代有颜之推、王守仁的儿童教育思想，近现代产生了陈鹤琴的"活教育"理论和张雪门的行为课程理论，至今仍对我国学前教育实践产生积极影响。

学习目标

　　● 了解中国古代儿童观与儿童教育观，掌握颜之推、王守仁的儿童教育思想。
　　● 理解并识记中国近现代儿童观与儿童教育观，掌握陈鹤琴的"活教育"理论与张雪门行为课程理论。
　　● 了解西方近现代儿童观与儿童教育观，掌握卢梭、福禄培尔、杜威、蒙台梭利的儿童教育思想。

知识架构

```
                                        ┌─ 颜之推的家庭教育思想
                        ┌─ 经典中国学前 ├─ 王守仁的儿童教育思想
                        │   教育思想      ├─ 陈鹤琴的儿童教育思想
                        │                └─ 张雪门的儿童教育思想
经典学前教育思想 ────────┤
                        │                ┌─ 卢梭的儿童教育思想
                        └─ 经典国外学前 ├─ 福禄培尔的儿童教育思想
                            教育思想      ├─ 杜威的儿童教育思想
                                         └─ 蒙台梭利的儿童教育思想
```

案例思考

幼儿园实践需要教育思想的引导

在上虞，有一所著名的幼儿园——鹤琴幼儿园，顾名思义，这是对陈鹤琴先生的纪念，也意味着该幼儿园弘扬与践行陈鹤琴先生的教育思想。鹤琴幼儿园以陈鹤琴先生的教育思想为指导，从幼儿园的实际出发，深入开展五指活动的实践，全面落实"活教育"的原则，创出了一条幼儿园课程研究、实践促创新的新路。[①] 新教师入职鹤琴幼儿园后，先要学习并内化陈鹤琴教育思想。

思考 这些思想怎么引导新教师的日常工作呢？会影响哪些工作呢？

以上问题也即教育思想对实践如何引导的问题。每所幼儿园都会根据自己的情况以一种或几种教育思想为指引来引导幼儿园的实践，因此对学前教育思想的深入理解是第一位的。

第一节 经典中国学前教育思想

颜之推与王守仁、陈鹤琴与张雪门分别是我国古代教育史和现代教育史上著名的幼儿教育家。颜之推写出了我国古代第一部系统的、完整的家庭教育教科书《颜氏家训》，该书涉及了家庭教育中普遍存在的问题，至今在儿童家庭教育方面仍不失其价值。王守仁针对传统教育，首次提出自然教育理论，在世界教育发展史上作出了积极的贡献。陈鹤琴是我国学前教育和儿童心理研究的开拓者和奠基人，20世纪三四十年代，他与张雪门二人并称为"南陈北张"，对我国幼儿教育产生了重要影响。张雪门提出的幼儿园行为课程思想是我国幼儿教育第一代本土化的课程体系，它和陈鹤琴的"活教育"理论与实践密切配合，不仅在外国幼儿教育本土化方面具有重要意义，对当前幼儿教育课程改革亦有重要的借鉴价值。

一、颜之推的家庭教育思想

颜之推（531—约590以后），字介，北宋文学家，琅琊临沂（今属山东）人。颜之推出身士族家庭，早年接受家传儒学教育，奠定了他作为一位儒家学者的学术思想基础。他20岁步入宦途，历官四朝。由于他身处社会动荡之时，并多次成为亡国之人，耳闻目睹了许多士大夫身亡家破的现实，看到了社会的险恶及士族统治的危机。从士族地主的立场出发，为保持自己家族的传统与地位，他根据自己的经历与体验，写出了我国封建社会第一部系统完整的家庭教育教科书——《颜氏家训》，用以训诫子孙。《颜氏家训》共20篇，是我们研究颜之推家庭教育思想、学前教育思想的主要依据。

（一）提倡及早施教

提倡及早施教是颜之推教育思想中最为重要的部分。颜之推认为一个人的发展，幼年时期是奠定基础的重要阶段。他说："人生小幼，精神专利，长成以后，思虑散逸，固须早教，勿失机也。"[②] 他引用孔子的话"少成若天性，习惯成自然"，作为理论依据。又引俗谚"教妇初来，教子婴孩"作为例证，说明教育孩子从婴儿开始，不仅有利于儿童养成良好的习惯，而且能够收到最佳的效果。有条件

---

① 赵秀红，许雯.新五指活动［M］.南京：南京师范大学出版社，2023：1.
② 王利器.颜氏家训集解·勉学［M］.上海：上海古籍出版社，1980：166.

的家庭，甚至可以实行胎教。对于绝大多数家庭，即使不能实施胎教，也应当在婴幼儿开始能够辨认脸色、知人喜怒时，便加教诲，使其逐渐养成听话的习惯。

幼年时期是教育的最佳期，有条件的家庭应该及早施教。但是，人若因客观原因失教于幼年，不可自暴自弃，要有肯学、愿学精神。他说："幼而学者，如日出之光，老而学者，如秉烛夜行，犹贤乎瞑目而无见者也。"[1] 老来用功虽不及年轻人学习的效果，但总优于双目失明者。

（二）提倡严慈结合

如何处理慈爱与严教二者的关系，是家庭教育中极为重要的一个问题。在这个问题上，颜之推认为，父母对子女不仅有爱护的职责，更有教育的义务，教育好子女，才是对子女最大的爱护。为此，他主张父母对子女应"威严而有慈"，将慈爱与严教有机地结合起来。

他根据多年的社会观察，了解到多数人没有处理好严慈的关系。他说："吾见世间，无教而有爱，每不能然；饮食运为，恣其所欲，宜诫翻奖，应诃反笑，至有识知，谓法当尔。骄慢已习，方复制之，捶挞至死而无威，忿怒日隆而增怨，逮于成长，终为败德。"[2] 由于家庭溺爱，使子女养成不良的思想和习惯，这种教育失败的事很多，论其责任，主要在于父母，这是应当引以为戒的。

颜之推在反对无教而有爱的同时，亦不反对体罚。他说，鞭挞是家庭教育不可缺少的有效手段，甚至认为"笞怒废于家，则竖子之过立见"。在他看来，以体罚教育孩子，是完全必要的，犹如以苦药治其病。

颜之推要求父母对子女应该慈严结合，不能无教而有爱，这无疑是正确的。但是，严教不等于严厉，更不等同于棍棒教育。

（三）要求均爱无偏

所谓均爱，是指父母对所有子女应一视同仁，给予相当的慈爱。颜之推说："贤俊者自可赏爱，顽鲁者亦当矜怜。"[3] 可是，在现实的家庭教育中，许多父母赏识、宠爱的常是那些生来聪颖者或家中最年幼者，而木讷、迟钝者则备遭冷遇。颜之推特别提醒，父母对待子女的厚此薄彼、施爱不均，其结果可能与父母的愿望恰恰相反。因为受到偏宠偏爱者，不仅孳生了骄横的习气，而且还会与兄弟不和，正所谓"虽欲以厚之，更所以祸之"。[4] 此结论已被历史上诸多事例所证明。

春秋时期，郑庄公的母亲宠爱幼子共叔段，不仅给予其"僭越"其等级的优厚待遇，而且每每文过饰非，逐渐养成了共叔段骄横霸道的习气，后因起兵谋位被诛杀。颜之推得出的结论是："共叔之死，母实为之。"[5] 又如汉高祖刘邦之子赵隐王刘如意，深得父母溺爱，曾欲取代太子之位，只因受到大臣们的普遍反对而作罢。高祖去世后，刘如意为吕后鸩杀。颜之推认为："赵王之戮，父实使之。"[6] 总而言之，颜之推认为，无论是从个人的健康发展，还是从兄弟的和睦来看，均爱无偏是家庭教育中必须遵循的准则。

（四）重视风化陶染

所谓风化，是指家庭中父母或其他成年人对年幼者的模范作用。颜之推认为，儿童的思想品德正处于发展变化阶段，尚未定向定型，周围的人能给他们一种"熏渍陶染"的影响，虽然没有特别要求儿童去学习他人的言笑举动，但只要与他人有了交往接触，儿童必会仿效新奇，无形之中就会"潜移默化"。他说："与善人居，如入芝兰之室，久而自芳也；与恶人居，如入鲍鱼之肆，久而自臭也。"要正确利用这种"潜移默化"的积极作用，应特别慎重地选择师友，尽量为受教的儿童提供一种良好的

---

① 王利器.颜氏家训集解·勉学［M］.上海：上海古籍出版社，1980：166.
② 王利器.颜氏家训集解·教子［M］.上海：上海古籍出版社，1980：25.
③④⑤⑥ 王利器.颜氏家训集解·教子［M］.上海：上海古籍出版社，1980：34.

环境。

家长是儿童感情上最亲近的人，也是儿童心目中的权威，他们的言行常常被儿童奉为金科玉律，即所谓"同言而信，信其所亲；同命而行，行其所服"。①故为人父母者必须加强自我道德修养，给孩子树立好榜样。

此外，在家庭教育中，父母还必须关心儿童所结交的朋友。正所谓"人性如素丝，染于苍则苍，染于黄则黄"。故颜之推指出，儿童必须"与善人居""慎交游""交益友"。这些主张其实是对古代注重环境影响的教育思想的继承。

（五）主张博习致用

颜之推在家庭教育内容的问题上，主张子女博学。他认为，士大夫家庭对子女进行教育时，首先应以儒家的"五经"作为最基本的学习材料。他指出人们通过学习"五经"不仅可以学到立身处世的道理，培养应有的道德品质，而且还能奠定写文章的坚实基础。

其次，家庭教育还应兼及百家之书，以及琴、棋、书、画、文学等今后士大夫生活所必备的学问，否则就会见闻狭隘、头脑闭塞。颜之推自称 7 岁时即能背诵后汉王延寿的《灵光殿赋》，这为自己成年后文学写作奠定了良好的基础。他认为，善为文学有诸多好处，不仅是将来成年后从政不可或缺的，而且还能陶养性情、享受其中滋味，因此，他在家庭教育中非常重视文学教育。由于颜之推在家庭教育中推崇博学，其后人继承了这个传统，在学术方面成就卓著者不乏其人，如唐代学者颜师古（颜之推之孙）少传家业，博览群书，精于训诂，"善属文"，曾受唐太宗诏令校定五经；颜之推的五世孙颜真卿，是唐代著名的书法家，善正、草书，笔力雄厚，为世所宝，人称"颜体"。

最后，颜之推认为，不但知识要广博，还要能抓住要领，能够灵活应用。如果一味追求广博，夸夸其谈，不知要领，不能应用，再广博的知识也是无用的。因此，在提倡广博的同时，更应注重培养子弟经世致用的本领。他教育子弟不应把读书当作追求功名利禄的敲门砖或夸夸其谈的资本，要把学习当作自己修身立行的途径。

总之，颜之推的家庭教育思想是他整个教育思想的精华。他关于家庭教育作用、内容、原则、方法等的论述，虽目的在于使后代立身扬名、光宗耀祖，但由于他涉及了家庭教育中普遍存在的问题，含有一定的合理因素，至今仍然不失其价值。

二、王守仁的儿童教育思想

王守仁（1472—1529），字伯安，浙江余姚人，明代著名的主观唯心主义哲学家、教育家，曾筑室越城（今绍兴）附近的阳明洞，隐居修道，自号阳明子，故学者均称其为阳明先生。

王守仁出身于士大夫家庭，28 岁时举进士出身，34 岁任兵部武选清吏司主事，并开始授徒讲学。因平定宁王朱宸濠的叛乱有功，官拜兵部尚书兼都察左都御史，封新建伯。

王守仁是一位理学家，其理学思想继承了南宋理学家陆九渊的"心学"主张，并加以发展，提出"心即理""致良知""知行合一"说，这种学说也成为他教育思想的理论基础。他关于儿童教育的论述，主要见于他担任南赣巡抚时所作的《训蒙大意示教读刘伯颂等》与《教约》（合称《社学教条》）以及言论录《传习录》中。

（一）顺导性情，鼓舞兴趣

关于儿童教育，王守仁的基本思想是：教育儿童应根据儿童生理、心理特点，从积极方面入手，顺导儿童性情，促其自然发展。他说："大抵童子之情，乐嬉游而惮拘检，如草木之始萌芽，舒畅之则

---

① 王利器.颜氏家训集解·序致［M］.上海：上海古籍出版社，1980：19.

条达，摧挠之则衰痿。"① 意思是说儿童性情好动，喜欢嬉戏玩耍，害怕受拘束和禁锢，就像草木刚刚萌芽，顺其自然就会使它枝叶茂盛，摧挠它则很快使其衰败枯萎。因此，对儿童进行教育，必须注意顺导儿童性情，不宜加以束缚和限制。

王守仁认为，顺导儿童性情进行教育，最重要的就是要激发儿童学习的兴趣，兴趣在提高儿童教育质量方面起着十分重要的积极作用。儿童如果学习兴趣盎然，则学习时必然心情愉快，这样进步自然不会停止。就像时雨春风滋润的草木花卉，生机勃发，自然而然地一天天长大。反之，如果忽视了儿童兴趣的培养，则会压抑儿童学习的积极性，如同遭遇冰霜的花木，日渐萧索枯萎。

然而，当时忽视儿童性情、摧残儿童天性的教育现象比比皆是。比如许多蒙师整日只知督促学生读书写字，对学生严加束缚，而不知导之以礼；虽然也想使儿童聪明有智慧，却不懂得以良善的方法去培养，只知鞭挞绳缚，如同对待囚犯一般。其结果不仅使学生厌恶学习，视学校为监狱，认老师为仇人，而且会使学生想尽办法蒙骗教师，品德日趋败坏。他认为这种教育不是教人为善，乃是驱人为恶。可见，王守仁提倡顺导儿童性情、鼓舞儿童兴趣的教育方法，是与当时的传统教育方法根本对立的，具有非常积极的意义。

（二）循序渐进，量力而施

王守仁认为，对儿童进行教育必须注意从本原上用力，循序渐进。在他看来，任何人的知识水平都有一个由婴儿到成人的发展过程，譬如"婴儿在母腹时，只是纯气，有何知识？出胎后方始能啼，既而后能笑，又既而后能认识其父母兄弟，又既而后能立能行、能持能负，卒乃天下之事无不可能"②。教育者必须根据儿童身体日强、智慧日开的特点进行教育，不可越级。

循序渐进的原则应用到教学中，必然要求教育者在确定教学内容时，注意量力而施，符合儿童的认识发展水平。他认为儿童自有自己认识的对象和认识的方法。对儿童不能像对成人一样要求，儿童良知发展到何种水平，教学就只能进行到什么水平，儿童只能做好洒扫应对的事，便也应以此为内容。他以种树作比喻，说明学习也应根据各自能力循序渐进："如树有这些萌芽，只把这些水去灌溉，萌芽再长，便又加水，自拱把以至合抱，灌溉之功，皆是随其分限所及。若些小萌芽，有一桶水在，尽要倾上，便浸坏他了。"③ 为此，他主张教导儿童读书识字，不能贪求量多，但贵精熟而已。教师在教学过程中，应根据儿童的天资禀赋，确定教学进度。能识200字的人，仅教给其100字，以使其学有余力，没有压力，且学得愉快。相反，如果教学内容过多，要求过量，超出儿童的接受能力，不仅会加重儿童负担，使其视学习为"厌苦"之事而不乐为，而且也会影响儿童对知识的理解和掌握，如同饮食过量会影响消化一样。当然，从另一方面说，他认为教学的难度也不应过于落后于儿童的认识发展水平，犹如对能奔走千里的壮汉，不应要求他还在庭院之内学走路；对于已能在庭院之内行走的孩子，也不可要求他依然扶墙傍壁学起立移步。

（三）因材施教，各成其材

王守仁认为，人的资质各不相同，因此教育者对儿童施教，不仅要考虑儿童认识发展水平的共性，而且还要注意个体发展水平的差异，针对每个人的个性差异，因材施教，就像良医之治病，对症下药。

在王守仁看来，因材施教的目的在于使受教育者各成其材。他认为每个儿童都有长处，教育者如能就其长处加以培养，就可以使他们在某一方面的才能得到发展。他举例说，譬如有三人练习射箭，一人能步射，一人能骑射，一人能远射，射得上靶子均可谓之有力道；能射中，俱可谓之技巧。但步

---

① 王守仁.王阳明全集（卷2）[M].上海：上海古籍出版社，1992：87.
② 王守仁.王阳明全集（卷1）[M].上海：上海古籍出版社，1992：14.
③ 王守仁.王阳明全集（卷3）[M].上海：上海古籍出版社，1992：96.

射者不一定能骑射，而骑射者不一定能远射。各有所长，这是才力分限各有不同的缘故。不仅才能如此，儿童性格方面也存在较大差异，他说："圣人教人，不是束缚他通做一般，只如狂者便从狂处成就他，狷者便从狷处成就他。人之才气如何同得？"[①]教师应根据儿童各自特性，采取不同方法，分别予以适当的陶冶，各成其长。

王守仁因材施教、各成其材的思想，承认了发展个性的必要性，对传统教育抹杀儿童个性、以同一个模式培养儿童的教育方法可以说是一个有力的批判，同时也体现了他思想的进步意义。

（四）全面诱导，不执一偏

王守仁认为，儿童教育的内容和途径应当是多方面的，不可仅仅进行某一方面的教育而使其过于狭窄。为此，他对教育者提出了通过习礼、歌诗和读书对儿童进行全面引导的要求，并对习礼、歌诗和读书的教育意义与作用分别作了说明。他认为，通过唱歌吟诗，不但可以抒发其志向意愿，还可以用歌咏和音节宣泄其忧郁积滞的情怀；通过习礼，不但可以养成其庄重的仪容举止，还可以通过周旋揖让、拜起屈伸的活动震荡其血脉，坚强其筋骨；通过读书，不但可以开启其智慧，还可以通过反复体会和抑扬讽诵存其心志。在他看来，如果能通过这几方面的内容和途径对儿童进行教育，就可以收到"顺导其志意，调理其性情，潜消其鄙吝，默化其粗顽，日使之渐于礼义而不苦其难，入于中和而不知其故"[②]的良好效果，使儿童慢慢接受礼义的教化而不觉得是件苦事难事，在不知不觉中进入人们希望达到的境界。

为了能够有条理、有步骤地进行多方面的教育，他还在《社学教条》中拟订了一个比较详细的日课表，课程包括读书、习礼、歌诗、考德、课仿，同时在顺序上注意动静结合、张弛交错。在教学方法方面，也有一些创造，如他规定歌诗每次根据学生多少，分为四班，每天轮一班歌诗，其他同学就座而肃听；每五天则四个班在一起会歌；每月朔望时分，各学校则在书院进行会歌。习礼也规定了类似的程序。这种多少带有比赛性质的教学方法，对于培养学生的学习兴趣，无疑具有积极作用。

王守仁关于儿童教育的论述，是其整个教育思想的精华，它不仅当时在反对传统教育方面具有明显的积极意义，而且在很大程度上符合儿童教育的规律，尤其是他的自然教育论的提出，在世界教育思想发展上具有积极的贡献。

三、陈鹤琴的儿童教育思想

微课

陈鹤琴的
儿童教育
思想

陈鹤琴（1892—1982），浙江上虞人，我国著名幼儿教育家。童年时在家乡接受过6年的传统私塾教育。1905年秋，进入杭州教会开办的惠兰中学学习，开始接受近代科学知识教育。1911年2月，陈鹤琴考入上海圣约翰大学，同年秋又转入留美预备校——清华学堂。1914年8月，他与陶行知同行，前往美国留学。先是在霍普金斯大学读本科，后进入哥伦比亚大学师范学院专攻教育学和心理学，并在1917年、1918年先后获得霍普金斯大学文学学士和哥伦比亚大学师范学院教育硕士学位。值得一提的是，在哥伦比亚大学师范学院学习期间，陈鹤琴曾求学于克伯屈、孟禄、桑代克等著名教授，深受进步教育和实用主义思想的深刻影响。从1920年年底儿子一鸣出生开始，陈鹤琴便通过照相、观察、日记等研究方法追踪研究儿童心理发展特征，时间长达808天，写成《儿童心理之研究》和《家庭教育》。20世纪50年代初，陈鹤琴结合教学完成了《儿童心理学》讲稿，进一步系统地论述了儿童的成长变化过程。他对儿童身心发展进行的研究，为我国儿童教育的科学化奠定了坚实的基础。

---

① 王守仁.王阳明全集（卷3）[M].上海：上海古籍出版社，1992：104.
② 王守仁.王阳明全集（卷2）[M].上海：上海古籍出版社，1992：88.

（一）论儿童心理特点及其教育方法

陈鹤琴是一位幼儿教育专家，同时也是一位儿童心理学家。1919年他由美国留学归国，在南京高等师范学校担任的第一门课程便是"儿童心理学"。他根据自己对个别儿童的实地考察和试验，对儿童的心理特点及其教育方法进行了专门研究。他认为儿童心理主要存在以下五方面的特点。

1. 好动

陈鹤琴认为，"儿童还没有养成自制力，他的行动完全为冲动与感觉所支配"[①]，所以儿童生来是好动的，喜欢听，喜欢看。对于儿童的这种好动心，家长及教师要正确对待，不应用消极的方法去剥夺，而应营造适当的环境使其获得充分的发展。

2. 好模仿

陈鹤琴指出："这个模仿心，青年老年亦有的，不过儿童格外充分一些。儿童学习言语、风俗、技能等等，大大依赖这个模仿心。"[②]他根据自己的研究，特别指出了儿童模仿的一些特点。如儿童的动作与所模仿的动作之间存在一定的差异，因此教育者要格外注意及时纠正儿童的错误模仿；儿童的模仿只发生在初次做的时候，因此，教育者应当利用儿童这种心理；模仿需要有模仿的能力，儿童如果没有模仿的能力，绝对不能模仿，所以不要勉强儿童模仿他所不能模仿的东西；儿童的模仿是无选择的，所以教育者要注意以身作则，同时教会儿童鉴别是非善恶。

3. 易受暗示

"暗示和模仿，看起来是一样的东西，不过模仿是从儿童一方面着想，暗示是从环境一方面着想"。[③]一个人受外界刺激越容易，他就越易受暗示。年幼者较年长者更易受暗示，年幼的男孩比年幼的女孩的暗示感受性更强。此外，陈鹤琴还特别指出，暗示分为积极的暗示和消极的暗示，教育者应利用积极的暗示来影响儿童的行为和习惯，切忌使用诸如"你不要讲话""你不要向窗外看"之类消极的暗示去矫正儿童的错误。

4. 好奇

陈鹤琴指出："儿童凡对于一切新的东西就生出好奇心。一好奇，就要与新的东西相接近。一接近，那就晓得这个东西的性质了。假使儿童与新的境地接触愈多，他的知识愈广。"[④]这种好奇心在教育上极有价值。他认为，能激起儿童好奇心的或是事物的新异，或是两事物相接触而发生的新异现象。儿童的好奇心是会随着年龄的增长而发展的，即不同年龄阶段的幼儿，其好奇的对象是不同的。如3~4岁时，儿童经常使用"为什么"，而且要追根究底，或直到受成人的责骂为止。陈鹤琴认为，正是儿童对新的东西有好奇心，乐于与新东西接触，并探究这个东西的性质，从而使其获得新知识。

5. 好游戏

陈鹤琴认为："儿童好游戏乃是天然的。近世教育利用这种活泼的本能，以发展儿童之个性与造就社会之良好分子。"[⑤]他认为，游戏不仅是一种有益的休息方式，而且有助于儿童身体、道德和智力的发展。当然，游戏与年龄之间存在密切的关联，不同年龄段的人所喜好的游戏是不一样的。既然儿童喜欢游戏，教育者便可以利用游戏来养成他的习惯。

（二）"活教育"理论体系

"活教育"理论是陈鹤琴独创的儿童教育理论。"活教育"理论萌芽于20世纪20年代。1940年，

---

① 陈秀云，陈一飞.陈鹤琴全集（第一卷）[M].南京：江苏教育出版社，2008：1.
② 陈秀云，陈一飞.陈鹤琴全集（第一卷）[M].南京：江苏教育出版社，2008：2.
③ 北京市教育科学研究所.陈鹤琴教育文集[M].北京：北京教育出版社，1983：170.
④ 陈秀云，陈一飞.陈鹤琴全集（第一卷）[M].南京：江苏教育出版社，2008：3.
⑤ 陈秀云，陈一飞.陈鹤琴全集（第一卷）[M].南京：江苏教育出版社，2008：4.

陈鹤琴发表《什么叫做"活的教育"》的演讲，首次提出了"活教育"的概念。1941年创办《活教育》月刊，明确了"活教育"的基本观点，标志着他的"活教育"理论体系的正式形成。[①]

所谓"活教育"即"活的教育"，是相对"死的教育"而言的，按照陈鹤琴自己的解释："什么是'活的教育'？简单地说一句，就是'不是死的教育'。书本主义的教育就是死的教育。"[②] 陈鹤琴套用陶行知描写当时教育情形的两句警语，对"活教育"进行了表述，即"教活书、活教书、教书活；读活书，活读书，读书活"。

陈鹤琴的"活教育"理论体系主要包括三大纲领以及17条教学原则，其中，三大纲领是整个理论的核心，对应的是"活教育"的目的论、课程论、方法论。

1. "活教育"的目的论

陈鹤琴扬弃了杜威"教育即生长"的无目的论倾向，同时也批判了儒家"学而优则仕"的读书做官论，进而提出了"活教育"的目的论。早在1941年，陈鹤琴在新创办的江西实验幼稚师范学校实验"活教育"理论时，就提出以"做人，做中国人，做现代的中国人"[③] 作为教学目标。他认为这样的人应具备五个条件：第一要有强健的身体；第二要有建设的能力；第三要有创造能力；第四要有合作的态度；第五要有服务的精神。1948年，陈鹤琴根据世界教育发展潮流的变化，又将"活教育"目的论的表述改为"做人，做中国人，做世界人"[④]。陈鹤琴关于"活教育"目的论的表述，体现了从一般到具体的三个不同层次的"做人"。

2. "活教育"的课程论

陈鹤琴指出"大自然、大社会，都是活教材"。陈鹤琴的"活教育"理论是从对书本主义的传统教育的批判入手的。他认为，中国人历来对教育有一个错误的观念，即把书本知识作为唯一的教育资料，学生受教育被称为"读书"，教师教学被称为"教书"。其实，书本只能作为学习的"副工具"，书本上的知识都是间接的。相反，大自然、大社会才是真正的活的书。因此，"活教育"主张应抛弃"书本万能"的传统观念，让儿童直接向大自然、大社会学习，去获得直接的知识宝库，即到大自然、大社会中探讨研究。

陈鹤琴以大自然、大社会为教材的课程论思想，显然受到杜威"实用主义"思想的影响，与陶行知"生活教育"理论也有相似之处。但是，陈鹤琴的"活教育"主张没有走向极端，他虽然认为大自然、大社会是知识的主要源泉，但并不否定书本在学习过程中的价值。他认为只要不将书本知识作为学校学习的唯一材料，恰当地使用书本作为参考资料加以活用，书本依然是有用的。

3. 方法论

活教育方法论的基本原则是"做中教、做中学、做中求进步"。活教育重视直接经验，强调以"做"为中心，主张在学校里的一切活动，"凡是儿童自己能够做的，应当让他自己做"。[⑤] 做了就与事物发生直接的接触，就会获得直接的经验，就知道做事的困难，就认识事物的性质。他把教学过程分为四个步骤：试验观察、阅读参考、发表创作、批评研讨。教师的责任是"引发、供给、指导、欣赏"。

综上所述，一方面，"活教育"的理论是以中国社会为其发展的基础，是针对中国社会的实情，适合大众需要而发展起来的，是本土化的产物。它是陈鹤琴在广泛吸取西方现代教育理念的基础上，结合中国教育实际，为中国化现代教育理论体系的建构所进行的积极探索。另一方面，"活教育"理论是和陈鹤琴的儿童发展理论、课程理论、家庭教育理论相辅相成的，它们的基本观点是一致的，目的都在于发现儿童、认识儿童、解放儿童、发展儿童，指向改革当时社会的教育状况，形成和发展中国自己的学前教育。

---

① 王伦信.陈鹤琴教育思想研究［M］.沈阳：辽宁教育出版社，1995：235.
② 陈鹤琴.陈鹤琴全集（第五卷）［M］.南京：江苏教育出版社，2008：17.
③ 陈鹤琴.陈鹤琴全集（第五卷）［M］.南京：江苏教育出版社，2008：274.
④ 陈鹤琴.陈鹤琴全集（第五卷）［M］.南京：江苏教育出版社，2008：59.
⑤ 陈鹤琴.陈鹤琴全集（第五卷）［M］.南京：江苏教育出版社，2008：67.

四、张雪门的儿童教育思想

张雪门（1891—1973），浙江鄞县（宁波）人，中国著名的幼儿教育家。在 20 世纪三四十年代，他与著名的幼儿教育家陈鹤琴有"南陈北张"之称。他年幼时就读私塾，后毕业于浙江省立第四中学，1912 年就任鄞县私立星荫小学校长。1918 年，张雪门创办第一所在宁波由中国人办的幼稚园——星荫幼稚园。1924 年，他前往北平大学教育系学习，这期间，他得到了系主任高仁山的指导，对福禄培尔、蒙台梭利等国外学前教育家的思想进行研究，先后编译了《福禄培尔母亲游戏辑要》和《蒙台梭利及其教育》。1926 年，他还发表了其课程研究成果"幼儿园第一季度课程"。1930 年秋，他应北平香山慈幼院院长熊希龄之聘，任北平幼稚师范学校校长。此后，张雪门开始了幼稚园行为课程的研究。在整个 20 世纪二三十年代，张雪门在办学、任教之余，根据自己的研究与实践，发表了大量的幼教论著或译著，产生了很大的影响。据不完全统计，张雪门一生关于儿童教育方面的著作有 200 余万字，这些著作被后人整理汇编成《张雪门幼儿教育文集》。

（一）论幼稚园行为课程

行为课程是张雪门于 20 世纪二三十年代创立的适用于幼稚园和幼稚师范教育的课程模式，是张雪门学前教育思想的重要内容。

1. 行为课程的含义

关于行为课程的含义，张雪门在 1966 年出版的《增订幼稚园行为课程》一书中写道："生活就是教育，五六岁的孩子们在幼稚园生活的实践，就是行为课程。"[1] 张雪门认为，先有了生活，才有材料的需要，一方面，行为课程应以儿童在幼稚园的生活为中心，融合在儿童的生活之中，使教育生活化。另一方面，行为课程要在生活中注意实际行为，并把生活和行动看作相互联系的整体。凡扫地、抹桌、养鸡、养蚕、种玉蜀黍等能让儿童实际行动的，都应该让他们去行动。因此，教师要在教育过程中注重儿童的实际行为，为儿童的生活创造条件，扩充儿童的生活经验，使儿童获得实际生活的能力。儿童"从行动中所得的认识，才是真实的知识；从行动中所发生的困难，才是真实的问题；从行动中所获得的胜利，才是真实的制驭环境的能力"[2]。

2. 行为课程的内容

张雪门认为，幼稚园的课程是促进儿童健康活泼发展而设计和准备的一系列活动。他把行为课程的内容表述为"教材"，[3] 但从实质上看，与传统的教材概念大相径庭。这里的"教材"其范围很广，"不限于一首歌、一件手工"，还"包括儿童从家到校，从校到家，在家庭、道路、幼稚园所受到的刺激，能够引起儿童生活的要求，扩充儿童生活的经验，潜移儿童生活的意识的"各个方面。因此，他提出了"幼稚园教材是一般在幼稚园的时候儿童生活的经验"的观点。

他反对把教材当作科目，认为手工、言语、文学、音乐、算术只是教材的种类，是成人为研究的便利而划分的，它们只是儿童的反应动作在幼稚园课程上的名称。

3. 行为课程的实施

张雪门认为，行为课程不仅要有计划，还要付诸行动进行实施。他认为事怎样做便怎样学，怎样学必怎样做，做学教打成一片，才能完成行为课程。[4] 张雪门主张将自然生长的原则应用到课程的实施上，课程如何实施只须看人类是如何生长的。为此，他提出了实施行为课程的重要原则：①课程固由于自然的行为，却须经过人工的精选；②课程固由于劳动的行为，但须在劳动上劳心；③课程固由

---

[1] 戴自俺.张雪门幼儿教育文集［M］.北京：北京少年儿童出版社，1994：1088.
[2] 戴自俺.张雪门幼儿教育文集［M］.北京：北京少年儿童出版社，1994：1090.
[3] 唐淑.学前教育史［M］.北京：人民教育出版社，2009：130
[4] 戴自俺.张雪门幼儿教育文集（上下卷）［M］.北京：北京少年儿童出版社，1994：1089.

儿童生活中取材，但需有远大的客观标准。

此外，为保证行为课程的实施效果，张雪门运用美国的设计教学法来拟定周详的行为课程计划，其中包括单元计划和教学活动计划，并认为它们是保证学习效果、实施行为课程最重要的工作。

总之，张雪门的幼稚园行为课程理论的基本思想就是"生活即教育""行为即课程"。他强调通过儿童的实际行为，使儿童获得直接经验，要求根据儿童的能力、兴趣和需要组织活动；主张采取单元设计的方法，打破各学科的界限，并对实施中的具体问题作了详尽的论述。

（二）论幼稚师范教育

张雪门十分重视幼稚园师资的培训和幼稚师范教育，并对幼稚师范教育总结了不少有价值的经验。他认为，中国的学前教育要发展，幼稚园质量要提高，根本在于培养好的幼稚师资。幼稚师范教育的好坏直接影响着幼稚教育，如果摒弃了师范教育而研究幼稚教育，如同"清溪流者不清水源，整枝叶者不整树木，绝不是彻底的办法"。[①]学做幼儿园教师要在实际活动中学办幼儿园，为此张雪门特别强调实习的作用。

1. 实习的场所

张雪门制定了"半日授课，半日实习"的实习制度。他认为，在教学中要突出实习的环节，建议幼稚师范生应该在中心幼稚园、平民幼稚园、婴儿教保园、小学4种单位实习。这4种实习单位对幼师生的培养有着不同的作用：中心幼稚园是在幼稚师范中设立的，幼师生可以在此获得教育幼儿的实际经验；平民幼稚园是幼师生实践的重要场所，通过在实习中担任园长、教师等工作，可以使其获得独立从事幼稚园各种工作的能力；幼师生通过在婴儿教保园的实习可以获得婴儿的身心特点及婴儿保教的知识；在小学的实习，可以帮助幼师生了解幼儿在入小学前如何在知识、行为等方面做好各种准备。

2. 实习的时间

张雪门认为，幼稚师范生在3年中，第一学年每周实习为9学时，分3次进行。首先，参观本校中心园的园址、园舍、设备、教具、教学设计等，了解教师的态度、技能、兴趣、习惯、仪表及教师对幼儿发生问题的处理等，使幼师生对幼稚园有一个基本观念。其次，参观各类幼稚园，开阔幼师生的眼界，并扩充其知识，研究适合中国国情的幼稚教育。最后是参与实习，每周有三个上午到中心园进行教育教学活动的实习，以形成幼师生的基本观念和教学能力。第二学年的实习时间由学生自己支配。第三学年的第一学期，一半时间在婴儿教保园实习，另一半时间到小学实习，使幼师生确立为城市平民及乡村农民的幼稚教育而献身的志向，忠诚于贫苦劳动人民的教育事业。

3. 实习的实施

张雪门将实习分为四个阶段。①参观。通过参观，让幼稚师范生了解幼稚园的设备、教学活动过程及整个设计工作等知识，具体时间应安排在第一学期。②见习。安排在第二学期，让学生参与整个设计活动。这一时期的指导教师应以幼稚园教师及担任实习的导师为主。见习的地点，也以自己的中心或附属幼稚园为宜。③试教。安排在第二学年，让学生实际担任"幼稚园中的招生、编班、选材、组织课程指导活动、编制预算决算，以及一切教学上、教师业务上、幼稚园行政上的处理"等各项工作。④辅导。通过一个学年的工作，展开儿童福利工作，培养地方师资，以求达到幼稚教育的合理和普及。

综上所述，张雪门关于幼稚师范学校实习所依据的原理就是"教学做合一"，体现了其行为课程在幼稚师范教育中的运用。

---

① 戴自俺.张雪门幼儿教育文集（上下卷）［M］.北京：北京少年儿童出版社，1994：978.

经典国外学前教育思想

卢梭、福禄培尔、杜威、蒙台梭利等人，是西方教育史上为数不多的开一代风气、具有划时代意义的人物。卢梭猛烈抨击旧式的传统教育，提出了自然教育理论，要求深入研究儿童身心特点，遵循自然而施教，确立了以儿童为本位的新的儿童观，成为近代儿童研究的先行者及"内发论"的宗师。其后的福禄培尔、杜威、蒙台梭利等人皆继承并发展了以卢梭为代表的新儿童教育观。福禄培尔首创了幼儿社会教育的重要形式之一——幼儿园，在借鉴前人的基础上，详细论述了幼儿园工作的体系、内容和方法，大大推动了学前教育学的发展，是近代学前教育理论的重要奠基者。他关于融玩具、教具、教材于一体的思想以及他为学前儿童设计的各种玩具和教材，至今仍具有参考和借鉴的价值。杜威在卢梭、福禄培尔等前人理论的基础上，提出了"教育即生长""教育即生活""教育即经验的改造""从做中学"等教育理论。这些教育理论或被各国的许多幼儿教育工作者作为幼儿教育工作的指导思想，或被加以借鉴、利用，对世界幼儿教育的理论与实践产生了重要影响。蒙台梭利是 20 世纪影响最大的幼儿教育家。她所创立的蒙氏教育法及其幼儿教育观成为与福禄培尔的幼儿园学说相媲美的重要幼教体系，同时二人亦被认为是西方历史上的两大幼儿教育家。

一、卢梭的儿童教育思想

让·雅克·卢梭（Jean Jacques Rousseau，1712—1778）是 18 世纪法国启蒙思想家、哲学家和教育思想家。父亲是一位钟表匠，母亲在卢梭出生后不久便去世了。10 岁时，父亲为当局所不容而逃离瑞士，从此卢梭开始了不稳定的生活。他当过学徒、杂役，做过家庭教师，并在任家庭教师期间，激发了对教育的浓厚兴趣。1742 年，卢梭来到巴黎，结识了狄德罗、伏尔泰等人，参加了《百科全书》的撰写。1749 年因撰写《论科学与艺术》一文获奖，并由此赢得了极大声誉。卢梭的教育代表作《爱弥尔》（1762）是半论文、半小说体裁的教育著作。在书中他通过爱弥尔从出生到成人的教育过程，系统地阐述了其自然主义教育理论。

（一）自然主义教育观

从性善论的观点出发，卢梭崇尚自然，主张"回归自然"，并提出了自然教育理论。自然教育是卢梭教育理论的基本思想，是《爱弥尔》一书的主线。

1. 自然教育的实质

卢梭认为当时中世纪的教育是人为的，教育应回到自然，建立在自然的基础上。他说："出自造物主之手的东西，都是好的，而一到人的手里，就全坏了。"[①] 因此，卢梭主张教育应顺应儿童天性的发展。同时，卢梭认为，人的成长受自然、人、事物三种因素的制约。在这三种不同的教育中，自然的教育完全不取决于我们，而事物的教育也仅仅在某些方面取决于我们，只有人的教育才是我们能够真正起主导作用的。[②] 因此，他要求以自然的教育为中心，"事物的"和"人的"教育必须与人们无法控制的"自然的教育"配合起来，使事物的教育和人的教育顺应自然的教育。

所谓教育顺应自然，即要求教育应遵循儿童发展的自然进程，考虑其年龄特征，适应儿童的本性

---

① ［法］让-雅克·卢梭.爱弥儿：论教育（上册）［M］.李兴业、熊剑秋，译.北京：人民教育出版社，2017：7.
② ［法］让-雅克·卢梭.爱弥儿：论教育（上册）［M］.李兴业、熊剑秋，译.北京：人民教育出版社，2017：9.

及其个性差异。他说："每一个人的心灵有它自己的形式，必须按它的形式去指导它。"[①]卢梭不仅认为儿童自有其特有的看法、思想和情感，还呼吁要爱护儿童，珍惜儿童短暂的童年生活。

2. 自然教育的目标及原则

卢梭认为，自然教育的目的即培养"自然人"。自然人有三个特点：其一，体脑发达、身心健康、能适应环境的人；其二，具有自身价值的独立实体，没有固定的地位、阶级或职业的人；其三，不受传统束缚按本性发展的人。"自然人"实质上就是资产阶级新人的形象。

关于自然教育的重要原则，卢梭认为自由是世界上最可贵的东西。他声称："真正自由的人，只想他能够得到的东西，只做他喜欢做的事情。这就是我的第一个基本原理。只要把这个原理应用于儿童，就可源源得出各种教育的法则。"[②]因而，自然的教育必然是自由的教育。自由是实施自然教育的前提。

根据自由的原则，卢梭坚决反对封建专制制度对儿童个性与自由的摧残和压制，反对经院主义教育强迫儿童呆读死记宗教教义，反对当时学校中盛行的严酷的纪律和体罚，他要求教育者创造出一个能促进儿童自然发展的适当环境，然后放手让儿童发挥本身的积极性，通过活动和个人经验，认识生活，进行学习，健康成长。卢梭要求教育者最好做一个"导师"，而不是"教师"。

（二）论早期儿童的自然教育

卢梭认为两岁前是婴幼儿学会吃饭、说话和走路的时期。这一时期的主要任务在于使婴幼儿养成健康的体魄。

首先，卢梭反对束缚儿童，要求给儿童活动的自由。卢梭反对用襁褓包裹婴儿身体的做法，并指出其可能产生的严重后果。他说："凡是用襁褓包裹孩子的地方，到处都可以看到驼背的、瘸腿的、膝盖内弯的、患佝偻病的、患脊髓炎的以及各种各样畸形的人。"[③]

其次，卢梭主张要增强婴儿的体质。他主张要给婴儿勤洗澡，甚至可以用冷水或冰水洗澡。为了增强儿童体质，卢梭对于医疗保健等人为措施基本持否定态度。他说："除了爱弥尔的生命确有危险以外，我也是绝不替他请医生的。"[④]他希望儿童像自然环境下的动物一样，善于忍受疾病，自我痊愈。

最后，训练儿童的感官。卢梭认为婴儿的记忆力和想象力尚处于静止状态，这时能注意的只是眼前对他们感觉起影响的事物。"由于他的感觉是他的知识的原料，所以要按照适当的次序让他产生感觉。"[⑤]

此外，卢梭还主张把婴儿送往乡村，主张妇女到乡村去分娩。父母应该亲自养育儿童，让儿童保持自然的习惯，反对溺爱和娇惯孩子。他的不少主张明显地受到前人（尤其是洛克）的影响。

（三）论童年期的教育

卢梭称2~12岁是人生的"理性睡眠"期。[⑥]在这个时期，儿童不懂得也无法理解有关社会意识和社会关系的各种观念，因此，他反对用理性教育儿童，反对儿童学习文化知识，提倡实行"消极教育"。[⑦]他认为这一时期应该让儿童的心闲着，能闲多久就闲多久，如果进行理性教育，只会阻碍儿童体力的发展，是违反自然的。这个时期教育的主要任务是继续增强儿童体质，发展其感觉能力。

1. 对儿童实行消极教育

"消极教育"是卢梭确定的适用于12岁以下儿童的重要教育理念。卢梭指出："那些在儿童的心灵

① 陈文华.中外学前教育史［M］.北京：科学出版社，2007：200.
② ［法］卢梭.爱弥儿——论教育（上卷）［M］.李平沤，译.北京：人民教育出版社，2001：78.
③ ［法］卢梭.爱弥儿——论教育（上卷）［M］.李平沤，译.北京：人民教育出版社，2001：12.
④ ［法］卢梭.爱弥儿——论教育（上卷）［M］.李平沤，译.北京：人民教育出版社，2001：33.
⑤ ［法］卢梭.爱弥儿——论教育（上卷）［M］.李平沤，译.北京：人民教育出版社，2001：48.
⑥ ［法］卢梭.爱弥儿——论教育（上卷）［M］.李平沤，译.北京：人民教育出版社，2001：118.
⑦ 杨汉麟.外国幼儿教育史［M］.北京：人民教育出版社，2017：180.

还没有如何成熟以前，就要儿童明白种种属于成人职责的教育，即称为积极的教育。那么，没有直接和儿童谈知识讲理性之先，只图儿童感官得到完全的发达，俾为求知明理的工具的教育，我就只好称为消极的教育了。"① 卢梭认为"儿童12岁以前处于理性的睡眠期"，此时他们不能了解人际关系及道德观念，故要求这段时间"教育应当纯粹是消极的"。② 但同时，卢梭也意识到，在儿童12岁之前完全不了解一点人际关系或善恶是非等道德观念实际上也是不可能的，因此他又对此解释道："尽可能晚一些时候才把这些必要的概念灌输给他，并且在不可避免地要让他获得这些概念的时候，只把当时需要的概念灌输给他。"③

2. 倡导"自然后果法"

所谓"自然后果法"即杜绝常规的教育模式，让儿童亲身体验自己错误行为所产生的不良后果，从中受到教育并改正错误。自然后果法作为一种教育方法，是和自由教育及消极教育联系在一起的。卢梭认为12岁之前的儿童理性尚未得到发展，通过说教儿童认识不到错在何处。那么，教育他们的唯一方法是"使他们从经验中去吸取教训"。④ 例如，对于一个打破住房窗户的孩子，"就让他昼夜都受风吹，别怕他受风寒……绝不要埋怨他给你造成种种麻烦。不过，你要让他头一个感觉到这些麻烦"。⑤ 卢梭解释说："我们不能为了惩罚孩子而惩罚孩子，应当使他们觉得这些惩罚正是他们不良行为的自然后果。"⑥

3. 训练儿童的感官

卢梭认为感官是智慧的工具，感性认识是理解的基础，因此儿童感官的训练和运用非常重要。他认为"我们最初的哲学老师是我们的脚、我们的手和我们的眼睛"。因此，"锻炼感官，并不仅仅是使用感官，而是要通过感官学习正确的判断，也就是说要学会怎样去感受"。⑦ 卢梭把感觉教育分为5个方面：触觉、视觉、听觉、味觉和嗅觉。他特别重视触觉，但触觉只能在一个人的周围发挥作用，而视觉能把它的作用延伸到很远的地方⑧，单纯使用视觉又容易出错。因此，卢梭建议将视觉、触觉两种器官的训练结合起来，用触觉来辅助视觉的发展。为了发展听觉，就要互相配合地同步锻炼听觉器官和发音器官。如成人教儿童说话时，应要求儿童"要声调匀称而清楚，要咬清音节，要吐字准确而不故意做作。要懂得和按照语法规定的重音和韵律发音，要有足够的音量"。⑨ 在味觉方面，卢梭主张尽量使儿童保持原始的口味，"使他吃最普通和最简单的东西，使他的嘴经常接触的是一些清淡的味道，不要养成一种爱好过于厚重味道的习惯"。⑩ 对于嗅觉，卢梭认为由于儿童欠缺足够的经验将这种感觉与其他的观念相联系，因此嗅觉在童年期不宜过分运用。

（四）地位与影响

卢梭是世界教育史上一位划时代的教育思想家。他的教育主张被视为新旧教育的分水岭，"变抑制天性的教育为尊重天性的教育，是教育上的巨大变革。在这个历史转折点上，卢梭是关键性的人物"。⑪ 康德、裴斯泰洛齐、巴西多、福禄培尔、杜威和蒙台梭利都曾受到卢梭的深刻启发。卢梭倡导婴幼儿通过经验并利用自己尚未成熟的感官进行学习，这一主张被认为是近代幼儿教育思想的萌芽，并在以后的

---

① 宗林徐.西洋教育史［M］.台北：幼狮文化事业公司，1976：226.
② ［法］卢梭.爱弥儿——论教育（上卷）［M］.李平沤，译.北京：人民教育出版社，2001：94.
③ ［法］卢梭.爱弥儿——论教育（上卷）［M］.李平沤，译.北京：人民教育出版社，2001：100.
④ ［法］卢梭.爱弥儿——论教育（上卷）［M］.李平沤，译.北京：人民教育出版社，2001：91.
⑤ ［法］卢梭.爱弥儿——论教育（上卷）［M］.李平沤，译.北京：人民教育出版社，2001：105.
⑥ ［法］卢梭.爱弥儿——论教育（上卷）［M］.李平沤，译.北京：人民教育出版社，2001：107.
⑦ ［法］卢梭.爱弥儿——论教育（上卷）［M］.李平沤，译.北京：人民教育出版社，2001：160.
⑧ ［法］卢梭.爱弥儿——论教育（上卷）［M］.李平沤，译.北京：人民教育出版社，2001：172.
⑨ ［法］卢梭.爱弥儿——论教育（上卷）［M］.李平沤，译.北京：人民教育出版社，2001：188.
⑩ ［法］卢梭.爱弥儿——论教育（上卷）［M］.李平沤，译.北京：人民教育出版社，2001：192.
⑪ 赵祥麟.外国教育家评传（第一卷）［M］.上海：上海教育出版社，1992：600.

许多教育家如裴斯泰洛齐、福禄培尔、杜威和蒙台梭利等人的教育理论中得到进一步的发展。

二、福禄培尔的儿童教育思想

弗里德里希·威廉·奥古斯特·福禄培尔（1782—1852）是德国近代著名的教育家、幼儿园的创办者，近代学前教育理论的奠基人。他的教育活动和教育思想对 19 世纪后半期乃至 20 世纪初期的世界幼儿教育产生过广泛而深远的影响。

他出生于德国中部图林地区一个路德派牧师家庭，出生仅 10 个月时母亲病逝。1799—1801 年，在耶拿大学学习，受到德国古典哲学的影响。1805 年和 1808 年，福禄培尔曾先后两次访问裴斯泰洛齐的伊东学院，这对他的一生产生了巨大影响，奠定了他后来终生从事幼儿教育事业的志向。1837 年，他在德国的勃兰根堡创办了一所学校，专收 3～7 岁的儿童，并把这所学校命名为"幼儿园"（kindergarten，原意为"儿童的花园"）。福禄培尔的主要著作有《人的教育》（1826 年）、《慈母曲及唱歌游戏集》（1843 年）以及 1861 年出版的《幼儿园教育学》，这些著作全面反映了福禄培尔的学前教育思想。

（一）幼儿园教育理论

1. 幼儿园工作的意义和任务

受到夸美纽斯和裴斯泰洛齐的影响，福禄培尔十分重视家庭教育和母亲教育在人的发展尤其是早期教育中的作用。但他并非要以幼儿园教育来代替家庭教育，而是以幼儿园这种社会教育机构来弥补家庭教育的不足。福禄培尔的幼儿园实行半日制，他希望留下半天的时间使幼儿有机会和母亲待在一起接受家庭的教育。幼儿园的目的是"在儿童进入学校（小学）前，对他们进行精心的照料，根据自然的法则对他们整个人产生影响；增强他们的体力，激发他们的能力，使他们充分认识自然和社会，按正确的方向指导他们的心灵和引导他们去参与生活并与之融为一体"[①]。幼儿园的主要任务则是"通过活动和游戏的方式来培养学龄前儿童；增强其体质，训练其感官促进其心灵的发展，认识人和自然；使儿童在游戏、娱乐和天真活泼的活动中，为升入小学及未来生活做好准备。"[②]

2. 自我活动与游戏

福禄培尔幼儿园教育的基本原则是自我活动。他指出，正是通过自我活动的方式，个体得以认识自然，认识人性，最终认识上帝。福禄培尔认为："培养和教育人类完成其使命和任务……不仅依靠他从外面所接受和所吸收的东西，而且更大程度上依靠他自己所表现出的东西。"[③]因此，他在裴斯泰洛齐直观教学方法的基础上，又提出"自我表现"作为对前者的补充和发展。福禄培尔认为自我活动能表现出儿童的发展程度，激发他们对新知识的兴趣和注意，鼓励其自信心与自尊，引导儿童了解各种知识之间的关系。

游戏被福禄培尔看作儿童自我活动的集中体现。他认为，游戏活动和儿童心理有密切的关系，游戏给儿童以自由和快乐。福禄培尔强调，游戏作为儿童内在本质的自我表现，是一种精神产物。游戏不是简单地等同于"外部活动"，而更多的是指儿童的心理态度，它给儿童以欢乐、自由和满足，又有培养儿童的意志力和自我牺牲的精神。因此，福禄培尔主张幼儿园应成为儿童游戏的乐园。

（二）幼儿园课程

福禄培尔将其后半生的主要精力放在幼儿园课程的研究和教材的发展上，在夸美纽斯的《母育学

---

① 杨汉麟. 外国幼儿教育史［M］. 北京：人民教育出版社，2011：237.
② 杨汉麟. 外国幼儿教育史［M］. 北京：人民教育出版社，2011：237.
③ 杨汉麟. 外国幼儿教育史［M］. 北京：人民教育出版社，2011：238.

校》中的有关主张和裴斯泰洛齐有关思想的启发和影响下，他认为并非所有的活动和游戏都具有教育上的价值。他指出，必须对儿童的活动与游戏的内容和材料加以区别，并善加指导，以使儿童的游戏具有教育意义。依据发展、创造、实物教学和自我活动等原则，福禄培尔拟定了一个以儿童的活动和游戏为主要特征的幼儿园课程体系，并精心研制出有关的教具材料。

1. 游戏与歌谣

1843 年，福禄培尔在《母亲与儿歌》中，系统地介绍了通过歌谣及其相关的游戏活动教育儿童的方法。他在书中选了 7 首"母亲的歌"和 50 首"游戏的歌"。福禄培尔指出，编写这本书的目的是要帮助母亲们教育自己的孩子，使孩子能认识大自然中的各种现象，练习他们的感官，活动他们的肢体，使孩子们得以健康而自然地成长。尽管《母亲与儿歌》一书的缺点显而易见，但总的来说仍反映了福禄培尔教育原则的基本思想，是幼儿园精神的良好体现。因此，该书也是后来福禄培尔进行幼儿园教师训练的重要内容。

2. 恩物

裴斯泰洛齐倡导"数""形""词"为初等教育的三要素，曾使用具体的物品（如豆子、木块）推进幼儿的教育工作，进行语言和算术的教学，以便使儿童在"直观"中获得正确的印象。福禄培尔从中受到启发，并创制了一套供儿童使用的玩具或教学用品，称作"恩物"，意为上帝的恩赐。通过这些恩物，可以帮助儿童由易到难、由简及繁、循序渐进地认识复杂的大千世界，了解自然及其内在规律。1836 年，福禄培尔创制出 5 种恩物。至 1844 年，恩物的体系基本建立。1850 年，他在《教育周刊》上正式公布恩物体系时，明确地提到了 8 种恩物。关于恩物的种类和数目，福禄培尔并未作出明确规定。尤其对于恩物与作业之间的区别，他未作清楚的解释。于是后人根据自己的理解，演绎出各种体系[①]。

3. 作业

作业是福禄培尔为幼儿园确定的另一种教育活动形式及课程。此概念是夸美纽斯最早提出的。福禄培尔要求将此前所学的恩物的知识运用于实践，因此，作业是以恩物教学为前提的。可见，作业与恩物的关系十分密切。他们之间既有联系，又有明显的区别。

（1）恩物的主要作用在于"由外向内"，即在于接受或吸收外界事物的知识；作业的主要作用则是"由内向外"，帮助儿童发表或表现他们对于外界事物的印象或认识。

（2）从两者安排的顺序看，恩物在先，作业在后，不可颠倒。

（3）恩物游戏并不改变物体的形式，作业则要改变材料的形式。

（4）恩物引导儿童发现、洞察和整理活动，使儿童学到关于外界的知识；作业则运用恩物所提供的观念来开展活动，并引起控制、修改、变化和创造的活动。

（三）地位与影响

福禄培尔是近代系统的学前教育理论的奠基者、幼儿园的创始人，也是近代影响最大的幼儿教育家。在借鉴前人的基础上，他总结出一整套教育幼儿的新方法，建立起幼儿园教育理论体系、内容和方法，大大推动了学前教育学的发展，在促使学前教育学成为教育理论领域的一个独立学科方面，作出了卓越贡献。他的幼儿园和学前教育思想对 19 世纪后半叶直至 20 世纪初期的世界幼儿教育产生了积极影响。幼儿园作为学前教育机构的一种重要形式被沿用至今，福禄培尔关于融玩具、教具、教材于一体的思想及为学前儿童设计的各种玩具和教材，至今仍具有参考和借鉴的价值。

三、杜威的儿童教育思想

约翰·杜威（1859—1952）出生于美国佛蒙特州伯灵顿市一个零售商人的家庭。他从佛蒙特大学

---

① 杨汉麟.外国幼儿教育史［M］.北京：人民教育出版社，2011：241.

毕业后，担任过两年中学教师，后又入约翰·霍布金斯大学研究哲学并获博士学位。1894 年，杜威始任芝加哥大学哲学、心理学和教育系主任。1896 年创办了芝加哥大学实验学校（或称"杜威学校"），并因此而出名。1904 年，杜威辞去芝加哥大学的职务。在芝加哥大学的 10 年是杜威教育思想形成和发展的关键时期。1904 年至 1930 年间，杜威一直在纽约哥伦比亚大学任教，其间曾于 1919 年来华讲学，长达两年之久，对我国教育界产生很大影响。在教育理论方面，他的代表作主要有《我的教育信条》（1897）、《学校与社会》（1899）、《明日之学校》（1915）、《民主主义与教育》（1916）、《经验与教育》（1938）等。

微 课

杜威的儿童教育思想

（一）论教育的本质

杜威指出，教育在本质上是一个使个人特性与社会目的和价值协调起来的问题，这使得"教育是一个困难的过程"。[①] 杜威把教育看作社会的功能，看作社会生活延续的工具，而一切教育都是通过个人参与人类的社会意识而进行的。用杜威的话说，"教育问题本质上是一个使个人的特性与社会目的和价值协调起来的问题"。在人的成长过程中，个性化和社会化犹如一枚硬币的两面，相辅相成，相得益彰。因此，教育需要在个性化和社会化之间保持必要的张力。杜威正是从"个人因素和社会因素的协调或平衡"这个公式出发，阐述了教育本质的问题。

1. 教育即生长

"教育即生长"是杜威侧重个人因素或心理学的角度表示教育本质的一种说法。他受到卢梭有关思想的深刻影响，并引用生物学的"生长"概念加以发挥。杜威指出："教育就是各种自然倾向和能力的正常生长。"[②] 杜威强调，正确的教育必须从研究儿童心理开始，应当提供机会让儿童生动地表现自己的生命力；要求教育不是单纯的灌输，而应根据受教育者的天赋能力，成为支持儿童自身的本能、兴趣和能力生长的过程。因此，要想使儿童正常生长，需要认真研究儿童的特点，正视他们的需要，并提供相应的环境，以便使两者相互作用。

2. 教育即生活

杜威说："生活就是发展；不断发展，不断生长，就是生活。"[③]"经验就是生活。生活不是在一个虚空里面，乃是在一个环境里面。"[④] 杜威认为，教育不应当是生活的预备，而是儿童现在生活的过程，应把学校改造成简化、净化的雏形社会。学校中的课程不应着眼于文字科目，而应着眼于儿童现在的生活经验，把各种不同形式的主动作业如烹调、缝纫、木工等引进学校，使学校成为社会生活的一种形式，"使人人在生活过程中学习，这就是学校教育的最好产物"[⑤]。

3. 教育即经验的改造

杜威认为："教育为实现其目的，必须从经验即始终是个人实际的生活经验出发。"[⑥] 但是，并非所有的经验都具有教育的价值。因此，"生长的理想归结为这样的观点，即教育是经验的继续不断的改组或改造"[⑦]。儿童经验的改组、改造具有两点意义。其一是"增加经验"的意义，即，使儿童认识到过去未曾感觉到的事物的联系。如"一个儿童伸手去碰火光，烫痛了。从此以后，他知道某一接触活动和某一视觉活动联系起来，就意味着烫和痛；或者知道光就是热的来源"[⑧]。其二是"提高指导后来经验进程的能力"。即儿童在参加某种有意义的活动时，一定"知道他在做什么"和"预料将会发生的结果"。

① 赵祥麟，王承绪. 杜威教育论著选［M］. 上海：华东师范大学出版社，1981：164.
② ［美］杜威. 学校与社会·明日之学校［M］. 赵祥麟，等译. 北京：人民教育出版社，1994：223.
③ 吕达，刘立德，邹海燕. 等. 杜威教育文集（第 2 卷）［M］. 北京：人民教育出版社，2008：52.
④ 杜威. 民主主义与教育［M］. 王承绪，译. 北京：人民教育出版社，1990：54.
⑤ 赵祥麟，王承绪. 杜威教育论著选［M］. 上海：华东师范大学出版社，1981：147.
⑥ 赵祥麟，王承绪. 杜威教育论著选［M］. 上海：华东师范大学出版社，1981：374.
⑦⑧ 赵祥麟，王承绪. 杜威教育论著选［M］. 上海：华东师范大学出版社，1981：159.

（二）儿童观

杜威把儿童的心理看作生长着的、在本质上变化着的东西，认为儿童的心理在生长的各个阶段都有不同的典型特征。教育工作者的任务就是要研究这些特征，然后按其需要提供支持生长的相应材料。他重视幼儿园和小学一年级之间的衔接与连续性，认为从幼儿园到小学的过渡必须像儿童的生长那样是逐渐变化的，是儿童不易察觉的。因此，杜威将严格意义上的幼儿园时期（4～6岁）加以扩展，并以4～8岁儿童为实验学校第一阶段的教育对象。与此相对应，他的儿童教育理论也具有更为广泛的讨论范围和应用价值。

1. 幼年期的意义

杜威指出，人类的幼年期特别长。进化论的成果表明，越是低级的动物，其幼年期就越短，而越是高级的动物，其幼年期越长。"人类之所以能有学习各种事物之容量或可能，即是因为他的幼稚期特别长久"[①]。因此，杜威认为儿童的未成熟状态意味着一种发展的能力，是在为人生打基础，可以影响到人一生的发展。他说："所有的改革家都正确地坚持人类最初几年的重要性，因为控制后来发展的根本态度就是在这几年里固定下来的。"[②] 在杜威看来，儿童期不仅是人生奠定基础的时期，还能为以后的教育提供重要的启示和借鉴。因此，他说："如果我们要明白教育怎样才能最有效地进行，那么让我们求助于儿童的经验。在那里，学习是必需的事情，而不是求助于学校里的习惯做法。"在这个问题上，杜威与卢梭有许多共识。

2. 幼儿教育课程

杜威指出，仅仅在学校采用游戏和主动作业还不够，一切都看我们怎样运用它们。儿童的活动不能在真空里进行，它需要有关的材料、教材和条件。继裴斯泰洛齐之后，杜威同样认为："人的自然发展就是一种社会发展，因为人与人的关系实际上比人与自然的关系重要得多。"[③] 用他自己的话说，就是"自然是为了社会关系而且依靠了社会关系来教育人的"。他和裴斯泰洛齐一样重视家庭生活，认为它是教育的中心。在杜威看来，"当儿童的本能活动与社会利益及社会经验结合在一起的时候，取得的成效就最大。对于年幼儿童来说，这后者即社会利益和社会经验的中心，在于他们的家庭。与他们个人有关联的东西，对他们来说最为重要"[④]。因此，他主张幼儿园的工作以重演家庭和邻里的生活为中心。

杜威发展了洛克的主张，建议要为儿童提供原材料。因此，在幼儿教育的课程方面，杜威主张以照料布娃娃为核心安排幼儿课程。布娃娃能引起儿童强烈的兴趣，以此为动机，儿童就有无数的事情想做。此外，杜威还主张从儿童的兴趣和需要出发来组织其他活动课程，如让儿童学习折纸、试制玩具、讲故事、唱歌等。因为"从做中学要比从听中学更是一种较好的方法"[⑤]。

（三）地位与影响

杜威的"儿童中心论""教育即生长""教育即改造""教育即生活""学校即社会""从做中学"等理论，或被各国的许多幼儿教育工作者作为幼儿教育工作的指导思想，或被加以借鉴、利用，对幼儿教育的理论与实践产生了重要影响。尤其是杜威学校幼儿部的实验被美国学者视为"美国幼儿教育发展史的经典性的记录"[⑥]。20世纪初至30年代，美国的进步主义幼儿园运动是与杜威的教育理论及其芝加哥实验密切相连的。

我国"五四"运动以后，杜威的教育思想较之任何其他西方教育学说对中国幼儿教育的影响更广

---

① ［美］杜威. 平民主义与教育［M］. 常道直，编译. 福州：福建教育出版社，2016：3.
②⑤ ［美］杜威. 学校与社会·明日之学校［M］. 赵祥麟，等译. 北京：人民教育出版社，1994：286.
③ ［美］杜威. 学校与社会·明日之学校［M］. 赵祥麟，等译. 北京：人民教育出版社，1994：255.
④ ［美］杜威. 学校与社会·明日之学校［M］. 赵祥麟，等译. 北京：人民教育出版社，1994：91.
⑥ 滕大春. 今日美国教育［M］. 北京：人民教育出版社，1980：65.

泛、更深入，并"成为我国新式小学和幼儿园的指导思想"①。我国教育家陶行知、陈鹤琴等人吸取了杜威教育理论中有益的内容，以发展人民的、民族的幼儿教育为己任，结合中国国情对杜威有关学说加以改造，创立了新式幼儿园，并构建了新的幼儿教育理论体系。

四、蒙台梭利的儿童教育思想

教育家玛利拉·蒙台梭利（1870—1952）是继福禄培尔之后意大利的一位世界著名的幼儿教育家。她毕生致力于探索"科学的教育学"，创办了"儿童之家"，创立了独特的幼儿教育方法，并通过撰写教育理论著作和开办国际训练班等方式，传播了自己的教育方法，促进了现代幼儿教育的改革与发展。她的教育方法对今天世界各国的学前教育仍然发挥着重要影响。

（一）儿童教育理论

蒙台梭利的儿童发展观受到伊塔和塞贡的深刻影响。同时，她利用当时生物学、心理学和生命哲学等方面的研究成果，结合她本人通过长期亲身观察和实验所获得的第一手资料，力图科学地阐明儿童发展的特征，并揭示其在教育上的意义。

1. 遗传和环境对儿童心理发展的影响

蒙台梭利强调环境的主导作用以及有机体与环境之间的相互作用。蒙台梭利指出："除遗传因子的作用外，还有它们对之起作用的环境的影响。环境在成熟的过程中起着主导作用。"②蒙台梭利不同意格塞尔关于"由于儿童的发展进程，他的智力水平与身体发展成正比"的观点。"伊塔教育阿维龙野孩"的事例说明"我们若在一个远离人烟、与世隔绝的地方将孩子养大成人，只给他们物质食粮，别的什么也不给，那么，孩子的身体发育会是正常的，而大脑的发育却受到严重损伤"③。

2. 心理具有吸收力

蒙台梭利主张儿童的成长受内部潜能的驱使，因而反对外铄论。她认为儿童具有一种下意识的、不自觉的感受能力与特殊的鉴别力，简称"吸收心理"，即能通过与周围环境（人和事物）的密切接触和情感的联系，获得各种印象和文化，利用他周围的一切塑造自己。蒙台梭利认为儿童这种自然吸取和创造性的功能是成人所没有的，儿童在幼年期所获得的一切将保持下去，甚至影响一生。

3. 发展具有敏感期

受荷兰生物学家弗雷斯的影响，蒙台梭利认为儿童与各类生物一样，在发展的过程中对特殊的环境刺激都有一定的敏感时期。根据自己对儿童的观察与实验，蒙台梭利试图区分儿童发展过程中的不同敏感期，如儿童从出生到5岁是感觉和动作发展的敏感期；1～4岁是秩序的敏感期；出生后2个月到8岁是语言的敏感期。儿童通过各个敏感期及不同活动的交替进行，逐渐形成自己的个性。

4. 发展具有阶段性

与敏感期理论紧密联系，蒙台梭利认为儿童发展是具有阶段性的。她将儿童心理的发展分为以下三个阶段，并分析了每一个阶段的特点。

第一阶段（0～6岁）是儿童个性形成的最重要时期。0～3岁的儿童不能接受成人的任何影响；3～6岁是儿童个性的形成期，儿童仍然保持相同的心理类型，但开始在某些方面能够接受成人的影响。

第二阶段（6～12岁）儿童成长的特点是呈现出稳定性，开始具有抽象思维的能力，并产生道德

---

① 李定开.中国学前教育［M］.重庆：西南师范大学出版社，1990：288.

② ［意］蒙台梭利.蒙台梭利幼儿教育科学方法［M］.任代文，等译.北京：人民教育出版社，1993：410.

③ ［意］蒙台梭利.蒙台梭利幼儿教育科学方法［M］.任代文，等译.北京：人民教育出版社，1993：409.

意识和社会感。这是儿童增长学识和艺术才能的时期。

第三阶段（12～18岁）是青春期。这一时期的人身体达到完全成熟，不仅在生理上有许多变化，而且能根据自己的兴趣探索事物。

（二）感官教育

感官教育在蒙台梭利教育体系中占有重要地位，并成为其教育实验的主要部分。她认为感官教育的主要目的是通过训练儿童的注意、比较、观察和判断能力，使儿童的感受性更加敏锐、准确、精练。

1. 感官教育的内容

蒙台梭利的感官教育主要包括视觉、听觉、嗅觉、味觉及触觉的训练，其中以触觉练习为主。她说："幼儿常以触觉代替视觉或听觉"，即常以触觉来认识周围事物，所以她尤为重视触觉。这一主张和卢梭相似。在"儿童之家"里，蒙台梭利针对人的各种感官，专门设计了各种有独创性的教具。儿童正是在独立操作教具及自行矫正错误的过程中，提高了他们在观察基础上的分析和推理能力。

2. 感官教育的原则

蒙台梭利认为儿童在对教具进行操作及纠错中体现的是一种"自我教育"。"自我教育"是体现蒙台梭利方法的一个十分重要的原则。她一再强调："人之所以成人，不是因为教师的教，而是因为他自己的做。"[①] 在实施感官教育时，蒙台梭利还强调应遵守循序渐进的原则，因为感官教育主要针对儿童的敏感期而拟定。她提倡幼儿根据自己的能力和需要进行学习，使幼儿在感官训练中通过自己的兴趣去进行自由的选择、独立操作、自我校正，去努力把握自己和环境。

（三）论教师

蒙台梭利一直坚持认为，要成为蒙台梭利式的教师，就必须自己做好准备，至少需要参加关于"儿童之家"方法的训练班，以便掌握方法的基本原则。在蒙台梭利学校，主要的教育原则和教育方式是自由活动、自我教育。蒙台梭利认为，新教育改变了传统的教育模式，由原来的教师中心变为儿童中心。为此，她对幼儿教师提出了以下要求。

1. 具备观察的素质，了解儿童特点

蒙台梭利认为，观察是了解儿童之路，是幼儿教育工作者"必须学习和研究的唯一一本书"[②]。教师只有努力成为一位观察者，才能真正地了解儿童的精神，揭示其生命的法则——内在的秘密，并给予适时与适量的帮助。因此，她认为善于观察是教师必备的素质。

2. 善于指导或引导儿童

蒙台梭利认为，观察和了解儿童虽然重要，但不是教育的最终目的。她说："教育工作者的首要任务是刺激生命——使儿童自由发展。"[③] 这就要求教师的工作除了消极的观察，还应进行指导、引导及示范。在这方面教师主要有四项职责。其一，不是直接教儿童方法和观念，也不能采用奖罚等手段。教师的职责是给儿童提供活动的环境及进行作业的教具。其二，应是儿童的示范者。因为儿童是吸收者和模仿者，教师的任何言谈举止都可能无意识地影响儿童人格的发展。其三，根据儿童的成熟程度，引导儿童选择相应的作业，使儿童通过作业达到自我发现和发展。其四，指导的另一含义是维持良好的纪律和阻止不良行为。在蒙台梭利的体系中，教师的主要工作是指导，所以她直接把"教师"的名称改为"指导者"。同时，她强调：在教育工作中如果缺乏一个受过良好训练的教师的指导，那么环境再好也无用。

---

① 杨汉麟.外国幼儿教育史［M］.北京：人民教育出版社，2011：421.
② 杨汉麟.外国幼儿教育史［M］.北京：人民教育出版社，2011：418.
③ 杨汉麟.外国幼儿教育史［M］.北京：人民教育出版社，2011：419.

3.成为学校与家庭、社区的联络者和沟通者

蒙台梭利认为，教师必须时常与儿童的父母及生活的社区联系沟通。这是因为家庭与社区都是儿童的社会环境，并占据了儿童生活的大半。通过这种联系，有助于澄清家长与社会的旧教育观念，使学校与家庭、社会共同努力，从而有利于儿童的健康成长。

（四）地位与影响

蒙台梭利毕生献身于儿童教育事业，长期从事教育改革，对促进学前儿童教育理论与实践的发展作出了重要贡献。澳大利亚的康纳尔对蒙台梭利给予了高度评价："蒙台梭利影响广泛，几乎遍及世界上每一个国家及其幼儿教育。"[1] 其影响从 20 世纪 20 年代开始一直持续到现在。蒙台梭利方法曾在世界学前教育界引起不小轰动，欧美多国的教师、心理学家、社会学者和政府工作人员前往罗马参观学习，回国后积极传播和推广"儿童之家"的教育方法。1913 年，蒙台梭利教育方法由日本传入中国，对中国学前教育的影响亦日益显著。

思考与练习

在线练习

一、单项选择题

1. 我国第一部系统完整的家庭教科书是（　　　）。

　　A.《颜式家训》　　　　　B.《社学教条》　　　　　C.《传习录》　　　　　D.《家庭教育》

2.（　　　）是颜之推教育思想中最为重要的部分。

　　A. 严慈结合　　　　　B. 均爱无偏　　　　　C. 及早施教　　　　　D. 风化陶染

3. 颜之推认为应该以儒家的（　　　）为最基本的学习材料。

　　A. 五经　　　　　B. 六艺　　　　　C. 伦理　　　　　D. 论语

4. 下列哪一个不是王守仁提出的理学思想？（　　　）

　　A. 心即理　　　　　B. 致良知　　　　　C. 知行合一　　　　　D. 博习致用

5. 下列哪一位教育家提出"顺导其志意，调理其性情"？（　　　）

　　A. 颜之推　　　　　B. 王守仁　　　　　C. 陈鹤琴　　　　　D. 张雪门

6. 陈鹤琴认为儿童心理主要存在一些特点，不属于的是（　　　）。

　　A. 好动　　　　　B. 好模仿　　　　　C. 受暗示　　　　　D. 好提问

7. "活教育"的方法论是（　　　）。

　　A. 做人，做中国人，做现代中国人　　　　　B. 大自然、大社会，都是活教材

　　C. 做中学　　　　　D. 做中教，做中学，做中求进步

8. 张雪门创办第一所由中国人办的幼稚园（　　　）。

　　A. 鹤琴幼儿园　　　　　B. 鼓楼幼儿园

　　C. 星荫幼儿园　　　　　D. 宁波第一幼儿园

9.（　　　）制定了"半日授课，半日实习"的实习制度。

　　A. 陈鹤琴　　　　　B. 张雪门　　　　　C. 蒙台梭利　　　　　D. 福禄培尔

10. 卢梭在《爱弥儿》中最为提倡的是（　　　）。

　　A. 儿童要通过自我活动成长　　　　　B. 母亲要学习教育自己的孩子

　　C. 尊崇自然教育，培养自然人　　　　　D. 作业是做重要的活动

---

[1] ［澳］W. F. 康纳尔.二十世纪世界教育史［M］.孟湘砥，等译.长沙：湖南教育出版社，1991：237.

11. 下列不属于杜威提出的教育的本质的是（　　　　）。

    A. 教育即生长　　　　　　　　　　　B. 教育即生活

    C. 教育即经验的改造　　　　　　　　D. 生活即教育

二、判断题

1. 颜之推的《颜氏家训》是现存中国古代影响十分广泛的家庭教育名著。　　　　（　　　）

2. 颜之推主张父母威严而有慈。　　　　　　　　　　　　　　　　　　　　　（　　　）

3. 王守仁儿童教育的基本思想是教育儿童应根据儿童生理、心理特点，从积极方面入手，顺
导儿童性情，促其自然发展。　　　　　　　　　　　　　　　　　　　　（　　　）

4. 南京鼓楼幼儿园，由陈鹤琴在自己家中创办。　　　　　　　　　　　　　（　　　）

5. 陈鹤琴提出大自然、大社会都是活教材的课程论。　　　　　　　　　　　（　　　）

6. 张雪门课程理论的核心与特点是行为课程。　　　　　　　　　　　　　　（　　　）

7. 卢梭认为教育的主要任务是进行感觉教育，并称之为理性睡眠期的阶段是儿童期。（　　　）

8. 杜威和裴斯泰洛齐一样重视家庭生活，认为它是教育的中心。　　　　　　（　　　）

9. 福禄培尔在德国设立一所教育机构，专收 3~7 岁的儿童，并把这所学校命名为"幼儿
园"。　　　　　　　　　　　　　　　　　　　　　　　　　　　　　　（　　　）

10. 蒙台梭利的学前教育思想受到了卢梭等人的儿童本位及内发论思想的影响。　（　　　）

三、简答题

1. 简述王守仁学前教育思想的主要内容。

2. 试述蒙台梭利感官教育的主要内容。

四、论述题

评论张雪门的幼稚园行为课程的理论与实践及其对我国当前幼儿园课程改革的借鉴意义。

· 推荐阅读 ·

1. 杨汉麟主编：《外国幼儿教育名著选读》。该书第三章精选了卢梭的幼儿教育代表作，第
四章精选了福禄培尔的幼儿教育代表作，第五章精选了杜威、蒙台梭利的幼儿教育代表作。

2. 单中惠等编译：《蒙台梭利幼儿教育著作精选》。该书选择蒙台梭利的《蒙台梭利方法》
《童年的秘密》《儿童的发现》《童年的教育》等多部作品。

3. 单中惠等编译：《福禄培尔幼儿教育著作精选》。该书在国内首次收入福禄培尔的《幼儿
园教育学》，对"恩物"及游戏理论等有详细阐述。

4. 余子侠、方玉芬编：《中国幼儿教育名著选读》。该书第二章精选了颜之推的《教子》《勉
学》，第四章精选了王守仁的《训蒙大意示教读刘伯颂等》《教约》，第六章精选了陈鹤琴的《儿
童的心理》《我们的主张》《活教育的教学原则》以及张雪门的《我国现时最需要的是何种幼稚
园教育》《增订幼稚园行为课程》。

第四章
学前教育目标、内容与原则

本章导读

　　学前教育目标就是根据国家提出的教育目的，结合学前儿童身心发展水平而提出的培养人的具体质量和规格要求，它是教育目的在学前教育阶段的具体体现。学前教育内容是实现学前教育目标的重要保证，《幼儿园教育指导纲要（试行）》和《3—6岁儿童学习与发展指南》（简称《指南》）都将幼儿园的教育内容相对划分为健康、语言、社会、科学、艺术五个领域，规定了相应的要求或教育建议。实现学前教育目标，必须贯彻学前教育原则，学前教育原则包括教育的一般原则和学前教育的特殊原则两部分。

学习目标

- 识记学前教育目标、学前教育内容、学前教育基本原则等相关概念。
- 掌握学前教育目标的层次，知道我国的学前教育目标。
- 掌握我国学前教育内容的选择依据、内容与要求、组织与实施、特点。
- 理解并会分析学前教育的保教结合原则、游戏化原则、活动性原则、直接经验原则。

知识架构

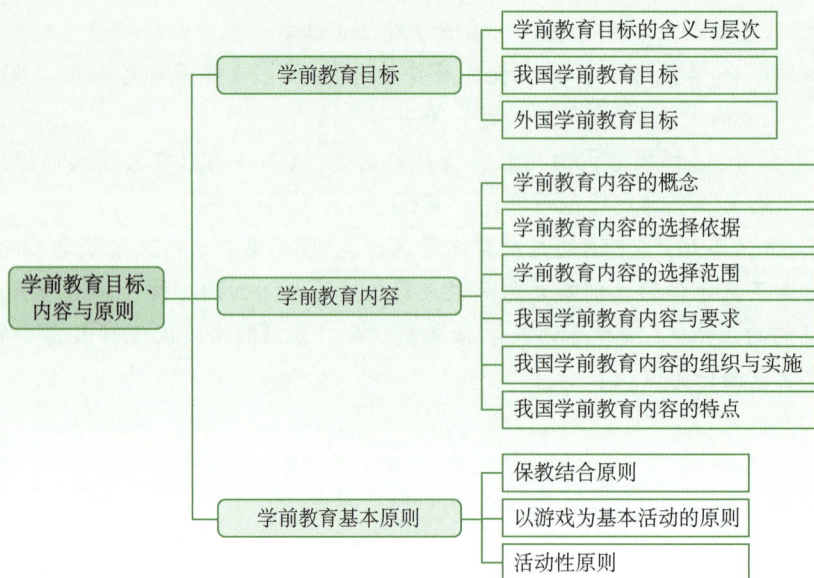

案例思考

家长的期盼

以前的家长经常说："幼儿园是学知识的地方，宝贝不要跟老师顶嘴。""请问，你们幼儿园每天能教孩子多少汉字和英语单词？""宝贝，今天你在幼儿园学到了什么知识？"

现在的家长经常说："宝贝，今天你向老师提出了几个问题？""乖乖，今天你在幼儿园有什么新发现吗？""乖乖，今天有什么印象深刻的事情吗？"

思考　该案例中，以前的家长和现在的家长说的话有什么样的区别？这些区别反映了家长什么样的育儿观念？家长到底期盼幼儿园应教给孩子什么？幼儿园要培养什么样的幼儿？

第一节　学前教育目标

教育，首先要解决的是培养人的质量规格问题，学前教育亦是如此。

一、学前教育目标的含义与层次

（一）学前教育目标的含义

学前教育是一种启蒙教育，是我国社会主义教育事业的重要组成部分。学前教育目标就是根据国家提出的教育目的，结合学前儿童身心发展水平而提出的培养人的具体质量和规格要求，它是教育目的在学前教育阶段的具体体现。学前教育目标是学前教育实施的首要环节。

微 课

学前教育
的目标

（二）学前教育目标的层次

1. 学前教育总目标

学前教育总目标是指导幼儿园开展工作的纲领性目标，具有普遍的指导意义，是全国各类型学前教育机构统一的指导思想。《幼儿园工作规程》指出，幼儿园的任务是按照保育与教育相结合的原则，对幼儿实施德、智、体、美等方面全面发展的教育，促进其身心和谐发展。

2. 各年龄段的教育目标

各年龄段的教育目标是指对不同年龄段的学前儿童提出的不同要求。《3—6 岁儿童学习与发展指南》从健康、语言、社会、科学、艺术五个领域描述了 3～4 岁、4～5 岁、5～6 岁三个年龄段幼儿的学习与发展目标和教育建议。

3. 短期目标

短期目标是指某一阶段要达到的目标，如一个月或一周的教育目标，也可以是单元活动目标。如某幼托中心小二班第 6 周（4 月 1 日至 4 月 7 日）工作计划的主题名称是"甜嘴巴娃娃"，主题目标是：懂得与人见面时要主动问候，学习大方、有礼貌地称呼他人、请求他人；懂得感谢，学习用礼貌用语感谢他人；乐意与同伴一起玩，影响了别人懂得道歉，感受同伴间友好相处带来的快乐。

4. 活动目标

活动目标是教师在一节课或一次活动中制定的目标。如绍兴市继昌幼儿园开展的大班美术教育活动"老台门"目标为：①感受并理解绍兴台门的基本结构分为进与间，是纵向展开的院落组合。②运用各种材料、工具进行立体构造，创造性地展现台门的基本结构。③加深对绍兴台门结构的理解，逐渐形成对绍兴台门民居建筑文化的热爱。

🔍 **深度链接**

联合国《儿童权利公约》规定

缔约国一致认为教育儿童的目的应是：

1. 最充分地发展儿童的个性、才智和身心能力；
2. 培养对人权和基本自由以及《联合国宪章》所载各项原则的尊重；
3. 培养对儿童的父母、儿童自身的文化认同、语言和价值观、儿童所居住国家的民族价值观、其原籍国以及不同于其本国的文明的尊重；
4. 培养儿童本着各国人民、族裔、民族和宗教群体以及原为土著居民的人之间谅解、和平、宽容、男女平等和友好的精神，在自由社会里过有责任感的生活；
5. 培养儿童对自然环境的尊重。

上述四个层次的目标由抽象到具体有机地构成了学前教育目标结构体系。学前教育总目标主导其他目标，其他目标层层落实总目标，以促进学前儿童个体的健康和谐发展，最终实现教育目的。

二、我国学前教育目标

我国学前教育常被分成两个阶段：0～3岁婴幼儿教育阶段和3～6岁幼儿教育阶段，下面将具体介绍两个阶段的目标。

（一）0～3岁婴幼儿教育目标

2021年国家卫生健康委制定、印发《托育机构保育指导大纲（试行）》，对7～36个月婴幼儿的营养与喂养、睡眠、生活与卫生习惯、动作、语言、认知、情感与社会性等多个领域提出了发展目标。

1. 营养与喂养
（1）获取安全、营养的食物，达到正常生长发育水平；
（2）养成良好的饮食行为习惯。

2. 睡眠
（1）获得充足睡眠；
（2）养成独自入睡和作息规律的良好睡眠习惯。

3. 生活与卫生习惯
（1）学习盥洗、如厕、穿脱衣服等生活技能；
（2）逐步养成良好的生活卫生习惯。

4. 动作
（1）掌握基本的大运动技能；
（2）达到良好的精细动作发育水平。

5. 语言
（1）对声音和语言感兴趣，学会正确发音；
（2）学会倾听和理解语言，逐步掌握词汇和简单的句子；
（3）学会运用语言进行交流，表达自己的需求；

（4）愿意听故事、看图书，初步发展早期阅读的兴趣和习惯。

6.认知

（1）充分运用各种感官探索周围环境，有好奇心和探索欲；

（2）逐步发展注意、观察、记忆、思维等认知能力；

（3）学会想办法解决问题，有初步的想象力和创造力。

7.情感与社会性

（1）有安全感，能够理解和表达情绪；

（2）有初步的自我意识，逐步发展情绪和行为的自我控制；

（3）与成人和同伴积极互动，发展初步的社会交往能力。

（二）幼儿园教育目标

1.《幼儿园工作规程》中的目标

2016年教育部颁布的《幼儿园工作规程》中，针对当代高质量学前教育内涵发展的新要求，对幼儿园保育和教育的目标有所修订，具体目标如下。

（1）促进幼儿身体正常发育和机能的协调发展，增强体质，促进心理健康，培养良好的生活习惯、卫生习惯和参加体育活动的兴趣。

（2）发展幼儿智力，培养正确运用感官和运用语言交往的基本能力，增进对环境的认识，培养有益的兴趣和求知欲望，培养初步的动手探究能力。

（3）萌发幼儿爱祖国、爱家乡、爱集体、爱劳动、爱科学的情感，培养诚实、自信、友爱、勇敢、勤学、好问、爱护公物、克服困难、讲礼貌、守纪律等良好的品德行为和习惯，以及活泼开朗的性格。

（4）培养幼儿初步感受美和表现美的情趣和能力。

2.《幼儿园教育指导纲要（试行）》中的目标

2001年7月2日，教育部颁布了《幼儿园教育指导纲要（试行）》，从健康、语言、社会、科学、艺术五个领域出发，规定了五大领域的教育目标。

（1）健康

①身体健康，在集体生活中情绪安定、愉快；

②生活、卫生习惯良好，有基本的生活自理能力；

③知道必要的安全保健常识，学习保护自己；

④喜欢参加体育活动，动作协调、灵活。

（2）语言

①乐意与人交谈，讲话礼貌；

②注意倾听对方讲话，能理解日常用语；

③能清楚地说出自己想说的事；

④喜欢听故事、看图书；

⑤能听懂和会说普通话。

（3）社会

①能主动地参与各项活动，有自信心；

②乐意与人交往，学习互助、合作和分享，有同情心；

③理解并遵守日常生活中基本的社会行为规则；

④能努力做好力所能及的事，不怕困难，有初步的责任感；

⑤爱父母长辈、老师和同伴，爱集体、爱家乡、爱祖国。

（4）科学

①对周围的事物、现象感兴趣，有好奇心和求知欲；

② 能运用各种感官，动手动脑，探究问题；

③ 能用适当的方式表达、交流探索的过程和结果；

④ 能从生活和游戏中感受事物的数量关系并体验到数学的重要和有趣；

⑤ 爱护动植物，关心周围环境，亲近大自然，珍惜自然资源，有初步的环保意识。

（5）艺术

① 能初步感受并喜爱环境、生活和艺术中的美；

② 喜欢参加艺术活动，并能大胆地表现自己的情感和体验；

③ 能用自己喜欢的方式进行艺术表现活动。

（三）我国学前教育目标的特点

我国学前教育目标是依据社会发展的客观需要，结合我国的教育目的、儿童身心发展规律与特点以及学前教育的启蒙性质制定的，具有自己的特点。

1. 重视保育与教育

保育主要是帮助儿童身体和机能得到良好的发育，教育主要是帮助儿童心理和精神健康的发展，这两方面构成了学前教育的全部内容，也是学前教育的重要目标。我国学前教育目标重视保育与教育相结合的特点，要求教师和家长了解儿童学习与发展的基本规律和特点，建立对儿童发展的合理期望，实施科学的保育和教育，让儿童度过快乐而有意义的童年。如《幼儿园工作规程》指出，幼儿园的任务是按照保育与教育相结合的原则，促进幼儿身心和谐发展。《幼儿园教育指导纲要（试行）》规定："幼儿园教育应尊重幼儿的人格和权利，尊重幼儿身心发展的规律和学习特点，以游戏为基本活动，保教并重，关注个别差异，促进每个幼儿富有个性的发展。"

2. 注重全面发展

我国的教育目的以追求人的全面发展为根本目的，我国的学前教育则以追求学前儿童的全面发展为根本目的。2021年国家卫生健康委颁布的《托育机构保育指导大纲（试行）》从婴幼儿的营养与喂养、睡眠、生活与卫生习惯、动作、语言、认知、情感与社会性等多个领域提出了发展目标。《幼儿园工作规程》规定了幼儿园的任务："贯彻国家的教育方针，按照保育与教育相结合的原则，遵循幼儿身心发展特点和规律，实施德、智、体、美等方面全面发展的教育，促进幼儿身心和谐发展。"《3—6岁儿童学习与发展指南》中的说明部分强调："促进幼儿身心全面和谐发展。"

3. 体现连续衔接

人的发展是连续的，学前教育目标应该体现连续衔接。一方面，0～3岁婴幼儿教育目标和幼儿园教育目标应该连续衔接，学前教育目标和小学教育目标应该连续衔接。为使幼儿更有准备地适应入学后的学习生活，应在德、智、体、美、劳五育的各领域中确定有利于准备的目标，并且避免超越目标。《幼儿园教育指导纲要（试行）》规定："幼儿园应与家庭、社区密切合作，与小学相互衔接，综合利用各种教育资源，共同为幼儿的发展创造良好的条件。"教育部关于印发《3—6岁儿童学习与发展指南》的通知指出："积极探索幼儿园和小学的双向衔接，为《指南》的全面贯彻落实创造条件。"

另一方面，学前教育目标的连续衔接是指各个年龄段目标的连续衔接。现以健康领域的身心状况目标3"具有一定的适应能力"为例。《3—6岁儿童学习与发展指南》规定如下：3～4岁，能在较热或较冷的户外环境中活动；换新环境时情绪能较快稳定，睡眠、饮食基本正常；在帮助下能较快适应集体生活。4～5岁，能在较热或较冷的户外环境中连续活动半小时左右；换新环境时较少出现身体不适；能较快适应人际环境中发生的变化，如换了新老师能较快适应。5～6岁，能在较热或较冷的户外环境中连续活动半小时以上；天气变化时较少感冒，能适应车、船等交通工具造成的轻微颠簸；能较快融入新的人际关系环境，如换了新的幼儿园或班级能较快适应。

我国学前教育目标体现了连续衔接的特点，要求幼儿园教师和家长既要"眼睛向外"——为儿童升学做好必要的准备与衔接，又要"眼睛向内"——关注各个年龄段目标之间的相互渗透和整合。

三、外国学前教育目标

下面以美国、英国、瑞典为代表，展现外国学前教育目标。

（一）美国学前教育目标

美国没有制定统一的学前教育目标。美国的学前教育机构种类繁多，形式多样，不同的学前教育机构有不同的教育目标。学前教育的目标尽管丰富多样，但是，它们必须包括一些最基本的目标。美国北得克萨斯大学教授 G. S. 莫里逊提出了以下目标。[①]

（1）社会交往的目标：帮助儿童学会怎样与其他儿童、怎样与教师友好相处，怎样发展同教师的友好关系；指导儿童学会帮助别人，培养儿童关心别人的态度。

（2）自我服务的目标：帮助儿童掌握满足自己需求的技能，如选择衣服的技能、穿脱衣服的技能、进餐的技能、保持个人卫生的技能和修饰的技能。

（3）自尊的目标：通过提高儿童自我服务的技能，来发展儿童良好的自我认识、较高层次的自尊水平；帮助儿童了解自己及其家庭与文化；让儿童通过成功的体验和快感，来发展其自我价值观；使儿童知道自己身体的各个部位及其机能与作用。

（4）学习的目标：使儿童知道自己的姓名、家庭地址及电话号码；能分辨颜色、形状、大小、位置；加强数的学习，掌握初步的书写和阅读技能；发展小肌肉。

（5）思考的目标：为儿童提供各种环境和活动，帮助他们建立认知结构，培养他们的分类、序列、计算、时空等方面的技能，为儿童逻辑数学思维的发展奠定基础。

（6）学习准备的目标：发展有助于儿童在今后的学校生活中获得成功的那些技能，如使儿童学会听从指导，能独立工作，注意听讲，拓宽注意的广度，坚持完成任务，能坐在自己的座位上，控制自己的冲动。

（7）语言和文学的目标：为儿童提供运用口头语言和成人、同伴相互交流的机会；丰富儿童的词汇；使儿童学会与同伴、成人交谈。

（8）营养的目标：为儿童提供机会，使儿童能了解各种食物，知道其营养成分与作用；让儿童参与准备及制作一些食物；引导儿童去品尝新食物，通过制定食谱，来保证儿童摄取重要的营养物，并做到食物平衡。

（9）独立性的目标：把儿童培养成独立的人，使他们乐于学习，向往小学，成为自主自立的人。

（10）全面发展的目标：儿童身体、情感、社会性、认知的发展是相互联系不可分割的，应为儿童提供促进他们完整发展的各种活动。

（二）英国学前教育目标

英国学前教育的任务是使儿童在人格和智力上获得全面发展。学前教育是学校教育的重要组成部分，应丰富儿童读、写、算的知识，增强儿童对周围环境的认识能力，发展儿童的创造性，促进儿童个性和社会性的发展。学前教育的目标因儿童年龄的不同而有所区别，分为婴儿教育（0～2岁）目标和幼儿教育（2～5岁）目标。

婴儿教育的目标：为婴儿提供能发挥他们最大潜力的环境，培养婴儿的语言能力、独立性及社会技能，发展婴儿倾听、观察、讨论、实验的能力，为婴儿提供广泛的、平衡的、连贯的活动，促进每个婴儿的发展。

幼儿教育的目标：使幼儿在身体、智力、语言、情感、社会、精神、道德和文化等各方面得到全

---

① 李生兰. 学前教育学 [M]. 上海：华东师范大学出版社，1999：61-62.

面发展 [①]。

（1）发展幼儿的身体，增强体育运动能力。

（2）培养幼儿对数学、科学的兴趣，提高幼儿的感官能力、分析和解决问题的能力。

（3）通过语言和文字教育，激发幼儿对识字、文学的兴趣，提高阅读能力，能辨认一些重要的社会标志物，如交通规则标志、运动会标志等。

（4）培养幼儿的自我意识、自信心，使幼儿能进行自我教育，发展自控能力。

（5）通过为幼儿提供与周围环境相互作用、与小伙伴相互交往的机会，促进幼儿社会交往能力的提高。

（6）培养幼儿内在的学习动机，激发幼儿学习的愿望，促使幼儿主动进行学习，提升幼儿的艺术表现能力和创造性。

（7）丰富幼儿的历史和地理知识，培养幼儿的社会、文化技能，帮助幼儿了解人类与社会的关系、科学与技术的关系，以及信息技术（即通信系统，如计算机、录音机、计算器、电话、复印机等）对世界发展的作用，培养幼儿的个性与能力，为他们日后走向社会打好基础。

（三）瑞典学前教育目标

瑞典自 1998 年颁布国家课程以来，其学前教育就像义务教育一样遵照政府法律条例的形式并依照条例的规定进行授课。国家课程虽然详细规定了学前教育的总体目标和方向，但并没有规定和限制具体的实施办法，这就给学前教育机构留下了充分的自由发挥空间。

瑞典学前教育的目标充分体现了终身学习的理念，它强调要让儿童得到完整的发展，让儿童在体力、认知、社会性、情感等方面得到和谐发展，使其成为一个对社会有用的人。

瑞典学前教育的具体目标：

（1）提高儿童的学习能力，增强儿童的社会性，丰富儿童的情感，促进儿童体力、语言和智力的发展。

（2）增长儿童的知识，丰富儿童的经验，使儿童不仅能了解、热爱本民族的文化，还能尊重、接受外国的文化。

（3）帮助儿童理解自己，学会认识周围环境，培养良好的自我意识，建立自信心。

（4）全面细致地关心儿童，促进儿童身心健康成长。

（5）培养儿童的民主精神和责任感，提高儿童的合作能力，帮助儿童形成乐于助人的品质，使他们将来能成为一个对社会有用的人。

第二节 学前教育内容

一、学前教育内容的概念

学前教育内容是指托幼机构所进行的保育和教育活动内容的总和。所谓保育，是指托幼机构中教养人员为促进儿童健康成长而从事的卫生保健、生活照料和安全防护工作。所谓教育，是指托幼机构开展的各种教育教学活动。学前教育内容是实现学前教育目标的重要保证，是幼儿园教师从事学前教育活动的重要载体。

① 张蓉.比较教育学［M］.南京：南京师范大学出版社，2009：68-69.

二、学前教育内容的选择依据

（一）政治、经济制度和文化

政治、经济制度和文化制约学前教育内容的选择。国家的政治、经济制度决定了一个国家的教育目的，教育内容是教育目的的具体化。文化的发展既促进教育目的的变化，又促进教育内容的变化。因此，学前教育内容要反映社会发展的需要。

（二）儿童身心发展的水平

儿童身心发展的水平直接影响学前教育内容的范围和难易程度。如儿童身心发展水平低，就决定了学前教育内容的粗浅性特点。

（三）课程和课程论的历史传统

学前教育内容受课程理论的影响。如我国的学前教育原来吸收了苏联的学科课程的观点，实行分科教学，强调知识的系统性。而美国的学前教育在很大程度上吸收了杜威等人活动课程的观点，主张发挥儿童的主动性，让儿童在活动中学习。此外，学前教育内容具有继承性，受国家历史传统的影响，在继承中不断发展。

三、学前教育内容的选择范围

（一）从教育活动的角度选择

从教育活动的角度选择学前教育内容，可以将学前教育内容分为德育、智育、体育、美育和劳动教育五个方面。这样选择学前教育内容有利于保障学前教育内容的目的性、全面性和组织性，从而全面实现学前教育目标。

（二）从儿童身心发展的角度选择

从儿童身心发展的角度选择学前教育内容，可将学前教育内容分为认知、情感、社会性和个性四个方面。这样选择学前教育内容有利于儿童的身心发展，以及重视儿童身心发展对学前教育内容的制约作用。

以上两种选择范围各有利弊，各有侧重及针对性。在实际运用中，学前教育内容的选择应注重全面性、科学性、基础性、适宜性和发展性等原则，既要考虑知识条理化和各种教育的协调配合，也要考量儿童身心的全面和谐发展。

四、我国学前教育内容与要求

《纲要》第二部分具体规定了我国幼儿园的教育内容与要求，即幼儿园的教育内容是全面的、启蒙性的，可以相对划分为健康、语言、社会、科学、艺术五个领域，也可作其他不同的划分。各领域的内容相互渗透，从不同的角度促进幼儿情感、态度、能力、知识、技能等方面的发展。《指南》也从健康、语言、社会、科学、艺术五个领域描述幼儿学习与发展的教育建议，引导幼儿教师提供合适的教育内容。

（一）健康领域

1.《纲要》中的内容与要求
（1）内容与要求
① 建立良好的师生、同伴关系，让幼儿在集体生活中感到温暖，心情愉快，形成安全感、信赖感。

微课

学前教育
内容

②与家长配合，根据幼儿的需要建立科学的生活常规。培养幼儿良好的饮食、睡眠、盥洗、排泄等生活习惯和生活自理能力。

③教育幼儿爱清洁、讲卫生，注意保持个人和生活场所的整洁和卫生。

④密切结合幼儿的生活进行安全、营养和保健教育，提高幼儿的自我保护意识和能力。

⑤开展丰富多彩的户外游戏和体育活动，培养幼儿参加体育活动的兴趣和习惯，增强体质，提高对环境的适应能力。

⑥用幼儿感兴趣的方式发展基本动作，提高动作的协调性、灵活性。

⑦在体育活动中，培养幼儿坚强、勇敢、不怕困难的意志品质和主动、乐观、合作的态度。

（2）指导要点

①幼儿园必须把保护幼儿的生命和促进幼儿的健康放在工作的首位。树立正确的健康观念，在重视幼儿身体健康的同时，要高度重视幼儿的心理健康。

②既要高度重视和满足幼儿受保护、受照顾的需要，又要尊重和满足他们不断增长的独立要求，避免过度保护和包办代替，鼓励并指导幼儿自理、自立的尝试。

③健康领域的活动要充分尊重幼儿生长发育的规律，严禁以任何名义进行有损幼儿健康的比赛、表演或训练等。

④培养幼儿对体育活动的兴趣是幼儿园体育的重要目标，要根据幼儿的特点组织生动有趣、形式多样的体育活动，吸引幼儿主动参与。

2.《指南》中的内容与要求

《指南》规定了幼儿健康领域学习与发展的内容、目标和教育建议，详见表4-1。

表 4-1 《指南》中幼儿健康领域学习与发展内容、目标和教育建议

幼儿学习与发展内容	幼儿学习与发展目标	教育建议
1. 身心状况	目标1　具有健康的体态	1. 为幼儿提供营养丰富、健康的饮食 2. 保证幼儿每天睡 11～12 小时，其中午睡一般应达到 2 小时左右 3. 注意幼儿的体态，帮助他们形成正确的姿势 4. 每年为幼儿进行健康检查
	目标2　情绪安定愉快	1. 营造温暖、轻松的心理环境，让幼儿形成安全感和信赖感 2. 帮助幼儿学会恰当表达和调控情绪
	目标3　具有一定的适应能力	1. 保证幼儿的户外活动时间，提高幼儿适应季节变化的能力 2. 经常与幼儿玩拉手转圈、秋千、转椅等游戏活动，让幼儿适应轻微的摆动、颠簸、旋转，促进其平衡机能的发展 3. 锻炼幼儿适应生活环境变化的能力
2. 动作发展	目标1　具有一定的平衡能力，动作协调、灵敏	1. 利用多种活动发展身体平衡和协调能力 2. 发展幼儿动作的协调性和灵活性 3. 对于拍球、跳绳等技能性活动，不要过于要求数量，更不能机械训练 4. 结合活动内容对幼儿进行安全教育，注重在活动中培养幼儿的自我保护能力
	目标2　具有一定的力量和耐力	1. 开展丰富多样、适合幼儿年龄特点的各种身体活动，如走、跑、跳、攀、爬等，鼓励幼儿坚持下来，不怕累 2. 日常生活中鼓励幼儿多走路、少坐车；自己上下楼梯、自己背包
	目标3　手的动作灵活协调	1. 创造条件和机会，促进幼儿手的动作灵活协调 2. 引导幼儿注意活动安全

（续表）

幼儿学习与发展内容	幼儿学习与发展目标	教育建议
3.生活习惯与生活能力	目标1　具有良好的生活与卫生习惯	1. 让幼儿保持有规律的生活，养成良好的作息习惯 2. 帮助幼儿养成良好的饮食习惯 3. 帮助幼儿养成良好的个人卫生习惯 4. 激发幼儿参加体育活动的兴趣，养成锻炼的习惯
	目标2　具有基本的生活自理能力	1. 鼓励幼儿做力所能及的事情，对幼儿的尝试与努力给予肯定，不因做不好或做得慢而包办代替 2. 指导幼儿学习和掌握生活自理的基本方法，如穿脱衣服和鞋袜、洗手洗脸、擦鼻涕、擦屁股的正确方法 3. 提供有利于幼儿生活自理的条件
	目标3　具备基本的安全知识和自我保护能力	1. 创设安全的生活环境，提供必要的保护措施 2. 结合生活实际对幼儿进行安全教育 3. 教给幼儿简单的自救和求救的方法

3. 领域关键经验

国内一些学者对五大领域的关键经验进行深化探索，提炼了五大领域的关键经验。健康领域的关键经验涉及身体健康（合理营养、体育锻炼、充足睡眠、疾病预防）、心理健康（情绪安定愉快、与人友好相处、良好的自我意识）、适应能力（适应气温冷暖、适应饮食和睡眠、适应时间变化、适应周围环境突变、适应群体经验、适应交往经验、适应社会规范经验）、动作发展（粗大动作、精细动作）、生活习惯和生活能力（饮食习惯、卫生习惯、生活自理能力）、安全教育（安全意识和能力、身体认识与保护、自我保护、意外事故自我保护）等细项。[①] 小班、中班、大班每个健康子领域的关键经验不同，具体可以参考相关书籍。下面以动作发展中的走步动作为例解释其关键经验（表4-2）。

表4-2　幼儿走步动作发展关键经验

年龄班	关键经验
小班	听信号向指定方向走 在指定范围内散开走 一个跟着一个走 跨过小障碍
中班	听信号有节奏地走 听信号变换速度走 持物走 平衡板上走 远足
大班	整齐地走 高人走、矮人走 听信号变换方向走 倒退走、上下坡走 脚跟、脚尖走 推着小车走

---

① 叶平枝.幼儿园健康领域教育精要——关键经验与活动指导［M］.北京：教育科学出版社，2015：1-7.

（二）语言领域

1.《纲要》中的内容与要求

（1）内容与要求

① 创造一个自由、宽松的语言交往环境，支持、鼓励、吸引幼儿与教师、同伴或其他人交谈，体验语言交流的乐趣，学习使用适当的、礼貌的语言交往。

② 养成幼儿注意倾听的习惯，发展语言理解能力。

③ 鼓励幼儿大胆、清楚地表达自己的想法和感受，尝试说明、描述简单的事物或过程，发展语言表达能力和思维能力。

④ 引导幼儿接触优秀的儿童文学作品，使之感受语言的丰富和优美，并通过多种活动帮助幼儿加深对作品的体验和理解。

⑤ 培养幼儿对生活中常见的简单标记和文字符号的兴趣。

⑥ 利用图书、绘画和其他多种方式，引发幼儿对书籍、阅读和书写的兴趣，培养前阅读和前书写技能。

⑦ 提供普通话的语言环境，帮助幼儿熟悉、听懂并学说普通话。少数民族地区还应帮助幼儿学习本民族语言。

（2）指导要点

① 语言能力是在运用的过程中发展起来的，发展幼儿语言的关键是创设一个能使他们想说、敢说、喜欢说、有机会说并能得到积极应答的环境。

② 幼儿语言的发展与其情感、经验、思维、社会交往能力等其他方面的发展密切相关，因此，发展幼儿语言的重要途径是通过互相渗透的各领域的教育，在丰富多彩的活动中去扩展幼儿的经验，提供促进语言发展的条件。

③ 幼儿的语言学习具有个别化的特点，教师与幼儿的个别交流、幼儿之间的自由交谈等，对幼儿语言发展具有特殊意义。

④ 对有语言障碍的儿童要给予特别关注，要与家长和有关方面密切配合，积极地帮助他们提高语言能力。

2.《指南》中的内容与要求

《指南》规定了幼儿语言领域学习与发展内容、目标和教育建议，详见表4-3。

表4-3 《指南》中幼儿语言领域学习与发展的内容、目标和教育建议

幼儿学习与发展内容	幼儿学习与发展目标	教育建议
1. 倾听与表达	目标1 认真听并能听懂常用语言	1. 多给幼儿提供倾听和交谈的机会 2. 引导幼儿学会认真倾听 3. 对幼儿讲话时，注意结合情境使用丰富的语言，以便于幼儿理解
	目标2 愿意讲话并能清楚地表达	1. 为幼儿创造说话的机会并体验语言交往的乐趣 2. 引导幼儿清楚地表达
	目标3 具有文明的语言习惯	1. 成人注意语言文明，为幼儿做出表率 2. 帮助幼儿养成良好的语言行为习惯
2. 阅读与书写准备	目标1 喜欢听故事，看图书	1. 为幼儿提供良好的阅读环境和条件 2. 激发幼儿的阅读兴趣，培养阅读习惯 3. 引导幼儿体会标识、文字符号的用途

（续表）

幼儿学习与发展内容	幼儿学习与发展目标	教育建议
2.阅读与书写准备	目标2　具有初步的阅读理解能力	1. 经常和幼儿一起阅读，引导他以自己的经验为基础理解图书的内容 2. 在阅读中发展幼儿的想象和创造能力 3. 引导幼儿感受文学作品的美
	目标3　具有书面表达的愿望和初步技能	1. 让幼儿在写写画画的过程中体验文字符号的功能，培养书写兴趣 2. 在绘画和游戏中做必要的书写准备

3. 领域关键经验

语言领域涉及口头语言的关键经验，具体包括谈话经验、辩论经验、讲述经验、语言游戏经验；书面语言的关键经验，包括文学经验、早期读写经验。例如，在幼儿谈话学习方面的关键经验梳理如表4-4所示。

表4-4　幼儿谈话学习关键经验 [①]

年龄班	关键经验
小班	1. 基本会说本民族或本地区的语言 2. 能听懂日常会话 3. 别人对自己说话时，能注意听并做出回应 4. 愿意在熟悉的人面前说话，能大方地与他人打招呼 5. 愿意表达自己的需要和想法，必要时能配以手势动作 6. 与别人讲话时知道眼睛要看着对方 7. 说话自然，声音大小适中 8. 能在成人的提醒下，使用恰当的礼貌用语
中班	1. 在群体中能有意识地听与自己有关的信息 2. 能结合情境感受到不同语气、语调所表达的不同意思 3. 方言地区和少数民族地区幼儿能基本听懂普通话 4. 愿意与他人交谈，喜欢谈论自己感兴趣的话题 5. 会说本民族或本地区的语言，基本会说普通话。少数民族聚居地区幼儿会用普通话进行日常会话 6. 当别人对自己讲话时，能回应 7. 能根据场合调节自己说话声音的大小 8. 能主动使用礼貌用语，不能脏话、粗话
大班	1. 在集体中能注意听教师或其他人讲话 2. 当听不懂或有疑问时，能主动提问 3. 能结合情境理解一些表示因果、假设等结构相对复杂的句子 4. 愿意与他人讨论问题，敢于在众人面前说话 5. 会说本民族或本地区的语言和普通话，发音正确清晰。少数民族聚居地区幼儿基本会说普通话 6. 当别人讲话时，能积极主动地回应 7. 能根据谈话对象和需要，调整说话的语气 8. 懂得按次序轮流讲话，不随意打断别人 9. 能依据所处情境使用恰当的语言，如在别人难过时会用恰当的语言表示安慰

[①] 余珍有.幼儿园语言领域教育精要——关键经验与活动指导［M］.北京：教育科学出版社，2015：42-43.

儿童对事物理解的发展趋势

1. 从对个别事物的理解发展到对事物关系的理解；

2. 从主要依靠具体形象的理解发展到开始依靠语词的理解；

3. 从简单的、表面的理解发展到比较复杂的、深刻的理解；

4. 从情绪性的理解发展到比较客观的理解；

5. 从不理解事物的相对关系发展到逐渐能理解事物的相对关系。

（三）社会领域

1. 《纲要》中的内容与要求

（1）内容与要求

① 引导幼儿参加各种集体活动，体验与教师、同伴等共同生活的乐趣，帮助他们正确认识自己和他人，养成对他人、社会亲近、合作的态度，学习初步的人际交往技能。

② 为每个幼儿提供表现自己长处和获得成功的机会，增强其自尊心和自信心。

③ 提供自由活动的机会，支持幼儿自主地选择、计划活动，鼓励他们通过多方面的努力解决问题，不轻易放弃克服困难的尝试。

④ 在共同的生活和活动中，以多种方式引导幼儿认识、体验并理解基本的社会行为规则，学习自律和尊重他人。

⑤ 教育幼儿爱护玩具和其他物品，爱护公物和公共环境。

⑥ 与家庭、社区合作，引导幼儿了解自己的亲人以及与自己生活有关的各行各业人们的劳动，培养其对劳动者的热爱和对劳动成果的尊重。

⑦ 充分利用社会资源，引导幼儿实际感受祖国文化的丰富与优秀，感受家乡的变化和发展，激发幼儿爱家乡、爱祖国的情感。

⑧ 适当向幼儿介绍我国各民族和世界其他国家、民族的文化，使其感知人类文化的多样性和差异性，培养理解、尊重、平等的态度。

（2）指导要点

① 社会领域的教育具有潜移默化的特点。幼儿社会态度和社会情感的培养尤应渗透在多种活动和一日生活的各个环节之中，要创设一个能使幼儿感受到接纳、关爱和支持的良好环境，避免单一呆板的言语说教。

② 幼儿与成人、同伴之间的共同生活、交往、探索、游戏等，是其社会学习的重要途径。应为幼儿提供人际间相互交往和共同活动的机会与条件，并加以指导。

③ 社会学习是一个漫长的积累过程，需要幼儿园、家庭和社会密切合作，协调一致，共同促进幼儿良好社会性品质的形成。

2. 《指南》中的内容与要求

《指南》规定了幼儿社会领域学习与发展的内容、目标和教育建议，详见表4-5。

表4-5 《指南》中幼儿社会领域学习与发展内容、目标和教育建议

幼儿学习与发展内容	幼儿学习与发展目标	教育建议
1. 人际交往	目标1 愿意与人交往	1. 主动亲近和关心幼儿，经常和他一起游戏或活动，让幼儿感受到与成人交往的快乐，建立亲密的亲子关系和师生关系 2. 创造交往的机会，让幼儿体会交往的乐趣

（续表）

幼儿学习与发展内容	幼儿学习与发展目标		教育建议
1. 人际交往	目标2	能与同伴友好相处	1. 结合具体情境，指导幼儿学习交往的基本规则和技能 2. 结合具体情境，引导幼儿换位思考，学习理解别人 3. 和幼儿一起谈谈他的好朋友，说说喜欢这个朋友的原因，引导他多发现同伴的优点、长处
	目标3	具有自尊、自信、自主的表现	1. 关注幼儿的感受，保护其自尊心和自信心 2. 鼓励幼儿自主决定、独立做事，增强其自尊心和自信心
	目标4	关心尊重他人	1. 成人以身作则，以尊重、关心的态度对待自己的父母、长辈和其他人 2. 引导幼儿尊重、关心长辈和身边的人，尊重他人劳动及其成果 3. 引导幼儿学习用平等、接纳和尊重的态度对待差异
2. 社会适应	目标1	喜欢并适应群体生活	1. 经常和幼儿一起参加一些群体性的活动，让幼儿体会群体活动的乐趣 2. 幼儿园组织活动时，可以经常打破班级的界限，让幼儿有更多机会参加不同群体的活动 3. 带领大班幼儿参观小学，讲讲小学有趣的活动，唤起他们对小学生活的好奇和向往，为入学做好心理准备
	目标2	遵守基本的行为规范	1. 成人要遵守社会行为规则，为幼儿树立良好的榜样 2. 结合社会生活实际，帮助幼儿了解基本行为规则或其他游戏规则，体会规则的重要性，学习自觉遵守规则 3. 教育幼儿要诚实守信
	目标3	具有初步的归属感	1. 亲切地对待幼儿，关心幼儿，让他感到长辈是可亲、可近、可信赖的，家庭和幼儿园是温暖的 2. 吸引和鼓励幼儿参加集体活动，萌发集体意识 3. 运用幼儿喜闻乐见和能够理解的方式激发幼儿爱家乡、爱祖国的情感

3. 领域关键经验

社会领域的关键经验包括幼儿自我发展（自我中心、好孩子定向、自尊、自信、自卑）、情绪发展（高兴、恐惧、愤怒、悲伤、羞愧、孤独）、幼儿与成人关系的社会性发展（社交礼仪、道歉、尊敬、关心、帮助、公平公正）、幼儿与环境关系的社会性发展（家庭成员角色认知、做客与待客、爱惜物品、爱护环境）、与同伴关系的发展（分享、合作、谦让、攻击、嬉戏、妒忌、告状、求助、安慰）、在社会文化中的发展的关键经验（社会机构、人生仪式、节日、民族文化）。[①]

（四）科学领域

1.《纲要》中的内容与要求

（1）内容与要求

① 引导幼儿对身边常见事物和现象的特点、变化规律产生兴趣和探究的欲望。

② 为幼儿的探究活动创造宽松的环境，让每个幼儿都有机会参与尝试，支持、鼓励他们大胆提出问题，发表不同意见，学会尊重别人的观点和经验。

③ 提供丰富的可操作的材料，为每个幼儿都能运用多种感官、多种方式进行探索提供活动的条件。

④ 通过引导幼儿积极参加小组讨论、探索等方式，培养幼儿合作学习的意识和能力，学习用多种

---

① 刘晶波，等.幼儿园社会领域教育精要——关键经验与活动指导［M］.北京：教育科学出版社，2015：63-137.

方式表现、交流、分享探索的过程和结果。

⑤ 引导幼儿对周围环境中的数、量、形、时间和空间等现象产生兴趣，建构初步的数概念，并学习用简单的数学方法解决生活和游戏中某些简单的问题。

⑥ 从生活或媒体中幼儿熟悉的科技成果入手，引导幼儿感受科学技术对生活的影响，培养他们对科学的兴趣和对科学家的崇敬。

⑦ 在幼儿生活经验的基础上，帮助幼儿了解自然、环境与人类生活的关系。从身边的小事入手，培养初步的环保意识和行为。

（2）指导要点

① 幼儿的科学教育是科学启蒙教育，重在激发幼儿的认识兴趣和探究欲望。

② 要尽量创造条件让幼儿实际参加探究活动，使他们感受科学探究的过程和方法，体验发现的乐趣。

③ 科学教育应密切联系幼儿的实际生活进行，利用身边的事物与现象作为科学探索的对象。

2.《指南》中的内容与要求

《指南》规定了幼儿科学领域学习与发展的内容、目标和教育建议，详见表4-6。

表4-6 《指南》中幼儿科学领域学习与发展内容、目标和教育建议

幼儿学习与发展内容	幼儿学习与发展目标	教育建议
1.科学探究	目标1 亲近自然，喜欢探究	1. 经常带幼儿接触大自然，激发其好奇心与探究欲望 2. 真诚地接纳、多方面支持和鼓励幼儿的探索行为
	目标2 具有初步的探究能力	1. 有意识地引导幼儿观察周围事物，学习观察的基本方法，培养观察与分类能力 2. 支持和鼓励幼儿在探究的过程中积极动手动脑寻找答案或解决问题 3. 鼓励和引导幼儿学习做简单的计划和记录，并与他人交流分享 4. 帮助幼儿回顾自己的探究过程，讨论自己做了什么，怎么做的，结果与计划目标是否一致，分析一下原因以及下一步要怎样做等
	目标3 在探究中认识周围事物和现象	1. 支持幼儿在接触自然、生活事物和现象中积累有益的直接经验和感性认识 2. 引导幼儿在探究中思考，尝试进行简单的推理和分析，发现事物之间明显的关联 3. 引导幼儿关注和了解自然、科技产品与人们生活的密切关系，逐渐懂得热爱、尊重、保护自然
2.数学认知	目标1 初步感知生活中数学的有用和有趣	1. 引导幼儿注意事物的形状特征，尝试用表示形状的词来描述事物，体会描述的生动形象性和趣味性 2. 引导幼儿感知和体会生活中很多地方都用到数，关注周围与自己生活密切相关的数的信息，体会数可以代表不同的意义 3. 引导幼儿观察发现按照一定规律排列的事物，体会其中的排列特点与规律，并尝试自己创造出新的排列规律 4. 鼓励和支持幼儿发现、尝试解决日常生活中需要用到数学的问题，体会数学的用处

（续表）

幼儿学习与发展内容	幼儿学习与发展目标	教育建议
2. 数学认知	目标 2　感知和理解数、量及数量关系	1. 引导幼儿感知和理解事物"量"的特征 2. 结合日常生活，指导幼儿学习通过对应或数数的方式比较物体的多少 3. 利用生活和游戏中的实际情境，引导幼儿理解数概念 4. 通过实物操作引导幼儿理解数与数之间的关系，并用"加"或"减"的办法来解决问题
	目标 3　感知形状与空间关系	1. 用多种方法帮助幼儿在物体与几何形体之间建立联系 2. 丰富幼儿空间方位识别的经验，引导幼儿运用空间方位经验解决问题

3. 领域关键经验

科学领域包括科学和数学两个子领域，按照《纲要》的目标表述，科学子领域涵括科学态度、科学方法、科学知识。[①] 数学子领域涵括数的意义、数量关系、数的运算、几何图形、空间关系、空间测量。[②] 下面列举科学子领域"观察实验能力"发展指标的关键经验，详见表 4-7。

表 4-7　科学子领域"观察实验能力"的关键经验

年龄班	关键经验
小班	发现事物明显的特征 发现事物的外部特征 学习运用多种感官感知事物的特征 观察现象的发生和事物的变化 在动作的尝试中进行探究 关注动作产生的结果 通过观察和触摸，使用简单工具收集信息
中班	有顺序地观察事物的特征 比较各个观察对象的不同和相同 运用简单的工具，收集更多细节性的信息 在实验的过程中发现物体的性质和用途 在实验过程中发现物体之间的联系
大班	学习观察事物的运动和变化 对事物进行长期系统的观察 探寻观察对象的变化规律 在观察中逐渐发现事物和现象之间的内在联系 学习运用标准化的工具来收集信息 在成人的帮助下，制订简单的调查计划并执行

下面列举数学子领域几何图形发展指标的关键经验，详见表 4-8。

---

① 张俊，等.幼儿园科学领域教育精要——关键经验与活动指导［M］.北京：教育科学出版社，2015：10.
② 张俊，等.幼儿园数学领域教育精要——关键经验与活动指导［M］.北京：教育科学出版社，2015：52-267.

表 4-8　数学子领域"几何图形发展指标"的关键经验

年龄班	关键经验
小班	探索物体较明显的形状特征，并用自己的语言描述 借助分割线的提示进行简单的图形组合
中班	感知和发现常见几何图形的基本特征，并进行分类 认识并命名立体图形上的平面图形，如三角形、长方形、正方形、梯形、圆形、椭圆形 认识平面图形的各种变式 不用借助分割线的提示，进行简单的图形组合与分解
大班	认识并命名球体、长方体、正方体、圆柱体，认识长方体、正方体的面 理解图形的对称性并学习等分图形 用图形及图形组合进行较为复杂的组合与分解，理解其中的组合替代关系

（五）艺术领域

1.《纲要》中的内容与要求

（1）内容与要求

① 引导幼儿接触周围环境和生活中美好的人、事、物，丰富他们的感性经验和审美情趣，激发他们表现美、创造美的情趣。

② 在艺术活动中面向全体幼儿，要针对他们的不同特点和需要，让每个幼儿都得到美的熏陶和培养。对有艺术天赋的幼儿要注意发展他们的艺术潜能。

③ 提供自由表现的机会，鼓励幼儿用不同艺术形式大胆地表达自己的情感、理解和想象，尊重每个幼儿的想法和创造，肯定和接纳他们独特的审美感受和表现方式，分享他们创造的快乐。

④ 在支持、鼓励幼儿积极参加各种艺术活动并大胆表现的同时，帮助他们提高表现的技能和能力。

⑤ 指导幼儿利用身边的物品或废旧材料制作玩具、手工艺品等来美化自己的生活或开展其他活动。

⑥ 为幼儿创设展示自己作品的条件，引导幼儿相互交流、相互欣赏、共同提高。

（2）指导要点

① 艺术是实施美育的主要途径，应充分发挥艺术的情感教育功能，促进幼儿健全人格的形成。要避免仅仅重视表现技能或艺术活动的结果，而忽视幼儿在活动过程中的情感体验和态度的倾向。

② 幼儿的创作过程和作品是他们表达自己的认识与情感的重要方式，应支持幼儿富有个性和创造性的表达，克服过分强调技能技巧和标准化要求的偏向。

③ 幼儿艺术活动的能力是在大胆表现的过程中逐渐发展起来的，教师的作用应主要在于激发幼儿感受美、表现美的情趣，丰富他们的审美经验，使之体验自由表达和创造的快乐。在此基础上，根据幼儿的发展状况和需要，对表现方式和技能技巧给予适时、适当的指导。

2.《指南》中的内容与要求

《指南》规定了幼儿艺术领域学习与发展的内容、目标和教育建议，详见表 4-9。

表 4-9　《指南》中幼儿艺术领域学习与发展内容、目标和教育建议

幼儿学习与发展内容	幼儿学习与发展目标	教育建议
1.感受与欣赏	目标 1　喜欢自然界与生活中美的事物	1. 和幼儿一起感受、发现和欣赏自然环境和人文景观中美的事物 2. 和幼儿一起发现美的事物的特征，感受和欣赏美

（续表）

幼儿学习与发展内容	幼儿学习与发展目标	教育建议
1. 感受与欣赏	目标2 喜欢欣赏多种多样的艺术形式和作品	1. 创造条件让幼儿接触多种艺术形式和作品 2. 尊重幼儿的兴趣和独特感受，理解他们欣赏时的行为
2. 表现与创造	目标1 喜欢进行艺术活动并大胆表现	1. 创造机会和条件，支持幼儿自发的艺术表现和创造 2. 营造安全的心理氛围，让幼儿敢于并乐于表达表现
	目标2 具有初步的艺术表现与创造能力	尊重幼儿自发的表现和创造，并给予适当的指导

3. 领域关键经验

艺术领域包括音乐和美术两个子领域，音乐子领域涵括歌唱、欣赏、打击乐、集体舞、音乐游戏不同类型的关键经验，[①] 美术子领域涵括美术创作、布艺欣赏与制作、纸工欣赏与制作。下面列举音乐子领域"歌曲演唱"的关键经验，详见表4-10。

表4-10 音乐子领域"歌曲演唱"的关键经验

年龄班	关键经验
小班	分辨八度距离声音的高与低 分辨八度内声音的高与低 旋律的上行与下行 旋律的级进与跳进
中、大班	继续分辨八度距离声音的高与低 继续分辨八度内跨度较大的高低声音 分辨五度、四度、三度跨度的高低声音 分辨级进上行与下行旋律轮廓线 分辨上行与下行旋律轮廓线 分辨级进旋律轮廓线 分辨跳进旋律轮廓线

五、我国学前教育内容的组织与实施

（一）精心创设和利用育人环境

环境是重要的教育资源，应通过环境的创设和利用，有效地促进幼儿的发展。幼儿园的空间、设施、活动材料和常规要求等应有利于引发、支持幼儿的游戏和各种探索活动，有利于引发、支持幼儿与周围环境之间积极的相互作用。

（二）科学安排和组织一日生活

时间安排应有相对的稳定性与灵活性，既有利于形成秩序，又能满足幼儿的合理需要，照顾到个体差异。教师应保证幼儿每天有适当的自主选择自由活动的时间，避免时间的隐性浪费，尽量减少不必要的集体行动和过渡环节，减少和消除消极等待现象。

---

① 王秀萍. 幼儿园音乐领域教育精要——关键经验与活动指导［M］.北京：教育科学出版社，2015：24.

（三）关注幼儿学习与发展的整体性

幼儿的发展是一个整体，要注重领域之间、目标之间的相互渗透和整合，促进幼儿身心全面协调发展，而不应片面追求某一方面或几方面的发展。

（四）尊重幼儿发展的个体差异

幼儿的发展是一个持续、渐进的过程，同时也表现出一定的阶段性特征。每个幼儿在沿着相似进程发展的过程中，各自的发展速度和到达某一水平的时间不完全相同。要充分理解和尊重幼儿发展进程中的个体差异，支持和引导他们从原有水平向更高水平发展，按照自身的速度和方式到达《指南》所呈现的发展"阶梯"，切忌用一把"尺子"衡量所有幼儿。

（五）理解幼儿的学习方式和特点

幼儿的学习是以直接经验为基础，在游戏和日常生活中进行的。要珍视游戏和生活的独特价值，创设丰富的教育环境，合理安排一日生活，最大限度地支持和满足幼儿通过直接感知、实际操作和亲身体验获取经验的需要，严禁"揠苗助长"式的超前教育和强化训练。

（六）重视幼儿的学习品质

幼儿在活动过程中表现出的积极态度和良好行为倾向是终身学习与发展所必需的宝贵品质。要充分尊重和保护幼儿的好奇心与学习兴趣，帮助幼儿逐步养成积极主动、认真专注、不怕困难、敢于探究和尝试、乐于想象和创造等良好学习品质。

（七）强化幼儿教师的主导作用

教师应以关怀、接纳、尊重的态度与幼儿交往。教师应尊重幼儿在发展水平、能力、经验、学习方式等方面的个体差异，努力理解幼儿的想法与感受，关注幼儿在活动中的表现和反应，敏感地察觉他们的需要，及时以适当的方式应答，形成合作探究式的师幼互动，努力使每一个幼儿都能获得满足和成功。教师应关注幼儿的特殊需要，包括应对幼儿各种发展潜能和不同发展障碍，与家庭密切配合，共同促进幼儿健康成长。

六、我国学前教育内容的特点

（一）广泛性

我国学前教育内容涉及自然和社会的许多方面。在自然方面，涉及物理、化学、生物、天文、地理、数学等多门学科的知识，只要幼儿感兴趣的、能理解的自然物和自然现象，都可以作为学前教育的内容。在社会方面，幼儿既要了解自己、家庭和托幼机构，还要学习一些基本的行为规范，了解社会生活的一些基本环节。

（二）启蒙性

学前教育的内容具有明显的启蒙性特点，主要是一些生活经验和感性知识，教给幼儿的概念也只是一些表象水平的初级概念。如生活方面，教给幼儿的是吃、喝、拉、睡、盥洗等方面的知识和技能；在学习方面，发展幼儿的坐、立、走、跑等动作，让幼儿认识周围的环境。这些内容与中小学、大学的教育内容相比，是初级、浅显，但却具启蒙性质的。

（三）综合性

学前教育内容与中小学教育内容相比，各种内容之间的联系更加紧密。《纲要》和《指南》都强调各领域的内容是相互渗透的，学前教育许多方面的内容都渗透在幼儿的一日生活中，有的保育内容也时常贯穿在教学活动中。另外，学前教育内容没有严格的分科界限，各种教育内容通常可以组合在一起，对幼儿实施综合教育。

（四）生活性

学前教育内容，特别是保育方面的内容通常与幼儿的生活息息相关，联系极为密切。托儿所的保教内容主要就是对小儿的生活照顾和教育。幼儿园也强调保教结合，生活和学习相结合。幼儿生活知识、技能和良好卫生习惯的培养，在幼儿园的整个教育内容中仍占有相当多的分量。

（五）趣味性

幼儿的心理活动以无意的心理活动为主。幼儿兴趣广泛，好奇心强，他们通常凭兴趣学习。因此，学前教育内容要丰富多彩、饶有趣味，要能激起幼儿的好奇心和学习欲望。否则，味同嚼蜡的内容幼儿是难以掌握的。

（六）差异性

我国只大致统一规定了学前教育内容，但是，我国学前教育内容南北有所差别，城乡也有所不同，甚至每个幼儿园的教育内容都不尽相同。每个幼儿园教师都有选择教育内容的权利。这就使得我国的学前教育内容丰富多样，各具特色。另外，随着多种课程模式的出现，我国学前教育内容的组合方式也出现了多样化的局面。

第三节　学前教育基本原则

学前教育原则是教师向幼儿有效进行教育时必须遵循的基本要求。这些基本要求是根据学前教育目标与任务、学前儿童身心发展特点以及学前教育实践经验提出来的。学前教育原则包括两部分：一部分是教育的一般原则，是学前教育机构、小学、中学教师均应遵循的，它反映了对所有教育者的一般要求；另一部分是学前教育的基本原则，是根据学前教育的特点提出来的，是学前教育对教师的特殊要求。本节主要探究学前教育的基本原则。

一、保教结合原则

保教结合原则，也称保教合一或保教并重原则，是指幼教工作者要自觉地担当起幼儿保育与教育的双重任务，既重视幼儿的卫生保健工作，又重视幼儿的教育培养工作，促进幼儿身心的健康发展。保教结合原则被视为幼儿园教育的基本原则。首先，保育是家庭教育功能在幼儿园的自然延伸，是让幼儿建立对幼儿园的归属感与安全感的最好途径。其次，保育是幼儿园教师与幼儿建立亲密关系的最好途径，是整个幼儿园教育得以开始的根基。最后，保育是幼儿园实施生活教育的直接途径，是幼儿园整个教育目标得以实现的根本保障。[①]

保教结合原则的依据主要有两个。一是幼儿身心健康发展的客观要求。相对于成人而言，幼儿的身体还很娇弱，运动和适应能力比较差，容易受到伤害和生病；幼儿的心理还远未成熟，其神经兴奋强于抑制，自我保护意识和能力比较差，容易发生意外。二是学前教育政策与法规的客观要求。《纲要》强调"保教并重"，《国务院关于当前发展学前教育的若干意见》也强调"保教结合"。《幼儿园管理条例》指出："幼儿园应当贯彻保育与教育相结合的原则，创设与幼儿的教育和发展相适应的和谐环境，引导幼儿个性的健康发展。"《幼儿园工作规程》强调要"实行保育与教育相结合的原则"。可见，我国的学前教育政策与法规都明文规定幼儿园教育必须坚持"保教结合"的基本原则。

贯彻保教结合原则应明确以下三点。

第一，保育和教育是幼儿园两大方面的工作。保育主要是为学前儿童的生存、发展创设各种有利的环境和提供物质条件，给予他们精心的照顾和养育，帮助其身体和机能良好发育，促进其身心健康发展；教育则重在培养学前儿童良好的行为习惯、态度，发展学前儿童的认知、情感、社会性等，引导他们学习必要的知识技能等。这两方面构成了幼儿园教育的全部内容。

第二，保育和教育工作应相互联系、相互渗透。幼儿园保育和教育不可分割的关系是由幼教工作的特殊性和学前儿童身心发展的特点决定的。虽然保育和教育都有各自的主要职能，但并不是截然分离的。教育中包含了保育的成分，保育中也渗透着教育的内容，保育和教育是在同一过程中实现的。

第三，保育员与教师要合作育人。开展日常教育活动，保育员与教师要做好沟通与交流工作，相互合作与协作，共同培育幼儿。保育员如有需要教师帮忙的事，应该提前与教师打招呼，而不是临时通知。教师在某一活动环节需要保育员帮忙，也应提前与保育员商量，以便保育员适时配合自己的活动。活动结束后，教师与保育员要相互致谢，以表示尊重对方。保育员与教师如因儿童观与教育观的不同而发生冲突，不应相互指责，而应协商解决。

二、以游戏为基本活动的原则

以游戏为基本活动的原则是指幼教工作者寓教育于游戏之中，根据不同的教育内容，组织开展各种各样的游戏活动以满足学前儿童的身心需求，使学前儿童在玩中学，学中玩，愉快学习，快乐成长。

制定以游戏为基本活动原则的依据主要有三个。一是学前儿童心理特点的特殊需求。学前儿童具有好游戏的心理特点，他们生来是好动的，幼教工作者要了解好动是儿童突出的心理特点，为儿童提供丰富而有挑战的游戏。二是学前教育政策与法规的客观要求。《纲要》指出："幼儿园教育应尊重幼儿的人格和权利，尊重幼儿身心发展的规律和学习特点，以游戏为基本活动。"《国务院关于当前发展学前教育的若干意见》指出："遵循幼儿身心发展规律，面向全体幼儿，关注个体差异，坚持以游戏为基本活动。"《幼儿园管理条例》指出："幼儿园应当以游戏为基本活动形式。"《幼儿园工作规程》指出："以游戏为基本活动，寓教育于各项活动之中。"三是游戏独特价值的客观要求。游戏具有满足学前儿童身心发展需要、适应学前儿童身心发展水平、促进学前儿童身心全面发展的价值，所以，游戏理应成为学前教育机构和儿童的基本活动，成为学前儿童一种最好的活动与学习方式。

贯彻以游戏为基本活动的原则应明确以下四点。

一是要根据学前教育的具体任务来确定游戏的种类。幼儿园游戏主要有智力游戏、体育游戏、音乐游戏、角色游戏、结构游戏、表演游戏等多个种类，教师可以选择多种不同类型的游戏促进幼儿多领域的发展。

二是要根据学前儿童身心发展水平来确定游戏的范围、难度。小班、中班和大班幼儿的身心发展水平有一定差异。小班幼儿的游戏难度要小一些，游戏规则应简单易行；中班幼儿游戏难度适当增加，

---

① 赵南.学前教育"保教并重"基本原则的反思与重构［J］.教育研究，2012，33（7）：115-121+129.

游戏规则相对复杂；大班幼儿的游戏难度更大，游戏规则更加复杂。

三是要培养学前儿童的游戏态度。美国教育家杜威认为，游戏是指幼儿的心理态度，而不是他的外部表现，游戏态度比游戏本身更重要。游戏态度是一种心智的态度，是一种自由的态度，教师要给幼儿充分的自由，激发"我要玩"的游戏动机。教师要给幼儿充足的游戏时间和空间，让幼儿在游戏中自由、主动地去探索、思考和创造，与所处的环境、周围的人互动。教师要对游戏持积极认可的态度，让日常教育活动充满游戏精神，促进幼儿游戏态度的形成。有了游戏态度，幼儿就能够在游戏中真正地体会到游戏的快乐和乐趣，就不再拘泥于游戏的外形，而更加注重游戏的内容。

四是要为学前儿童创设良好的游戏环境。美国著名的心理学家布朗芬·布伦纳认为，环境既能提供机会，也能产生潜在的危机，如果幼儿在环境中被剥夺了经验，就会产生压力感和紧张感，从而影响其发展；如果环境刚好为幼儿提供了适宜的刺激，引发幼儿产生新的探索、新的体验，就有可能在一定的社会文化中促进幼儿达到最近发展区。他从生态学的观点提出幼儿是自己发展的主动参与者，而不是被动的接受者。因此，教师要为幼儿创设丰富多彩的、开放互动的、有层次性的和有计划的游戏环境，不断促进幼儿的健康发展。

三、活动性原则

活动性原则是指幼教工作者寓教育于各项活动之中，以活动贯穿、主导整个教育过程，以活动作为学前教育的主要内容和形式，以活动促进儿童身心健康发展。

制定活动性原则的依据主要有三个。一是学前儿童心理特点的特殊需要。学前儿童以无意的心理活动为主，心理的随意性较差，容易受环境的影响。学前儿童的思维正处于直觉行动思维和具体形象思维阶段。年龄越小的儿童，其思维对动作和表象的依赖性就越强，因而，学前教育宜通过活动让儿童自主学习。二是学前教育政策与法规的客观要求。《纲要》指出："幼儿园的教育活动，是教师以多种形式有目的、有计划地引导幼儿生动、活泼、主动活动的教育过程。"《幼儿园工作规程》指出："合理地综合组织各方面的教育内容，并渗透于幼儿一日生活中的各项活动中，充分发挥各种教育手段的交互作用。"可见，我国的学前教育政策与法规都强调幼儿园必须坚持"活动性原则"。三是有关学习理论的强力支持。新维果茨基学派的主导活动理论认为，儿童发展是通过参与特定的社会活动来实现的，这一系列活动是儿童在关键阶段出现的不同主导活动。例如，在幼儿阶段，游戏就是主导活动。儿童认知发展理论认为，儿童是在活动中建构他们的认知结构的，从而发展他们的智力和社会行为，而活动就是儿童这一主体与外界事物之间的中介。

贯彻活动性原则应明确以下三点。

第一，提供内容丰富的教育活动。教师要为学前儿童提供健康、语言、社会、科学、艺术五个领域的教育活动，既要适合儿童的现有水平，又要有一定的挑战性；既要符合儿童的现实需要，又要有利于其长远发展；既要贴近儿童的生活来选择其感兴趣的事物和问题，又要有助于拓展儿童的经验和视野。

第二，开展形式多样的教育活动。教师要开展形式多样的教育活动，才能有效地促进儿童发展。如从类型来说，有集中教育活动、日常生活活动、游戏活动、亲子活动等；从领域来说，有健康的、语言的、社会的、科学的等领域的活动；从表现形式来看，有听说表达类、动手制作类、运动类等活动；从组织形式来看，有集体活动、小组活动与个别活动。教师要综合运用上述各种活动，使学前儿童通过参与各种活动得到各方面的发展。

第三，创设优美丰富的活动环境。幼儿园应为幼儿创设优美丰富、健康向上的活动环境，为幼儿提供机会与条件，满足他们多方面发展的需要，使他们在快乐的童年生活中获得有益于身心发展的经验。

思考与练习

一、多项选择题

1. 学前教育目标的层次包括（　　　　）。
   A. 学前教育总目标　　　　　　　　　　B. 各年龄段的教育目标
   C. 短期目标　　　　　　　　　　　　　D. 活动目标

2. 我国学前教育目标的特点有（　　　　）。
   A. 重视保育与教育　　　　　　　　　　B. 注重全面发展
   C. 体现连续衔接　　　　　　　　　　　D. 幼儿教育小学化

3. 学前教育内容的选择依据主要有（　　　　）。
   A. 政治、经济制度和文化　　　　　　　B. 幼儿身心发展的水平
   C. 课程和课程论的历史传统　　　　　　D. 义务教育发展现状

4. 《3—6岁儿童学习与发展指南》规定的幼儿健康领域学习与发展内容是（　　　　）。
   A. 身心状况　　　　　　　　　　　　　B. 动作发展
   C. 生活习惯与生活能力　　　　　　　　D. 倾听与表达

5. 《3—6岁儿童学习与发展指南》规定的幼儿语言领域学习与发展内容是（　　　　）。
   A. 倾听与表达　　　　　　　　　　　　B. 阅读与书写准备
   C. 身心状况　　　　　　　　　　　　　D. 动作发展

6. 《3—6岁儿童学习与发展指南》规定的幼儿社会领域学习与发展内容是（　　　　）。
   A. 人际交往　　　　　　　　　　　　　B. 社会适应
   C. 科学探究　　　　　　　　　　　　　D. 数学认知

7. 《3—6岁儿童学习与发展指南》规定的幼儿科学领域学习与发展内容是（　　　　）。
   A. 人际交往　　　　　　　　　　　　　B. 社会适应
   C. 科学探究　　　　　　　　　　　　　D. 数学认知

8. 《3—6岁儿童学习与发展指南》规定的幼儿艺术领域学习与发展内容是（　　　　）。
   A. 感受与欣赏　　　　　　　　　　　　B. 表现与创造
   C. 动作发展　　　　　　　　　　　　　D. 科学探究

9. 制定以游戏为基本活动原则的依据主要有（　　　　）。
   A. 学前儿童心理特点的特殊需求　　　　B. 学前教育政策与法规的客观要求
   C. 游戏独特价值的客观要求　　　　　　D. 有关学习理论的强力支持

10. 贯彻活动性原则应（　　　　）。
    A. 提供内容丰富的教育活动　　　　　　B. 开展形式多样的教育活动
    C. 创设优美丰富的活动环境　　　　　　D. 要培养学前儿童的游戏态度

二、判断题

1. 学前教育目标是学前教育实施的首要环节。　　　　　　　　　　　　（　　　）

2. 我国学前教育目标包括托儿所教育目标和幼儿园教育目标。　　　　　（　　　）

3. 《幼儿园教育指导纲要（试行）》中，幼儿园的教育内容相对划分为健康、语言、社会、科学、艺术五个领域。　　　　　　　　　　　　　　　　　　　　　　　（　　　）

4. 艺术是实施美育的主要途径，应充分发挥艺术的情感教育功能，促进幼儿健全人格的形成。　　　　　　　　　　　　　　　　　　　　　　　　　　　　　　　（　　　）

5. 粗浅性是我国学前教育内容的特点之一。　　　　　　　　　　　　　（　　　）

三、名词解释

1. 学前教育目标　　　　2. 学前教育内容　　　　3. 学前教育原则
4. 保教结合原则　　　　5. 活动性原则

四、简答题

1. 简述《幼儿园教育指导纲要（试行）》中幼儿健康领域的目标、内容与要求。
2. 简述《幼儿园教育指导纲要（试行）》中幼儿语言领域的目标、内容与要求。
3. 简述《3—6 岁儿童学习与发展指南》中幼儿科学领域学习与发展目标。
4. 简述《3—6 岁儿童学习与发展指南》中幼儿艺术领域学习与发展目标。

五、论述题

1. 试述我国学前教育内容的组织与实施。
2. 试述我国学前教育内容的特点。
3. 试述学前教育的活动性原则。

· 推荐阅读 ·

1. 中国学前教育研究会官网：https://www.cnsece.com.
2. 上海学前教育网：https://www.age06.com/age06web3/teacher.

第五章
学前教育中的儿童与教师

本章导读

　　学前教育工作者应树立正确的儿童观和教师观，并且儿童观与教师观的发展是与时俱进的。学前教育阶段的教师有不同的类别，具有鲜明的职业特点和专业素养。学前教育中幼儿和教师是相互作用的，认识和保护幼儿的权利、认识和实现教师的权利、履行教师的职责、建立良好的师幼关系，是发挥好幼儿与教师相互作用的前提。

学习目标

- 了解儿童观的历史变化，全面理解当代儿童观的含义与价值；
- 全面理解学前教育中的教师观；
- 全面理解学前教育中幼儿和教师的相互作用；
- 知道良好师幼关系的构建策略。

知识架构

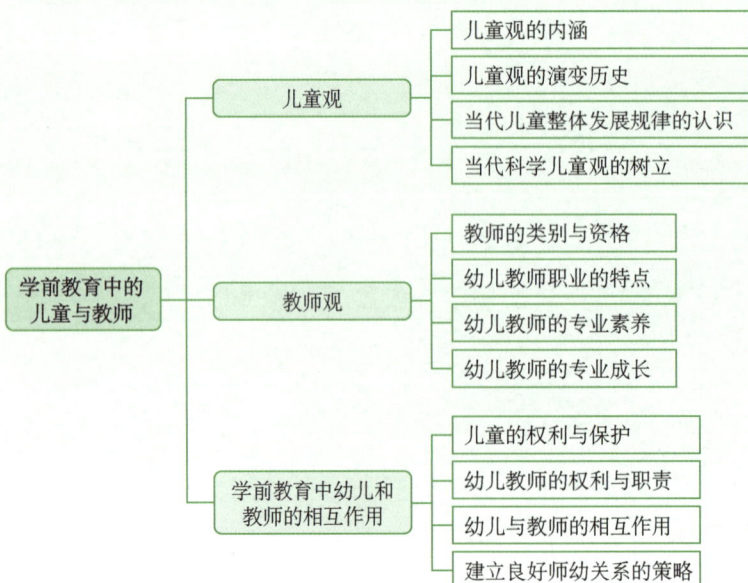

学前教育中的儿童与教师

- 儿童观
  - 儿童观的内涵
  - 儿童观的演变历史
  - 当代儿童整体发展规律的认识
  - 当代科学儿童观的树立
- 教师观
  - 教师的类别与资格
  - 幼儿教师职业的特点
  - 幼儿教师的专业素养
  - 幼儿教师的专业成长
- 学前教育中幼儿和教师的相互作用
  - 儿童的权利与保护
  - 幼儿教师的权利与职责
  - 幼儿与教师的相互作用
  - 建立良好师幼关系的策略

为什么他们会幸灾乐祸？

孩子们在画画，有的快、有的慢，我忙着指导，后面有两个孩子这时趁机打闹，待我指导好了，我对他们进行教育："刚才老师指导李平画画时，你们为何打闹？""我们没打闹。"他们两个竟然不承认，我问其他小朋友有没有看到，大家都说看到了，并大声说"老师，罚他们站！""不许吃点心！"等等。看他们的神情个个欢呼雀跃、异常兴奋，我不禁陷入了思考……

思考　孩子们为什么会有这种幸灾乐祸的心理？

我想这和教师的教育观、儿童观发生了偏差有关。由于教师平时在教育活动中有意无意地有这种批评幼儿的行为，如孩子打闹得出格时，教师有时会沉不住气，表现出简单粗暴的教育方式，这就给孩子留下了印象。可见，树立正确的儿童观对学前教师来说非常重要。

第一节　儿 童 观

一、儿童观的内涵

儿童观是人们关于儿童观念的总和，涉及人们如何看待和对待儿童。儿童观属于社会意识形态，是社会存在的一种反映，是随着社会的进步、人类文明的进化而不断发展、变化的。儿童观作为一种指向儿童的观念，有其内在的结构。

第一，儿童是自然的存在。构成儿童观的第一个维度就是自然构成观。儿童的身体组织是长期在自然界的制约下进化、发展的产物，作为生物个体，一方面具有独立性、个体性和完整性，有自身生理发展规律；另一方面又具有对外部世界和周围事物的依赖性。

第二，儿童是社会的存在。构成儿童观的第二个维度就是社会构成观。作为社会的存在，一方面儿童应享有相应的社会地位和权利；另一方面儿童的发展受社会环境的影响，需要一种有利于其成长发展的社会环境和文化氛围。

第三，儿童是精神的存在。构成儿童观的第三个维度就是精神构成观。儿童有丰富的精神世界、丰富的情感和独立的人格。

二、儿童观的演变历史

（一）古代社会的儿童观

古代社会是以成人为本位的社会，一切活动都围绕着成人展开，儿童只是成人的附属品，对成人具有依附关系。儿童被看作家族和国家的财产，是未来的兵员和劳动者，同时又被看作家族传宗接代的工具。儿童被认为是无知无能的个体，但可以通过教育来培养和训练他们。古代社会是男性中心的社会，男女不平等。由于男孩被视为家族香火的延续，将来可以支撑门户，在家中的地位要高于女孩。

（二）近代社会的儿童观

随着社会的进步，特别是人们对儿童的进一步发现以及儿童期的确立，近代的儿童观具有了新的特点。随着文艺复兴运动的发展，"以人为本"的观念深入人心，儿童的命运也出现了重大转机。热爱儿童、尊重儿童、平等对待儿童，把儿童当作一个独立的个体存在成为人们对儿童的基本观点。人们不再把儿童看作无知无能的依附物，而是认为他们是生来就蕴藏着道德、理智、能力等特质的具有无限潜能的人。

（三）现代社会的儿童观

现代社会意识到儿童是独立的个体，具有生存权、发展权、参与权和健康权。联合国《儿童权利公约》提出要尊重儿童的观点与意见，对儿童要无歧视，每一个儿童都平等地享有公约规定的权利，要充分尊重儿童的最大利益和尊严。

现代社会的儿童观包括三个方面。

（1）儿童价值观。儿童是世界的未来，他们具有无限的潜能，有全面的、个人存在的权利和意义，生来就应获得人的尊严。儿童与成人是平等的，具有同等的价值，儿童有能力在有关他们的发展事务中采用积极的、主动的态度。性别既是生物的，也是文化的，男孩和女孩具有同样的生存和发展价值。

（2）儿童权利观。儿童的权利是与生俱来的，儿童是权利的主体，而不是客体。儿童作为权利的主体，具有参与家庭、文化和社会生活的权利。儿童的一切权利都应该得到承认和尊重。

（3）儿童发展观。每个儿童都是人类集体中的个体，具有发展共性和特性。成人和父母需要重新界定评价儿童的标准，应从多元智力、多元文化、多种发展方式上评价儿童的发展。

三、当代儿童整体发展规律的认识

（一）历史上的儿童发展观

1. 遗传决定论

该观点认为，儿童的发展纯粹是由遗传决定的。代表性的观点包括基督教的"原罪说"、柏拉图的人分三等论和中国古代的儿童观。

（1）基督教的"原罪说"。

这是西方中世纪教育史上一种典型的儿童观，它视儿童为生而"有罪"的人，赎罪就是人生的目的，教育就是帮助儿童尽快赎罪的手段。"原罪说"既扼杀了儿童活泼的天性、灿烂的童年，也不符合儿童发展的实际情况，是一种错误的观点。

（2）柏拉图的人分三等论。

这种儿童观认为上帝造人是采用了金、银和铁三种不同的材料。金质者最为高贵，他们的发展目标是治学和管理国家，他们需要接受最高等级的教育；银质者发展目标是武士，只需接受初等教育就足够了；铁质者的天资最差，没有什么发展前途，无须接受什么教育。

（3）中国古代的儿童观。

我国古代儿童观是围绕对人性的认识展开的，主要有三种代表性的观点。以孟子为代表的性善论认为，人具有基本道德的萌芽，即善端，包括恻隐、羞恶、辞让、是非之心。儿童的发展就是让这些本来存在的萌芽能够生长。孟子主张注重教育内容对儿童的影响，其目的是引发儿童固有的良知、良能。以荀子为代表的性恶论认为，人对物的欲求是人性，而人性是恶的。荀子这种对人性的看法，导致了他注重教育对儿童的改造和外塑功能。由于上述观点对善恶的肯定与否定过于绝对化，难以解释现实中人的发展差异与复杂多样的事实，因此韩愈等又提出了性三等论。韩愈认为，"学而愈明"为上等，"可导而上下"为中等，而下等品性的人，只有用刑罚来控制他们的行为。

显然，遗传决定论强调了遗传的力量，排除了环境和教育的作用，不符合基本常识。

2. 环境决定论

环境决定论者强调后天环境对人的发展具有决定作用，具有重要意义，其代表人物是英国教育家洛克和美国心理学家华生。

（1）洛克的"教育万能"。

洛克在《教育漫话》中指出，儿童犹如一块"白板"，到他们长大成人后，是好还是坏，有用还是无用，感到幸福还是痛苦，主要是由他们所受的教育决定的。人类之所以千差万别，就是由于教育之故。

（2）华生的行为论。

华生注重对儿童的行为产生过程的探索，从"刺激—反应"机制形成过程的研究中，他发现了外界刺激的性质对于儿童行为影响的重要意义，提出了环境决定儿童发展的观点。他说："给我一打健全的儿童，再给我一个特殊的环境，我可以运用特殊的方法，把他们加以任意改变，或者使他们成为医生、律师、艺术家、大商家，或者使他们成为乞丐和盗贼。"在华生的眼中，儿童生活于其中的环境，就像一个模具，儿童个体的发展，完全取决于这个模具的形状。而这一模具的形状，则取决于提供给儿童的、完全可被控制的学习与训练的内容。

环境决定论关注儿童生长的环境条件、后天教养内容和教育方法在儿童成长与发展中的重要影响作用，与遗传决定论相比较，它发现了对儿童发展影响力更大的一项变量。

3. 辐合论

辐合论，也称之为二因素论。辐合论认为，心理的发展不是单纯地靠天赋本能的逐渐显现，也不是单纯地对外界影响的接受或反映，而是其内在品质与外在环境合并发展的结果。美国心理学家吴伟士认为，虽然儿童的发展是其遗传和后天环境共同影响的结果，但是这两种因素在儿童的发展中所起的作用是不同的。在儿童发展的不同阶段，这两种因素的影响力大小也有明显的差别。一般而言，儿童的发展就其发生学的意义而论，遗传的制约性要大于环境因素的力量，随着儿童机体成熟程度提高，环境对儿童发展的影响越来越重要。

深入思考

儿童的发展是天生的，还是养育的？

心理学家们一直在争论这个问题。生理心理学家强调基因、生理心理、神经化学等天生的力量；精神分析强调本能的驱动力量；认知心理学也强调内在的信息加工能力，以及天生的图式等力量；人本心理学强调需要、社会经验、环境的养育力量；行为主义则强调环境的塑造功能。

（二）儿童整体的发展规律

1. 顺序性

在儿童的发展过程中，无论其身体发展还是心理发展，都表现出一种稳定的顺序。儿童身体发展方面，其顺序是从头到脚、从中间向四周发展，因此儿童先发展大骨骼与大肌肉，而后才是小骨骼与小肌肉群。所以，儿童行动能力的发展中，先有翻身、坐、站、走和跑，然后才有写字、绘画等精细动作出现。儿童认知和思维能力的发展，遵循着先具体后抽象的秩序。在儿童身心发展过程中所表现出的这种顺序是固定不变的。儿童先前的发展变化，又是其顺序序列中紧随其后的发展和变化的基础。顺序性这一特点，使儿童身心发展成为一种连续的、不可逆转的过程。这就要求教育必须尊重这些规律性特点，在安排课程与教学时，顺应儿童发展的特点，创造出适合儿童发展的教育，而不是让儿童去适应教育。

2. 不平衡性

不平衡性，是指在连续不断的发展过程中，儿童身心发展的速度并不是完全与时间一致的匀速运动，在不同的年龄段，其发展的速度和水平是有明显差异的。一般认为，新生儿（出生第一年）与青春期（13、14 岁至 15、16 岁）是儿童身心发展的两个高速发展期。不平衡性，是指在儿童发展过程中身体和心理发展并不完全协调、统一的现象。就儿童整体的发展而言，生理成熟是先于心理成熟的。十几岁的孩子就其身体发育来看，已经很接近成人的水平了，而其心理的成熟程度，却要比成人低得多。但就某个具体方面而言，也有可能表现出心理能力不受生理成熟条件控制的情况。例如，3～5岁儿童的语言掌握能力和记忆能力往往优于成年人。

3. 阶段性

儿童发展的阶段性，是指在儿童发展的连续过程中，在不同年龄阶段会表现出某些稳定的、共同的典型特点。这些特点无论从表现方式上、发展速度上，以及发展的结构方面，与其他阶段相比较，都会具有相当不同的特征。这种情况，又被称为儿童发展的年龄特征。例如，在学龄前的幼儿阶段，儿童认识事物的能力，主要的特点是易于形成与实物相对应的、单个的概念。而到了学龄期，儿童的认识能力已发展到了可以了解和掌握事物间联系的程度，但是这种联系的建立，在一定程度上还要依赖于具体事物的帮助。只有到了青年时期，人的认识能力才开始以抽象概念为基础，逻辑思维才成为人的认识能力的根本性特点。

4. 个别差异性

发展的个别差异性，是指在儿童发展具有整体共同特征的前提下，个体与整体相比较，每一具体儿童的身心发展，在表现形式、内容和水平方面都可能会有自己的独特之处，这种表现与个体发展方面的差异性，来源于个体遗传素质和生活环境的差别。例如，同样年龄的儿童，在身高方面有明显的高矮之分。同年龄的儿童，也会由于他们各自神经过程灵活性的差别，在学习中表现出注意力的持久性、知觉的广度方面的差异。儿童发展过程中表现出的个别差异性，在一定程度上受到生物因素的影响，也有来自环境和教育的差别。

5. 分化与互补的协调性

儿童的各种生理和心理能力的发展、成熟，虽然依赖于明确分化的生理机能的作用，但在总体发展水平方面，却又表现出一定的机能互补性特点，以协调人的各种能力，使其尽可能地适应自己的生活环境。这种协调性，是具有生理缺陷的儿童发展的重要保障，使这些儿童不至于因某种生理机能的缺陷，而严重地阻碍其整体发展水平的实现。这一规律，也是对特殊儿童进行教育的重要依据。例如，对于有听力障碍的儿童，可以通过发展其对人讲话时口型变化的精细感知能力，来与他人沟通。而听力正常的人的这种潜在能力，往往被更容易实现交流的其他方式所抑制。

四、当代科学儿童观的树立

（一）儿童是完整的人

一方面，儿童是整体发展的人。整体发展的儿童观强调儿童是有思想、有认识、有情感的完整个体。儿童的这些身心发展是相互联系、不可分割的整体，任何一个方面的发展都可能影响其他方面的发展。因此，儿童的完整性要求儿童要全面和谐发展。另一方面，儿童是完整的人还包括儿童在自身的发展中还具有主观能动性。儿童的兴趣、爱好导引着儿童的发展，任何外来的干涉都必须尊重儿童的主观能动性。

（二）儿童是独特的人

首先，儿童的独特性表现为儿童是具有巨大发展潜能的人。初生的儿童就表现出惊人的学习能力，其巨大的学习潜能是人生其他阶段所无法比拟的。其次，儿童的独特性还表现为他们具有巨大的可塑性。儿童适应环境的能力、发展的能力为他们的可塑性提供了可能，儿童期是人的一生中最具可塑性的时期。再次，儿童的独特性还表现为儿童是处于发展中的人。毫无疑问，在人的一生中，儿童相对不成熟，不是小大人，还处在发展过程中。最后，儿童的独特性还表现为儿童发展的差异性。比如，美国的研究表明，男孩和女孩在听故事时用脑的部位正好相反。儿童的发展还具有个体差异与文化差异，儿童的这些特性说明儿童是独特的人。

（三）生物遗传素质为儿童发展提供了可能

个体的生物遗传素质，指的是儿童个体从亲代遗传基因中得到的、同时具有人类和个体特性的生物机体因素。儿童的生物遗传素质只是为个体的发展提供了潜在的发展可能性。这里存在两个方面原因：一方面遗传素质所具有的发展能力，并不会确定地转变为儿童发展的现实。因为儿童的身体和心理的发展变化，都离不开必要的外界条件。另一方面，遗传素质转变为发展现实的过程，也并不是一种完全取决于外在影响的过程，遗传素质自身具有蕴含着生物特点的自身演变规律。外界刺激并不能改变儿童机体的成熟规律，恰恰相反，这些规律却在一定程度上制约着外部刺激可否转变为儿童发展。只有那些顺应了儿童发展规律、可以与儿童自我调节机制产生相互作用的外在刺激，才能在儿童的发展过程中起作用。所以，旨在引导儿童发展的教育活动，必须把尊重儿童发展的规律作为教育实践的重要原则。

（四）儿童的发展蕴含于儿童主体的活动之中

儿童的发展，是作为一个生物和社会个体的儿童运用自我调节机制进行活动的结果，也就是说，儿童主体的活动是儿童发展的源泉。儿童主体活动，是儿童依据自我调节的能力，对与自己有关系、也有意义的内外刺激进行反应的过程。在这一反应过程中，主体原有的发展水平和主体赋予外界刺激的意义，是制约活动的关键性因素。例如，某幼儿园开展"我是小鲁班"的项目活动，幼儿主动去了解鲁班的手艺，学习鲁班的技术，用榫卯结构架构起一座横跨河流的小桥，幼儿在这个过程中获得了科学、工程、技术、社会等领域的发展。

（五）实现发展是儿童的权利

1989 年底联合国大会通过的《儿童权利公约》明确提出了儿童发展的权利问题和保障措施。1990 年 9 月"世界儿童问题首脑会议"通过的《儿童的生存、保护和发展世界宣言》指出："最优先地重视儿童的权利、儿童的生存以及儿童的保护和发展。""为所有儿童，不论他们的背景和性别，提供教育机会，使儿童做好准备以参与生产性就业和终身学习的机会，即通过职业培训，使儿童能在一种支持性的、培育性文化环境中长大成人。"在获得发展是儿童的基本权利、接受学校教育成为实现儿童发展权的重要保障的前提下，受教育也就自然地成为儿童的权利之一。《中华人民共和国未成年人保护法》第二十八条规定：学校应当保障未成年学生受教育的权利，不得违反国家规定开除、变相开除未成年学生。承认和尊重儿童的发展权、受教育权，有助于我们理解学生在实践中的地位、作用等问题，以及处理好教师与学生、教学内容与学生发展、教育活动与学生发展等的关系。

（六）教育在儿童发展中起主导作用

教育与儿童发展之间是一种主从关系，其中以儿童发展为主，学校教育从属于儿童发展，为儿童发展服务；它们之间也是目的与手段的关系，儿童发展是源于人类本性的目标实现过程，而教育仅是实现发展的特殊手段，其特殊性恰恰表现于教育活动的目的设置、方法和内容的选择，都是以对儿童身心发展的科学性认识为基础的，因为它考虑到并顺应了儿童发展的规律。所以，与同样能够对儿童发展产生影响的其他因素——遗传素质、家庭环境和一般性的社会人文地理条件等相比较，教育的影响力更强大，更具有决定性。所以我们说，教育在儿童的发展中起主导作用。

总之，吸取各派的观点，树立正确的儿童观尤为重要。儿童是人，是具有独立个性的人；儿童有自己的尊严、秘密，有自己感知世界、思索世界的方式，有着不同于成人的独特看法、想法和情感。儿童有许多与生俱来的特点，一切外界与教育应与之协调，符合他们的发展倾向。儿童具有极大的可塑性和发展性，一方面，教育者需要摒弃"儿童就是小大人"的传统观念，知道处于生长发展期的儿童需要被理解、尊重；另一方面，教育者也不能无限放大对儿童的尊崇，知晓儿童需要成人提供适合的支持才能进一步发展。这需要我们树立正确的儿童观，充分尊重儿童的主体性、独特性和完整性，将儿童的天性与教养、成熟与学习等多种因素结合起来，维护儿童内在的先天素质，引导其自然发展，并提供适宜的环境，使其健康成长。

🔍 **深度链接**

及时打开儿童的智慧之窗

由世界上一些著名神经生物学家、生物化学家、神经心理学家和心理语言学家共同组成的专家组，近年来对人脑的研究取得了新的成果。

儿童早期的经历，对大脑结构的形成有极大的影响。就像"对一堆黏土进行塑造一样"，大脑的每一个敏感阶段摄入刺激的数量和质量，决定未来大脑神经结构的密度，从而影响其功能。作为教师和家长，应该及时打开儿童的智慧之窗。

第二节 教师观

教师观是人们对教师的看法和行为要求。一般认为，教师是履行教育教学职责的专业人员，承担着教书育人、培养社会建设者、提高民族素质的使命。学前教育阶段的教师作为专业教育工作者也是我国教师队伍的组成部分，承担着培养合格社会成员，延续人类社会发展的主要职责。此阶段的教师包括0～3岁婴幼儿照护的托育教师以及3～6岁幼儿教育阶段的幼儿园教师。

一、教师的类别与资格

（一）教师的类别

1984年，美国幼儿教育协会（NAEYC）把学前教师分为四个类别：教师助手、协助教师、首席教师和视导员。英国的学前教师分为幼儿教师助手、协助幼儿教师、幼儿教师和幼儿教育专家。幼儿教师助手是刚获得幼儿教师合格文凭的新教师，还不能独立开展工作，需要一位经验丰富的教师带领，充当幼儿教师工作的助手。协助幼儿教师则是可以独立开展一些活动或负责一组幼儿，但需要定期开展培训的具有三年以下教育经验的教师。幼儿教师是能比较全面地负责一组幼儿，独立开展课程与教学活动的合格教师。而幼儿教育专家则负责一个地区的学前教育事业，能指导和培训教师，是具有丰富经验的专家型幼儿教师。

我国托育教师是指在0～3岁婴幼儿照护服务专门机构提供专业教育的工作者，而幼儿园教师则主要是指在幼儿园负责课程与教学的幼儿教师及负责保育的保育员。下文主要介绍幼儿园教师的资格要求。

（二）幼儿园教师的资格

1. 幼儿园教师的资格要求

自1994年起，我国各地相继实行了幼儿园教师资格制度。2010年以后，教师资格考试全面推行。

根据《中华人民共和国教师法》《教师资格条例》《〈教师资格条例〉实施办法》《中小学和幼儿园教师资格考试标准（试行）》等法律、政策、规定，幼儿园教师需要满足下列条件。

第一，国籍。必须具备中华人民共和国公民资格。

第二，学历资格。申请幼儿园教师资格，师范类毕业生应具备幼儿师范学校毕业及其以上学历；非师范类毕业生应具备大专毕业及其以上学历。

第三，人品。申请认定教师资格者应当遵守宪法和法律，热爱教育事业，履行《教师法》规定的义务，遵守教师职业道德。

第四，能力。①具备承担教育教学工作所必需的基本素质和能力。一般由面试确定。②普通话水平应当达到国家语言文字工作委员会颁布的《普通话水平测试等级标准》二级乙等以上标准。少数方言复杂地区的普通话水平应当达到三级甲等以上标准；使用汉语和当地民族语言教学的少数民族自治地区的普通话水平，由省级人民政府教育行政部门规定标准。③具有良好的身体素质和心理素质，无传染性疾病，无精神病史，适应教育教学工作的需要，在教师资格认定机构指定的县级以上医院体检合格。

第五，程序。①国务院教育行政部门负责全国教师资格制度的组织实施和协调监督工作；县级以上（包括县级，下同）地方人民政府教育行政部门根据《教师资格条例》规定权限负责本地教师资格认定和管理的组织、指导、监督和实施工作。②依法受理教师资格认定申请的县级以上地方人民政府教育行政部门，为教师资格认定机构。③申请认定教师资格者，应当在受理申请期限内向相应的教师资格认定机构或者依法接受委托的高等学校提出申请，领取有关资料和表格。④申请认定教师资格者应当在规定时间向教师资格认定机构或者依法接受委托的高等学校提交下列基本材料，包括由本人填写的《教师资格认定申请表》一式两份；身份证原件和复印件；学历证书原件和复印件；由教师资格认定机构指定的县级以上医院出具的体格检查合格证明；普通话水平测试等级证书原件和复印件；思想品德情况的鉴定或者证明材料。⑤教师资格认定机构或者依法接受委托的高等学校应当及时根据申请人提供的材料进行初步审查。⑥教师资格认定机构根据教师资格专家审查委员会的审查意见，在受理申请期限终止之日起 30 个法定工作日内作出是否认定教师资格的结论，并将认定结果通知申请人。符合法定的认定条件者，颁发相应的教师资格证书。

2. 幼儿园教师资格考试

2011 年 7 月，教育部师范教育司以及教育部考试中心下发了《中小学和幼儿园教师资格考试标准（试行）》，规范了学前教师资格考试。其考试目标是：①具有先进的教育理念、良好的法律意识和职业道德，具有从事教师职业所必备的科学文化素养和阅读理解、语言表达、逻辑推理和信息处理等基本能力；②掌握教育教学、学生指导（幼儿保育）和班级管理的基本原理和基本知识，并能正确解决教育教学中的实际问题；③具备学科教学能力，掌握拟任教学科或专业领域的基本知识，掌握教学设计、教学实施和教学评价的基本原理和方法，并能在教学实践中正确运用。具体考试内容可参见表 5-1。

表 5-1 幼儿园教师考试内容

一级指标	二级指标	三级指标
1. 职业道德与基本素养	1.1 职业理念	1.1.1 关爱幼儿，尊重每个幼儿的人格尊严与基本权利 1.1.2 理解幼儿教育在人一生发展中的重要性，能认识到幼儿教育必须以每一个幼儿的全面发展为本 1.1.3 理解教师职业的光荣与责任，具有从事幼儿教育工作的热情 1.1.4 了解幼儿教师专业发展的要求，具有终身学习与自主发展的意识
	1.2 职业规范	1.2.1 了解国家主要的教育法律法规，了解《儿童权利公约》 1.2.2 熟悉教师职业道德规范，能评析保育教育实践中的道德规范问题 1.2.3 了解幼儿园教师的职业特点与职业行为规范，能自觉地约束自己的职业行为 1.2.4 有爱心、耐心、责任心

（续表）

一级指标	二级指标	三级指标
1. 职业道德与基本素养	1.3　基本素养	1.3.1　了解自然和人文社会科学的一般知识，熟悉常见的幼儿科普读物和文学作品，具有较好的文化修养 1.3.2　具有较好的艺术修养和审美能力 1.3.3　具有较好的人际交往与沟通能力 1.3.4　具有一定的阅读理解能力、语言与文字表达能力、信息获得与处理能力
2. 教育知识与应用	2.1　学前儿童发展	2.1.1　了解婴幼儿发展的基本原理 2.1.2　了解婴幼儿生理与心理发展的基本规律，熟悉幼儿身体发育、动作发展和认知、情绪情感、个性、社会性发展的特点 2.1.3　了解幼儿发展中的个体差异及其形成原因，能运用相关知识分析教育中的有关问题 2.1.4　了解研究幼儿的基本方法，并能据此初步了解幼儿的发展状况和教育需求 2.1.5　了解幼儿发展中易出现的问题或障碍
	2.2　学前教育原理	2.2.1　掌握教育的基本理论，并能据此分析教育现象与问题 2.2.2　掌握学前教育的基本理论，并能据此分析学前教育中的现象与问题 2.2.3　了解幼教发展简史和著名教育家的儿童教育思想，并能结合幼教的现实问题进行分析 2.2.4　掌握幼儿教育的基本原则和不同于中小学教育的基本特点，并能据此评析幼教实践中的问题 2.2.5　理解幼儿游戏的意义与作用 2.2.6　理解幼儿园环境创设、班级管理的目的和意义 2.2.7　熟悉《幼儿园教育指导纲要（试行）》，了解幼教改革动态
3. 保教知识与能力	3.1　生活指导	3.1.1　熟悉幼儿园一日生活的主要环节，具有将教育融入一日生活的意识 3.1.2　了解幼儿生活常规教育的内容和要求以及培养幼儿良好生活、卫生习惯的方法 3.1.3　了解幼儿保健、安全方面的基本知识和处理常见问题与突发事件的基本方法
	3.2　环境创设	3.2.1　熟悉幼儿环境创设的原则与基本方法 3.2.2　理解教师的态度、言行对幼儿园心理环境形成的重要性，并能进行自我调控 3.2.3　了解幼儿园常见活动区的功能，能根据幼儿的需要创设相应的活动区 3.2.4　理解协调家庭、社区等各种教育力量的重要性，了解与家长沟通和交流的基本方法
	3.3　游戏活动的指导	3.3.1　熟悉幼儿游戏的类型及各类游戏的特点和主要功能 3.3.2　了解各年龄阶段幼儿的游戏特点，能根据需要提供支持与指导
	3.4　教育活动的组织与实施	3.4.1　能根据教育目标、幼儿的兴趣需要和年龄特点选择教育内容，确定活动目标，设计教育活动方案 3.4.2　掌握幼儿健康、语言、社会、科学、艺术等领域教育的基本知识和相应的教育方法 3.4.3　理解各领域之间的联系和开展综合教育活动的意义与方法 3.4.4　活动过程中关注幼儿的表现和反应，并能据此进行调整 3.4.5　关注个体差异，能根据幼儿的个体需要给予指导
	3.5　教育评价	3.5.1　了解幼儿园教育评价的目的与方法，能对保教工作进行评价与反思 3.5.2　能正确运用评价结果改进保教工作，促进幼儿发展

二、幼儿园教师职业的特点

（一）幼儿园教师职业劳动的特点

1. 劳动对象的主动性和幼稚性

幼儿是幼儿园教师教育教学的对象，幼儿既是发展和学习的主体，也是幼儿园教师施加影响的客体。许多研究表明，幼儿不是消极被动地接受教育，而是通过自身的内部作用来主动选择和接受外界的影响，通过同化、顺应不断调整自己的认知结构，从稚嫩的想法发展到形成相对合理、科学的认识。由于儿童具有主动性，其活动是不断发展变化的，活动的范围有时超出教师所预想的范围，这就使教师的劳动会遇到许多经常变动着的不可控制的因素（偶发事件），使得教师的劳动具有复杂性和不确定性，教师需要能够洞察这些因素。

2. 劳动任务的全面性和细致性

教师劳动的任务是根据教育目的向幼儿进行德、智、体、美等方面的教育，促进其身心和谐发展。教师的劳动任务具有全面性，教师不仅要照顾幼儿的生活，增进其健康，做好保育工作，还要引导他们学习粗浅的知识和技能。教师的劳动任务也是非常细致的，因为幼儿独立生活和参与活动的能力较弱，需要教师给予细心保育和耐心教育。例如，幼儿品德和行为习惯的形成需要教师具体示范、反复说明和提醒。

3. 劳动过程的复杂性和创造性

幼儿园教师劳动的对象是具有不同特点的活生生的幼儿，他们有着不同的兴趣、爱好、能力、性格、行为和习惯，且处在迅速发展变化阶段。幼儿的这些特点必然会使教师的劳动过程和教育情景异常复杂和多变，这就决定了教师劳动过程具有更大的灵活性、复杂性和创造性。

4. 劳动手段的示范性和主体性

教师的劳动手段带有很大的示范性和主体性，这是由幼儿的向师性和可塑性特点决定的。幼儿的向师性特点决定了幼儿首先是向教师学习，这一点决定了教师主要是用自己的思想、学识和言行，通过示范的方式，去直接影响劳动对象。教师本人是学校里最重要的环境，是最直观的、最有教益的模范，是幼儿最活生生的榜样。

（二）幼儿园教师职业角色特点

1. 幼儿生活的照料者

幼儿园教师的一个重要任务就是保育。由于幼儿身心发展的不成熟性，需要教师要像父母一样细致照顾幼儿，扮演幼儿生活的照料者角色。

2. 幼儿学习的支持者

幼儿是学习的主体，其主体性的发挥体现在与环境的主动适应甚至对环境的改造中。教师应该是为幼儿学习创造适宜环境的支持者，通过提供时间、空间、材料、技术等各种媒介支持幼儿成长。

3. 幼儿与社会沟通的中介者

幼儿园是幼儿最早接触的家庭以外的社会环境，教师是幼儿学习社会行为规范和人际交往，体验社会角色和彼此情感，初步学习适应社会生活的引领人。

三、幼儿园教师的专业素养

1. 思想政治素养

我国学校教育明确提出要把坚定正确的思想政治方向放在育人的首要地位，以培养社会主义事业的建设者和接班人。教师首先要具有正确的思想政治素养，要重视时事学习，关心国际、国内大事，把自己从事的教育活动和世界的变化、国家的发展联系起来；要有质量意识、效率观念，要有科技意识、环保意识、可持续发展战略思想等。

2. 职业道德素养

教师的职业道德，是指教师在教育教学活动中应当遵循的道德准则和行为规范。教师的职业道德素养在教育过程中有着重要作用。2018年教育部印发了《新时代幼儿园教师职业行为十项准则》，指出幼儿园教师应该具备的职业道德素养包括以下十条：坚定政治方向、自觉爱国守法、传播优秀文化、潜心培幼育人、加强安全防范、关心爱护幼儿、遵循幼教规律、秉持公平诚信、坚守廉洁自律、规范保教行为。身为幼儿园教师，要在国家规定的师德底线上实施有效的教育教学，自觉践行职业道德。

3. 科学文化素养

幼儿园教师科学文化素养是指幼儿园教师拥有的科学知识和文化知识方面的专业素养。一位合格的幼儿园教师，必须积淀丰厚的科学文化素养，随时为幼儿的探索学习提供指引。从科学素养方面上看，幼儿园教师需要具备浓厚的科学探索的意识，了解丰富的自然科学知识，愿意和幼儿共同运用多种材料、工具尝试解决问题，能够熟练地使用信息技术，如 AI 技术与多媒体运用。从文化素养方面上看，幼儿园教师需要积累厚实的社会文化背景知识，熟悉适合幼儿的科普读物和文学作品，具有较好的艺术修养和审美能力，能够用恰当的语言与幼儿分享社会文化知识、阅读内容等。

4. 教育理论素养

幼儿园教师需要掌握教育理论素养，也就是了解幼教发展简史和著名教育家的儿童教育思想，并能结合幼教的现实问题进行分析；掌握幼儿教育的基本原则和不同于中小学教育的基本特点，并能据此评析幼教实践中的问题；理解幼儿游戏的意义与作用；理解幼儿园环境创设、班级管理的目的和意义；熟悉《纲要》，了解幼教改革动态。

5. 教育能力素养

（1）生活指导能力。包括熟悉幼儿园一日生活的主要环节，具有将教育融入一日生活的能力；了解幼儿生活常规教育的内容和要求以及培养幼儿良好生活、卫生习惯的方法的能力；了解幼儿保健、安全方面的基本知识和处理常见问题与突发事件的基本方法的能力等。

（2）环境创设能力。包括熟悉幼儿环境创设的原则与基本方法的能力；理解教师的态度、言行对幼儿园心理环境形成的重要性，并能进行自我调控的能力；了解幼儿园常见活动区的功能，能根据幼儿的需要创设相应活动区的能力。

（3）游戏活动的指导能力。包括熟悉幼儿游戏的类型及各类游戏的特点和主要功能的能力；了解各年龄阶段幼儿的游戏特点，能根据需要提供支持与指导的能力。

（4）教育活动的组织与实施能力。包括能根据教育目标、幼儿的兴趣需要和年龄特点选择教育内容，确定活动目标，设计教育活动方案的能力；掌握幼儿健康、语言、社会、科学、艺术等领域教育的基本知识和相应教育方法的能力；理解各领域之间的联系和开展综合教育活动的意义与方法的能力；在活动过程中关注幼儿表现和反应，并能据此进行调整的能力；关注个体差异，能根据幼儿的个体需要给予指导的能力。

（5）教育评价能力。包括了解幼儿园教育评价的目的与方法，能对保教工作进行评价与反思的能力；能正确运用评价结果改进保教工作，促进幼儿发展的能力等。

6. 良好的心理素养

幼儿园教师的良好心理素养包括认知过程中的良好心理品质，也包括情感、意志中的心理表现，更反映于个性心理特征中。《幼儿园教师专业标准（试行）》提到，幼儿园教师应该乐观向上、热情开朗，有亲和力，善于自我调节情绪，保持平和心态。

四、幼儿园教师的专业成长

教师专业化的概念是联合国教科文组织和国际劳工组织提出来的。教师专业化包括：第一，教师专业既包括学科专业性，也包括教育专业性，国家对教师任职既有规定的学历标准，也有必要的教育知识、教育能力和职业道德的要求；第二，国家有教师教育的专门机构、专门教育内容和措施；第三，国家有对教师资格和教师教育机构的认定制度和管理制度；第四，教师专业发展是一个持续不断的过程，教师专业化也是一个发展的概念，既是一种状态，又是一个不断深化的过程。

（一）教师成长阶段论

关于教师专业成长，有许多研究成果。比较有影响的是傅乐（Fuller）的教师关注阶段论。①教学前关注（Pre-teaching Concerns）。此阶段是职前培养时期，教师们仍扮演学生角色，对教师角色仅凭想象，因为未曾经历教学，所以没有教学经验，因此只关注自己。②早期生存关注（Early Concerns about Survival）。此阶段是初次接触实际教学的实习阶段，在此阶段，教师所关注的是自己的生存问题，即能否在这个新环境中生存下来。所以此时教师们关注的是班级的经营管理，对教学内容的精通熟练，以及上级的视察评价，学生与同事的肯定、接纳等。在此阶段，教师们都表现出明显的焦虑与紧张，所以这一时期的压力是相当大的。③教学情境关注（Teaching Situations Concerns）。在此阶段，教师固然还要关心前一时期的种种问题，但也会关注教学上的种种需要或限制以及挫折。教师较多关注教学所需的知识、能力与技巧，以及尽其所能地将其所学运用于教学情境之中。④关注学生（Concerns about Students）。教师能适应教学的角色压力和负荷之后，才能真正地关怀学生或者关注自己对学生的影响以及自己与学生的关系等。

（二）幼儿园教师的专业成长历程

新上岗教师（一般指 3 年教龄以内）。这个阶段是一个获取感性经验的阶段，主要学习一些教育教学情景下的具体规范，要在教育教学技能上进行提高。

适应型教师（一般指 5 年左右教龄）。这个阶段的教师能将实践经验与所学知识逐步联系起来，但在应对新情境或综合运用教学策略上略显不足。

成熟型教师（一般指 10 年左右教龄）。教学经验丰富，有较强的适应性，处于自觉的教学理念和风格的形成期。

专家型教师（一般指 15 年以上教龄）。形成自己独特的教学风格，成为骨干教师、学科带头人。

需要指出的是，不是所有幼儿园教师都经历过这些阶段，有些教师可能止步在成熟型教师水平，也有些教师是跨越式发展的。只有勤于反思和探究的教师，最终才有可能成长为专家型教师。

（三）幼儿园教师专业化发展的途径

1. 职前培养阶段，接受专业化培养

过去我国有专门的幼儿师范院校承担幼儿园教师的职前培养任务。现在，综合大学和师范大学纷纷开设学前教育专业，依据专业化幼儿园教师的培养要求，通过课程、见习、实习、研习、论文等形式培养合格的教师。

2. 职业入门阶段，接受职业指导

接受过正规培养的师范毕业生完成所有职前教育课程，获得幼儿园教师资格证后，就可以进入学前教育教学工作岗位。新教师需要职业入门的支持、理解和指导。一般情况下，我国幼儿园和幼教机构都会采用"传、帮、带"的策略，安排有经验的教师对新手教师在教学方法、教材处理、敬业态度和教学研究等方面加以培养。

3. 园本培训阶段，反思实践提高

这个阶段包括园本培训和进修学习。幼儿园园本研训包括园本培训和教研两方面的活动，它是为了改进幼儿园教师的教育教学，提高幼儿园的教育教学质量，从幼儿园实际出发，依托幼儿园的资源优势和特色进行的教育教学的研究与培训过程。教师个人的自我反思、教师集体的同伴互助、专业研究人员的引领，是开展园本研训的三种基本力量。教师的在职进修学习主要有以下三种方式：一是脱产进修，是指教师脱离工作岗位到教师培训机构或高等院校集中一段时间学习；二是参加函授、电大学习，指教师在不脱离工作岗位的条件下，完成学习任务，如成人函授学习就是利用假期集中面授学习；三是考察学习，指到外地或国外相关机构考察先进的理念和教育教学方法。

第三节 学前教育中幼儿和教师的相互作用

一、儿童的权利与保护

从人类整体的发展看，儿童是人类的种族延续和发展未来，保护儿童就是保护人类。1989 年，联合国大会通过了《儿童权利公约》，规定儿童享有生命权、获得姓名和国籍权、受父母照料权、自由表达权、休息和游戏权、不受虐待权、健康权等几十项权利。国际社会概括为四大类，即生存权、发展权、受保护权和参与权。我国于 1991 年 12 月 29 日签署《儿童权利公约》。此后，我国一系列的政策和法律都强调保护儿童的权利，儿童具有法定权利。《中国儿童发展纲要（2001—2010 年）》和《中华人民共和国国民经济和社会发展第十一个五年规划纲要》明确规定"依法保障儿童生存权、发展权、受保护权和参与权"。

第一，生存权：所有儿童有存活的权利，以及有权接受可行的最高标准的医疗保健服务。

第二，发展权：包括接受一切形式的教育（正规和非正规的），向儿童提供良好的道德和社会环境，以满足儿童发展过程中的身体、心理和精神的需要。

第三，受保护权：保护儿童免受歧视，免受身体及性虐待和经济剥削，免受战乱、遗弃、照料疏忽；当儿童需要时，随时提供适当的照料或康复服务。

第四，参与权：儿童参与家庭、文化和社会生活的权利。包括儿童有权对影响他的任何事情发表意见。

二、幼儿园教师的权利与职责

（一）幼儿园教师的权利

根据《中华人民共和国教师法》以及《幼儿园工作规程》的相关规定，幼儿园教师应该享有如下权利：①进行学前教育教学活动，开展学前教育教学改革和实验；②从事科学研究、学术交流，参加专业的学术团体，在学术活动中充分发表意见；③指导幼儿的学习和发展，评定幼儿的品行和学业成绩；④按时获取工资报酬，享受国家规定的福利待遇以及寒暑假期的带薪休假；⑤对学校教育教学、管理工作和教育行政部门的工作提出意见和建议，通过教职工代表大会或其他形式，参与学校的民主管理；⑥参加进修或者其他方式的培训。

幼儿园教师的义务包括：①遵守宪法、法律和职业道德，为人师表；②贯彻国家的教育方针，遵

守规章制度，执行学校的教学计划，履行教师聘约，完成教育教学工作任务；③对学生进行宪法所确定的基本原则的教育和爱国主义、民族团结的教育，法治教育以及思想品德、文化、科学技术教育，组织、带领学生开展有益的社会活动；④关心、爱护全体学生，尊重学生人格，促进学生在品德、智力、体质等方面全面发展；⑤制止有害于学生的行为或者其他侵犯学生合法权益的行为，批评和抵制有害于学生健康成长的现象；⑥不断提高思想政治觉悟和教育教学业务水平。

（二）幼儿园教师的职责

根据《幼儿园工作规程》的相关规定，幼儿园主要由园长、教师和保育员等人员构成。

1. 幼儿园园长负责幼儿园的全面工作，其主要职责如下：

（1）贯彻执行国家的有关法律、法规、方针、政策和上级主管部门的规定；

（2）领导教育、卫生保健、安全保卫工作；

（3）负责建立并组织执行各种规章制度；

（4）负责聘任、调配工作人员，指导、检查和评估教师以及其他工作人员的工作，并给予奖惩；

（5）负责工作人员的思想工作，组织文化、业务学习，并为他们的政治和文化、业务进修创造必要的条件；关心和逐步改善工作人员的生活、工作条件，维护他们的合法权益；

（6）组织管理园舍、设备和经费；

（7）组织和指导家长工作；

（8）负责与社区的联系和合作。

2. 幼儿园教师对本班工作全面负责，其主要职责如下：

（1）观察了解幼儿，依据国家规定的幼儿园课程标准，结合本班幼儿的具体情况，制订和执行教育工作计划，完成教育任务；

（2）严格执行幼儿园安全、卫生保健制度，指导并配合保育员管理本班幼儿生活和做好卫生保健工作；

（3）与家长保持经常联系，了解幼儿家庭的教育环境，商讨符合幼儿特点的教育措施，共同配合完成教育任务；

（4）参加业务学习和幼儿教育研究活动；

（5）定期向园长汇报，接受其检查和指导。

3. 幼儿园保育员的主要职责

（1）负责本班房舍、设备、环境的清洁卫生工作；

（2）在教师指导下，管理幼儿生活，并配合本班教师组织教育活动；

（3）在医务人员和本班教师指导下，严格执行幼儿园安全、卫生保健制度；

（4）妥善保管幼儿衣物和本班的设备、用具。

三、幼儿与教师的相互作用

1. 教师选择和调控幼儿的教育影响

教师依据幼儿教育目标，选择、组织和编排适当的内容以发挥幼儿教育影响，并以合适的方式作用于幼儿。幼儿园教师本身的素质直接影响幼儿教育的质量。比如，幼儿园各班教育影响的差别，就反映了本班教师的个性特点。有的教师音乐素养高，就会给幼儿较多、较好的音乐教育影响等。

2. 幼儿的身心特点和需要是教师选择教育影响的主要依据

无论是选择幼儿教育的内容、途径和方法，还是环境材料的布置，教师都必须考虑幼儿的需要。否则，幼儿难以接受教育影响，教育的预期目的也就难以达到。因此，教师在有目的地施加教育影响时，一定要考虑幼儿的身心特点和需要。

3. 学前教育影响直接决定了幼儿的身心发展

学前教育影响是教师借以促进幼儿身心发展的手段，是促进幼儿身心发展的外部因素，也是引发幼儿身心发展的内部矛盾和主导方面。学前教育影响质量的优劣，直接决定幼儿园教师主导作用的大小和幼儿主动性的发挥程度，也就直接决定了幼儿的身心发展。

4. 学前教育影响也反作用于幼儿园教师

学前教育影响一旦产生，就会作为一种客观力量反作用于幼儿园教师。一方面，幼儿园教师在利用教育影响作用于幼儿时，自身也得到了相应的锻炼和提高。例如，教师会更加关注幼儿的学习需要和情感，更会因势利导。另一方面，教育影响也会增加幼儿的反作用力，迫使教师关注幼儿的需要和兴趣。

四、建立良好师幼关系的策略

师幼关系是教育过程中最基本的、最重要的人际关系。一般指幼儿园教师与幼儿在保教过程中形成的比较稳定的人际关系。良好师幼关系对幼儿的发展具有诸多方面的价值。《纲要》中明确指出：要建立良好的师幼关系、伙伴关系，让幼儿在集体生活中感受温暖、心情愉快，形成安全感、信赖感。营造良好的师幼关系有以下策略。

（一）用无私的爱消除孩子的戒备心理

1. 用爱心消除分离焦虑

分离焦虑是指婴幼儿与母亲或照顾者分离时，面对陌生环境而产生的紧张情绪和不安的行为。幼儿刚离开朝夕相处的父母，进入一个陌生的学习环境，难免会感到焦虑、担心、恐慌。教师应当理解幼儿的这种表现，对幼儿多一份爱心，多一分耐心，时时以亲切的态度对待幼儿，用爱心消除分离焦虑。

2. 帮助幼儿尽快融入集体生活

不适应集体生活是幼儿的另一个问题。一般说来，不适应集体生活主要表现为生活能力差，不会和小朋友友好相处，争抢玩具等。教师可坐在不适应集体生活的幼儿身边，和他们一起玩、给他们讲一些有趣的事情，把其他活泼的新朋友介绍给他们。在其他小朋友欢快情绪的感染下，他们会很自然地融入新的集体生活。

（二）积极主动地与幼儿交往

1. 以亲切、平等、尊重的态度积极主动地与幼儿交往

教师与幼儿交往的态度影响师幼交往的效果与师幼关系的性质。为了建立良好的师幼关系，教师应以亲切、平等、尊重的态度积极主动地与幼儿交往，注重与幼儿之间积极的情感交流，以平等的态度对待幼儿，以冷静、宽容的态度对待幼儿的不服从行为，经常使用协商、建议的口吻与幼儿谈话。教师的表情、语气、姿态、动作应体现出对幼儿的尊重与信任，并创造条件让他们经常获得成功的体验，使幼儿能从教师和同伴那里得到积极的反馈，感受到自己是受欢迎的。

2. 与幼儿进行双向沟通

教师的言语和发出的信息要简明易懂，以适合幼儿理解的方式，使幼儿明白教师所发出的信息的真正含义。教师通过眼神、微笑、语调等非言语的方式传达对幼儿的爱、关怀、支持和鼓励。在师幼交往中，教师应尊重幼儿主动沟通的需要和愿望，用积极主动的倾听方式鼓励幼儿表达，理解和分享他们的想法与情感，并注意对幼儿发起的交往行为作出及时、适宜的反应，给予幼儿表达的机会并鼓励幼儿积极地表现、表达。

（三）宽容幼儿的错误

在与幼儿交往的过程中，教师要面对幼儿众多认知或行为上的问题。对于犯错误的幼儿，教师应

认识到幼儿是成长中的个体，其身心发展尚不成熟，心平气和地帮助幼儿分析错误的原因，在理解幼儿的基础上还应对幼儿进行有针对性的、及时的、适宜的指导和帮助，使幼儿能在改正错误的过程中不断成长。

（四）帮助幼儿形成良好的同伴关系

群体生活是幼儿在托幼机构生活的一个主要特点，也是教师应当重视的教育资源。良好的同伴关系能够为幼儿提供大量的、积极的相互作用的机会，有利于幼儿学习和认知的发展，教师应当重视幼儿同伴的相互作用，为幼儿同伴交往与合作创造条件，鼓励、指导、帮助和促进幼儿形成良好的同伴关系，从而营造师幼间和谐、宽松和支持的氛围，为良好师幼关系的建立奠定基础。

总之，儿童与教师是学前教育中的两大能动要素，儿童是学习的主体、学习的能动者，有着独特的学习方式和特点，教师是儿童学习的支持者、合作者和引导者，其劳动也有着重要价值和特点。为了促进儿童的健康发展，两大主体需要建构良好的关系，形成探究合作的师幼关系。

思考与练习

在线练习

一、单项选择题

1. 当一名幼儿试图爬上攀登架但又犹豫时，教师支持、鼓励的目光会鼓励他继续攀爬。这体现了哪种师幼关系？（　　　）

    A. 幼儿从与教师的关系中获得了关爱

    B. 教师的榜样作用来自一定的师幼关系中

    C. 幼儿从教师处获得了安全感

    D. 良好的师幼关系有助于教师对幼儿给予更多的理解与关注

2. 当代科学的儿童观不包括（　　　）。

    A. 儿童是完整的人　　　　　　　　　B. 儿童是独特的人

    B. 儿童是小大人　　　　　　　　　　D. 儿童发展蕴含在主体活动中

3. （　　　）在儿童发展中起主导作用。

    A. 教育　　　　　　B. 环境　　　　　　C. 活动　　　　　　D. 教师

4. 幼儿园教师应将（　　　）置于最高位置。

    A. 科学文化素养　　　　　　　　　　B. 职业道德素养

    C. 教育理论素养　　　　　　　　　　D. 教育实践素养

5. "白板"论的提出者是（　　　）。

    A. 洛克　　　　　　B. 夸美纽斯　　　　C. 卢梭　　　　　　D. 华生

6. 学前教师资格的取得需要国籍要件、学历要件、人品要件和（　　　）。

    A. 能力要件　　　　　　　　　　　　B. 权利要件

    C. 资格要件　　　　　　　　　　　　D. 艺术要件

7. 儿童四大权利包括生存权、发展权、参与权和（　　　）。

    A. 受保护权　　　　　　　　　　　　B. 受教育权

    C. 生命权　　　　　　　　　　　　　D. 健康权

二、判断题

1. 学前儿童与教师具有相互影响的关系。　　　　　　　　　　　　　　（　　　）

2. 良好师幼关系是优化学前教育的前提。 （　　）

3. 分离焦虑是幼儿不愿去幼儿园的一个原因。 （　　）

4. 学前儿童的发现学习比接受学习有效。 （　　）

5. 学前儿童的学习是以直接经验为基础的。 （　　）

6. 定期总结评估保教工作实效，接受园长的指导和检查是幼儿园教师的一项义务。 （　　）

7. 我国于 1991 年 12 月 29 日批准《儿童权利公约》。 （　　）

8. 幼儿园教师常见的反思形式有反思日志、教学后记、教育随笔、教育叙事、案例分析等。

（　　）

9. 良好的心理素养也是幼儿园教师的重要素养。 （　　）

10. 实现发展是儿童的权利。 （　　）

三、名词解释

1. 儿童观　　　　2. 教师观　　　　3.《儿童权利公约》　　　　4. 辐合论

四、简答题

1. 简述学前教师的专业素养。

2. 简述学前教师的职责。

3. 简述良好师幼关系的构建策略。

五、论述题

1. 试述科学儿童观的树立。

2. 试述学前教师观。

· 推荐阅读 ·

1. 刘晓东、卢乐珍主编：《学前教育学》。第六章：学前教育机构中教师与幼儿的相互作用。本章介绍了教师与幼儿相互作用的内涵及其发生的条件，教师与幼儿相互作用行为的构成要素，教师与幼儿相互作用的流程和影响因素，师幼相互作用的两个重要问题。

2. ［美］卡洛琳·爱德华兹、莱拉·甘第尼、乔治·福尔曼著。尹坚勤、王坚红、沈尹婧译：《儿童的一百种语言：转型时期的瑞吉欧·艾米利亚经验》。第九章：教师和学习者，伙伴和指导者——教师的基本角色。主要介绍瑞吉欧教师角色的基本定义，教师提升学习和共享资源的机制，教师之间的相互批评与自我反省模式等。

第六章
幼儿园课程与教学

本章导读

　　本章第一节介绍了幼儿园课程的内涵、特点、编制与整体评价，第二节介绍了幼儿园教育活动的意义、分类、教育原则与指导。

学习目标

- 掌握幼儿园课程的内涵、特点、编制四要素，以及幼儿园课程评价的基本方法。
- 掌握幼儿园教育活动的意义、分类及指导方法。
- 能够结合幼儿园教育活动的教育原则评判具体教育活动的适宜性。
- 能够结合身边的例子分析说明幼儿园课程的特点。

知识架构

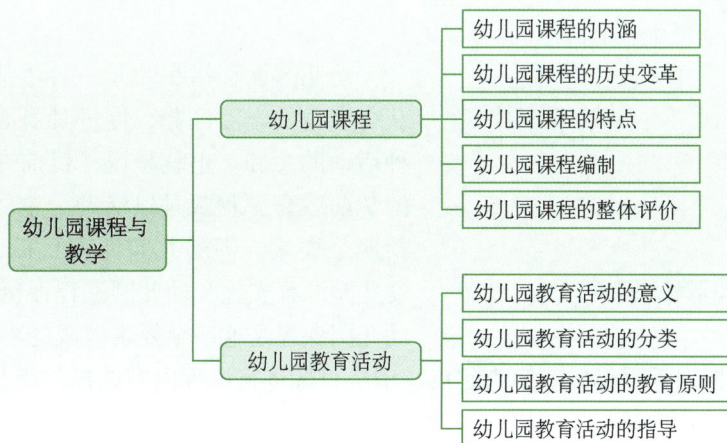

有趣的儿童剧

某幼儿园开展了有趣的儿童剧课程，大一班的孩子们对《西游记》产生了浓厚兴趣。他们先查阅故事，按照唐僧取经的路线制作出宏大的取经地图，然后分析主要角色的特点和本领，并据此选择木材、黏土等各种材料制作武器、工具、服装。在2个月的探索后，终于给小、中班的弟弟妹妹们表演了一场盛大的儿童剧——《三打白骨精》。

思考 现在的幼儿园课程的概念、内涵有什么变化？其特点和发展趋势是怎样的？

第一节 幼儿园课程

一、幼儿园课程的内涵

微课

幼儿园课程的内涵

（一）课程的主要定义

长期以来，人们基于不同的理论和不同的实践，提出了许多课程的定义。较有影响的课程定义主要有：课程即学习科目和教材；课程即儿童在校获得的学习经验；课程即学校组织的学习活动；课程即教学计划；课程即预期的学习结果或目标；课程即社会文化的再生产。20世纪70年代以来，课程内涵的发展呈现出以下趋势：从强调学科内容到强调学习者的经验和体验；从强调目标、计划到强调过程本身；从强调单一的教材因素到强调教师、学生、教材、环境四因素整合；从只强调显性课程到强调显性课程与隐性课程并重；从强调实际课程到强调实际课程与悬缺课程并重；从只强调学校课程到强调学校课程与校外课程并重。

（二）幼儿园课程

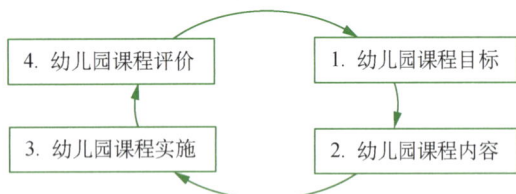

图6-1 幼儿园课程的要素

4. 幼儿园课程评价 → 1. 幼儿园课程目标
3. 幼儿园课程实施 → 2. 幼儿园课程内容

幼儿园课程指在幼儿一日生活活动中，帮助幼儿获得有益的学习经验，促进其身心全面和谐发展的各种活动的总和。也就是说，目前在我国居于主导地位的学前教育课程观是以活动为主体的。幼儿园课程包括四个要素，即幼儿园课程目标、幼儿园课程内容、幼儿园课程实施和幼儿园课程评价。从动态的视角看，幼儿园课程是这四个要素组成的不断循环的动态过程。具体来说，是以幼儿园课程目标的确定为起点，围绕目标进行课程内容选择与组织、课程实施与课程评价的动态循环过程（见图6-1）。

二、幼儿园课程的历史变革

美国学前教育专家伯纳德·斯波戴克认为，幼儿园课程是"教师为在机构中的儿童提供的有组织的经验形式。包括提供正规的教育经验——各种作业，以及向儿童提供各种非正规的教育机会。这些非正规的机会包括儿童的游戏活动和照料自己的日常生活所必需的各种活动"。日本的坂元彦太郎认为，幼儿园课程"是为了有效地实现幼儿园的教育目标，根据幼儿身心发展的特点和各国各地区的实际情况，而组织安排的幼儿园教育内容（适合于幼儿的经验、活动）的总体"。英国《基础教育课程指南（3～5 岁）》对课程的定义是："幼儿在机构中所做、所见、所听或所感觉到的事情，包括经过计划和未经计划的内容。"这些定义对我们把握幼儿园课程的内涵都很有启发意义。

赵寄石教授对幼儿园课程有两次界定。20 世纪 80 年代初期的界定是："幼儿园课程是幼儿园某一门科目的客观规律的整体教育结构，或反映幼儿整体教育客观规律的总体结构。"20 世纪 90 年代初期的界定是："学前教育课程是指反映学前儿童某一发展领域教育教学发展规律的总体结构，或是反映学前教育机构整体教育客观规律的总体结构。这就是说，用整体的观点看待学前儿童某一发展领域的教育或学前教育机构的保育和教育，其核心思想是揭示教育的总体结构、内在联系、各部分之间的相互作用及整体功能。"冯晓霞教授认为，幼儿园课程是实现幼儿园教育目的的手段，是帮助幼儿获得有益的学习经验，促进其身心全面和谐发展的各种活动的总和。

三、幼儿园课程的特点

1. 基础性

学前阶段是人向下扎根、积淀营养的重要时期，是幼儿人生的启蒙阶段。幼儿园需要通过各种形式的连续活动支持幼儿习得礼仪、知晓规则、练习技能、陶冶心情、理解文化、建构知识等。《幼儿园教育指导纲要（试行）》明确指出"幼儿园教育是基础教育的重要组成部分，是我国学校教育和终身教育的奠基阶段"。因此，幼儿园课程作为学前教育的重要载体，应具有基础性。幼儿园课程的基础性体现在课程目标具有全面性、综合性、系统性，课程内容丰富而广博，课程组织形式灵活，课程评价具有过程性、发展性、多元化。

2. 活动性

幼儿的心理发展特点决定了学习必须通过直接感知、实际操作、亲身体验，只有在活动中的学习对幼儿来说才是有意义的学习。因此，幼儿园课程的关键在于把内容转化为一个个具有联结关系的活动，为幼儿创设丰富的活动情境，提供各种探究与互动的机会，帮助幼儿在一日生活活动中获得直接经验。

3. 游戏性

游戏是幼儿的基本活动形式，也是其基本的学习途径。《幼儿园工作规程》中明确指出，幼儿园教育工作的基本原则之一是"以游戏为基本活动"。幼儿的游戏中蕴涵着丰富的教育价值，能让幼儿在其中生动活泼、积极主动地学习与发展，因此幼儿的游戏活动本身就是幼儿园课程整体结构中的重要形式。

4. 整合性

幼儿的生活是整体的，多个发展领域之间是相互联系、相互促进的。因此，幼儿园课程内容应是综合的，尽可能使不同的课程内容之间产生联系，以促进幼儿的学习迁移。应让幼儿以"完整的人"的面貌面对完整的生活、有机的经验，切忌以学科、领域这种人为划分知识的方式来划分幼儿的经验，并切忌以单一的经验作为幼儿活动的起点。

5. 潜在性

幼儿知识经验贫乏，自我辨别与自我控制的能力较低，模仿力强，幼儿园的一草一木、教师的一举一动，无时无刻不影响着幼儿的发展。幼儿园课程不仅体现在有目的、有计划的教育活动中，更重要的是体现在环境、生活、游戏及教师不经意的行为中。因此，幼儿园课程蕴含在环境、材料、活动之中，潜移默化地作用于幼儿。

四、幼儿园课程编制

（一）幼儿园课程目标

幼儿园课程目标是幼教工作者对幼儿在一定学习期间的学习效果的预期，它是幼儿园教育目标的具体化。目标在课程中处于核心地位，它既是幼儿园课程设计的出发点，又是幼儿园课程设计的归宿；它既是选择幼儿园课程内容、组织方式和教学策略的依据，又是课程评价的标准。因此课程编制的第一步，也是最重要的一步就是制定幼儿园课程目标。

1.确定幼儿园课程目标的依据

（1）对幼儿的研究

幼儿园课程是为支持、帮助、引导幼儿学习，促进幼儿身心全面和谐发展而设置的，课程目标是对其在一定期限内的学习效果——发展状况的期望。因此，为了制定合理的课程目标就必须研究幼儿，包括对幼儿身心发展的实际水平、需要和兴趣等方面的研究。例如，幼儿教师必须学习"学前儿童发展心理学"，同时也要到班级中观察幼儿，两者结合才能加深对幼儿的研究，有助于制定科学合理的幼儿园课程目标。

（2）对社会的研究

确定幼儿园课程目标，必须研究一个社会对儿童成长的期望和要求。要知道一个国家要培养什么样的人，这是对幼儿园教育的政治功能、经济功能和文化功能的分析与研究。例如，我国社会主义核心价值观包括富强、民主、文明、和谐、自由、平等、公正、法治、爱国、敬业、诚信、友善，幼儿园便会将培养和谐发展的完整儿童作为课程目标。

（3）对人类知识的研究

确定幼儿园课程目标，需要对人类的知识，特别是学科专家总结的学科知识进行深入研究。包括学科知识自身的特殊功能，学科能起到的一般教育功能，幼儿需要知道这个学科的哪些知识，应当去做什么，学了这些知识后对幼儿有什么影响。例如，幼儿园进行的数学教育、科学教育就需要教师对数学知识、科学知识的深入了解。

2.幼儿园课程目标的取向

幼儿园课程目标的取向表现在以下三个方面。

（1）行为目标

行为目标是以儿童具体的、可被观察的行为进行表述的课程目标，它指向实施课程以后儿童身上所发生的行为变化。行为目标具有具体性和可操作性。行为目标表述的角度有两种。一种是从教师的角度表述，指明教师应该做的工作或应该努力达到的教育效果，常用"鼓励""帮助""引导"等字眼。如"鼓励幼儿提出问题，找出事物之间的联系；帮助幼儿获得形状、颜色、大小的概念等"。另一种是从幼儿的角度表述，指明幼儿通过学习应该达到的发展程度，常用"感知""感受""喜欢"等字眼。如"能感知和区分物体的大小、多少、高矮等量方面的特点，并能用相应的词表示；能初步感受并喜欢环境、生活和艺术中的美"等。

（2）生成性目标

生成性目标是在教育过程中生成的课程目标。生成性目标强调幼儿、教师与教育情境的交互作用。幼儿期的兴趣和需要并未稳定和定向，它们会因很多偶发因素而产生，教师应该关注并顺应幼儿的需要和兴趣，及时地生成目标，使幼儿园课程目标呈现出动态变化的特点。例如大班的课程目标之一是"认识雾"，但一场多年来罕见的大雪使得教师生成了"认识雪"的目标。这是因为幼儿园所在地的冬天虽然寒冷，但是很少下雪，经常出现大雾天气，恰好在幼儿园开展"认识雾"活动的前几天，一场鹅毛大雪降临了，在地面上厚厚的一层层雪堆积起来。幼儿们非常激动，对雪充满了好奇，并有了想玩雪的冲动。因此，教师将目标整理为"自主表达对雪的感受；初步了解下雪与我们生活的关系；在欣赏和玩耍中体会雪花飘舞的情趣"。

（3）表现性目标

表现性目标是一种非特定的、较广泛的目标，它强调的是个性化，目标指向的是培养儿童的创造性。表现性目标指向每一个儿童在教育情境的种种"际遇"中所产生的个性化表现，它适合于表述复杂的智力活动。例如，小班幼儿参观动物园的目标可以表述为"参观动物园，讨论其中的感受和乐趣"。故事"警察叔叔"的目标可以表述为"想象与表现警察巡逻的情景"。这种表现性目标的表述方法，没有做出预期结果的表述，而是做好了幼儿表现自己个性差异的期待。

🔍 **深度链接**

目标表述常出现的问题

　　1.目标不够全面。

　　2.目标不具体：目标无法在教学活动中真正地贯彻与落实，其他教师看后不能清楚地了解授课教师的教学思路。

　　3.主语是教师。

　　4.幼儿能力发展目标较模糊：不能就具体的活动，清晰而明确地陈述幼儿应获得的某方面、某层面认知策略及能力的发展。

　　5.幼儿个性、社会性教育目标较笼统。

　　6.目标缺乏针对性。

　　7.先有活动，再制定目标，导致在活动过程中目标未能发挥指导性功能。

（来源：http://www.baby-edu.com）

（二）幼儿园课程内容

幼儿园课程内容是指依照幼儿园课程目标选定的通过一定的形式表现和组织的基本知识、基本态度、基本能力和学习品质[①]。它是幼儿园课程的重要载体，是课程目标实现的手段。

幼儿园课程内容的范围包括有助于幼儿发展的基本知识、有助于幼儿发展的基本态度、有助于幼儿发展的基本能力[②]。

首先，知识是人类历经多年积累的对事物的认识和理解。幼儿学习的基本知识包括生命活动必需的知识、解决生活问题的知识、认识周围环境的知识、人类积累的科学文化知识。其次，基本态度是人对自己、对他人、对外界事物的一种倾向性，这种倾向性成为人内在动机和人格的一部分，对人的一生有重要影响。幼儿需要学习的基本态度包括学习与探究的兴趣、自我价值感、自信心、责任感、团体归属感、关心、友好、尊重、同情[③]。再次，基本能力是指人类在一系列基本活动中表现出来的能力。幼儿处于人类发展的萌芽阶段，所经历的一切活动都蕴含了最基本的行为方式。因此，学习并掌握一定的行为方式，有助于幼儿适应人类社会。幼儿需要学习的基本行为能力包括自我服务的基本能力、体育和游戏的基本能力、与人交往交流的能力、探索世界的能力等等。最后，学习品质主要指学习态度、行为习惯、方法等与学习密切相关的基本素质，是在幼儿期开始出现与发展，并对幼儿现在与将来的学习都具有重要影响的基本素质[④]。有助于幼儿发展的学习品质包括学习态度（学习的兴趣、情绪、意志等内在品质）、学习习惯（专注、不怕困难）和学习方法（钻研、探究、创造等品质）。

（三）幼儿园课程实施

幼儿园课程实施是把静态的课程方案转化为动态的课程实践的过程，也是教师以课程计划为依据而组织幼儿活动的过程。在课程实施的过程中，即使教师所使用的课程方案相同，面对不同的幼儿和

---

①　虞永平.学前课程价值论［M］.南京：江苏教育出版社，2002：196.

②　冯晓霞.幼儿园课程［M］.北京：北京师范大学出版社，2000：164.

③　冯晓霞.幼儿园课程［M］.北京：北京师范大学出版社，2000：55.

④　李季湄，冯晓霞.《3—6岁儿童学习与发展指南》解读［M］.北京：人民教育出版社，2013：50.

情境，实施的效果也会不同。教师对于课程计划与课程实施之间关系的不同认识和处理方式，反映了教师不同的课程实施取向，即每个教师对课程实施都有自己的认识，以及支持这些认识的价值观，也就是我们所说的课程实施取向。幼儿园课程实施包括三个取向。第一，忠实取向。忠实取向的课程实施是指把课程实施过程看成忠实地执行课程计划的过程。第二，相互适应取向。相互适应取向的课程实施是把活动实施过程看成课程计划与现实情境相互调整、改变与适应的过程。教师在课程实施的过程中会面临各种各样的具体情境，很难事先预料，那么在面对不同的现实情境时，就需要教师适时地做出调整。第三，课程创生取向。课程创生取向是把教育活动看成教师与幼儿联合创造教育经验的过程。

（四）幼儿园课程评价

幼儿园课程评价是一种以幼儿园课程为评价对象的特殊的认识活动，它针对幼儿园课程的特点和组成要素，通过收集和分析比较系统全面的有关资料，科学地对幼儿园课程的价值、适宜性、效益作出判断的过程。幼儿园课程评价是幼儿园教育教学工作的重要组成部分，是了解课程的适宜性、有效性，调整和改进课程内容，促进每一个幼儿发展，提高教育质量的必要手段。评价在幼儿园课程中发挥着重要作用。幼儿园课程的评价可以划分为多种类型，从评价时间上可划分为诊断性评价、形成性评价、总结性评价。评价的主体可以是地方行政人员、园长、教师、幼儿和家长，评价客体是课程方案、课程实施过程、课程效果。

五、幼儿园课程的整体评价

（一）幼儿园课程评价的要素

幼儿园课程评价是针对幼儿园课程的特点和组成部分，通过收集和分析幼儿园课程的信息，科学监测和判断幼儿园课程价值的过程。

1. 幼儿园课程评价的主体

幼儿园课程的评价主体由谁承担，取决于课程评价的目的、种类、评价人员与被评价者的利益关系等因素。例如，如果课程评价的目的是总结性的（如向教育行政部门作有关课程发展的报告、决定课程的优劣等），那么课程评价人员应从那些不受评价对象制约和影响并具有评价知识和经验的人中去选择；如果课程评价的目的是形成性的（如为课程编制和改进提供指导意见、发现课程实施中存在的问题等），那么课程评价人员应从那些接近评价对象并具有评价知识和经验的人中去挑选。

2. 幼儿园课程评价的标准和指标

课程评价的标准就是衡量幼儿园课程的标尺，而评价指标则是评价标准的具体化。一般意义上，课程评价理当客观、公正和标准化，课程评价的标准和指标也应规范化。然而，从不同的价值观出发，就有可能运用不同的评价标准和指标作为课程评价标尺。2022 年 2 月，教育部印发了《幼儿园保育教育质量评估指南》（以下简称《评估指南》）。《评估指南》以促进幼儿身心健康发展为导向，聚焦幼儿园保育教育过程质量，围绕办园方向、保育与安全、教育过程、环境创设、教师队伍 5 个方面，提出15 项关键指标和 48 个考察要点。

以《评估指南》提出的对 "教育过程" 进行评价的一些指标为例，包括活动组织、师幼互动和家园共育三项关键指标，旨在促进幼儿园坚持以游戏为基本活动，理解尊重幼儿并支持其有意义的学习，强化家园协同育人，不断提高保育教育质量。其中，"师幼互动" 的考察要点包括 "支持幼儿自主选择游戏材料、同伴和玩法，支持幼儿参与一日生活中与自己有关的决策" "重视幼儿通过绘画、讲述等方式对自己经历过的游戏、阅读童话书、观察等活动进行表达表征，教师能一对一倾听并真实记录幼儿的想法和体验" "尊重并回应幼儿的想法与问题，通过开放性提问、推测、讨论等方式，支持和拓展每一个幼儿的学习" 等。

（二）幼儿园课程评价的取向

在幼儿园课程评价中，最为常见的取向是形成性评价和总结性评价。形成性评价是一种过程评价，旨在通过对课程发展过程中所获得材料的分析和判断，来调整和改进课程方案，使正在形成中的课程更为完善。形成性评价可以在课程设计阶段和早期试验阶段进行，通过评价，使课程设计和编制者获得有关信息，在教育理论探讨、课程框架构思、教育目标确立等方面发现问题和诊断问题，并及时加以修正。形成性评价也可以在课程实施阶段进行，通过评价，检查课程在实施中的有效性，逐步修正或改革，逐步使课程定型。形成性评价还可以在课程推广过程中进行，通过评价，使课程的示范和推广过程由于调整和巩固而更契合课程采纳者的教育实践。《评估指南》强调过程评价，强调教师对班级师幼互动情况、对保教实施过程中教职工的观念和行为的专业判断，着重考察幼儿园对《指南》和《纲要》的具体落实情况，激励、促进幼儿不断发展与提高。

总结性评价是一种结果评价，旨在对课程实施以后所获得的效果进行评价，以验证课程的成功程度和推广价值。总结性评价的视角集中于清晰的指标，借助指标考察课程的效益。这种操作容易导致评价者只关注行为结果，忽略过程中产生的内隐价值。此外，总结性评价具有滞后性，难以及时、有效调整评价方式或标准。

（三）幼儿园课程评价的过程

幼儿园课程评价的过程大致可分为以下 5 个阶段。

1. 确定目的

在这一阶段，课程评价人员要确定他们要评价什么，并由此决定如何设计评价方案。在这一阶段，课程评价人员要详细说明评价的目的，要识别评价是在哪些政策和限制条件下进行的，要决定评价在哪个课程范围（如是整个课程计划，还是某个课程领域）中进行以及如何安排评价的时间，要认定在实施评价后所达成的决策程度，等等。

2. 收集信息

在这一阶段，课程评价人员要认清评价所需的信息来源，以及能用于收集这些信息的方法、途径和手段。

3. 组织材料

在这一阶段，课程评价人员要对所收集到的信息进行编码、组织、储存和提取，使之有效地运用于评价。

4. 分析材料

在这一阶段，课程评价人员要选择和运用适当的分析技术，对经由处理的材料进行解释。

5. 报告结果

课程评价人员要根据课程评价的初衷，决定课程评价报告的性质，包括报告的阅读对象、报告的形式（是正式的，还是非正式的；是描述性的，还是以数据分析为基础的等）以及有关报告的其他事项。

🔍 深度链接

美国幼儿教育协会（NAEYC）课程评价要素

1. 接受该课程的孩子是否放松、愉悦，并积极参与其中？

2. 是否有足够的受过专门训练的教师？

3. 成人对不同年龄和有着不同兴趣的幼儿的期望是否有适当的变化？

4.幼儿各方面的发展是否都受到重视?
5.教师们是否经常一起讨论设计和评价课程?
6.是否欢迎家长来园参观,参与课程讨论和提供意见?

第二节 幼儿园教育活动

广义的幼儿园教育活动是指幼儿园中各种类型的、具有教育价值的活动的总和,包括教学活动、游戏活动、生活活动,它们相互联系、相互渗透、有机结合。狭义的幼儿园教育活动是教师在一定时间内专门组织的教学活动。

一、幼儿园教育活动的意义

第一,促进幼儿身体健康发展。幼儿身体较柔弱,运动和适应能力较差,心理还远不成熟,其神经兴奋强于抑制,自我保护意识和能力较差,容易发生意外。幼儿园教育活动应该把保护幼儿的生命和促进幼儿的健康放在工作的首位,树立正确的健康观念,在重视幼儿身体健康的同时,要高度重视幼儿的心理健康。

第二,丰富幼儿的经验和知识,促进其智力发展。教师通过幼儿园的教育活动,为幼儿打开知识的大门,激发和引导他们观察周围世界。以幼儿日常生活知识为主要内容,以游戏为主要形式,培养幼儿学习兴趣和求知欲望,使幼儿通过实际活动、直接感知与操作来获得生活方面的粗浅知识,为幼儿智力的发展奠定坚实的基础。

第三,发展幼儿的社会性,为幼儿健全人格形成奠定基础。幼儿教师可通过五大领域的多种教育活动和一日生活的各个环节,引导幼儿参与活动,体验与教师、同伴等共同生活的乐趣,还可创设一个能使幼儿感受到接纳、关爱和支持的良好环境来支持幼儿的社会性发展,包括发展人际交往能力、学习社会行为规范、得到爱的情感教育等,从而发展幼儿诚实、自信、勇敢、坚强、活泼开朗等良好个性品质,为其今后健全人格的形成奠定基础。

第四,促进幼儿语言能力的发展。幼儿正处于语言发展的敏感期,《纲要》将"语言"设为幼儿园教育的五大领域之一,指出发展幼儿语言的关键是创设一个能使他们想说、敢说、喜欢说、有机会说并能得到积极应答的环境。幼儿教师在幼儿园教育活动中,可通过形式多样的语言教育活动,有计划地对幼儿进行语言教育,使他们能乐意与人交谈,讲话礼貌;注意倾听对方讲话,能理解日常用语;能清楚地说出自己想说的事;喜欢听故事、看图书;能听懂和会说普通话。

第五,培养幼儿初步感受美、表现美的情趣和能力。幼儿教师在幼儿园教育活动中,可通过艺术等领域的教育活动,引导幼儿接触多种艺术形式和作品,在大自然及日常生活中发现美、感受美,培养幼儿的审美感知,通过多种艺术活动激发幼儿表达美、创造美的欲望和情趣。

二、幼儿园教育活动的分类

按活动的性质划分,幼儿园教育活动可以分为生活活动、教学活动和游戏活动。

（一）生活活动

幼儿园生活活动主要指幼儿在园进餐、睡眠等基本活动，这些活动旨在满足幼儿的基本生活需要。幼儿在园生活中，几乎一半的时间处于生活活动中。生活活动有助于培养幼儿学会自我保护，养成良好的卫生习惯和生活自理能力，是对幼儿进行全面教育的有效途径，也是促进其德、智、体、美等方面发展的手段。

幼儿园的日常生活活动主要包括入园接待、晨间检查、盥洗、进餐、饮水、睡眠、如厕、离园等。按照一日活动的内容，幼儿园一日生活环节包括入园、晨间检查、早餐、早操、教育活动、间隙活动、自由活动、午餐、午睡、游戏、离园。

拓展阅读

幼儿园一日生活常规要求（入园环节）①

一、幼儿

1. 按要求带齐当日所需的生活和学习用品。

2. 着装整洁舒适，便于活动。

3. 按时、愉快入园，有礼貌地向老师、同伴问好。

4. 愿意接受晨检，身体不适能告诉保健老师。

5. 主动参加晨间活动。

二、教师

1. 主动、热情、礼貌地迎候幼儿和家长。

2. 观察幼儿身体、情绪和精神面貌。

3. 查看幼儿的晨检牌，以及是否携带不安全物品，是否按要求带齐当日所需用品。

4. 有针对性地向家长了解幼儿情况。

5. 清点幼儿出勤情况，并做好记录。及时与未到园幼儿的家长取得联系，了解原因。

6. 组织幼儿开展观察、劳动、值日、自主活动等。

三、保健员

1. 做好晨检。

时间：日托早上入园时；全托早上起床盥洗后。

要求：一摸，摸幼儿额头、颈部和手心有无发热。二看，幼儿精神和面色是否正常，有无流涕、流泪、结膜充血，身上有无皮疹，咽部是否充血，体表有无伤痕。三问，问幼儿在家的饮食、睡眠、大小便等一般情况及有无传染病接触史。四查，查幼儿是否携带不安全物品。五防，传染病流行季节，应重点检查幼儿有无传染病接触史及早期症状和体征。晨检中发现幼儿有传染病或其他疾病表现时，通知家长带到医院检查、治疗。

2. 向幼儿发放晨检牌。向健康幼儿、服药幼儿、待观察的幼儿发放不同的晨检牌，由幼儿或家长带回班级。

3. 检查家长填写的委托服药登记表，并核对药品。药物必须由保健医生妥善保管在保健室内幼儿拿不到的地方。

4. 做好晨检记录。

---

① 重庆市幼儿园一日活动行为细则（试行）.http://www.ecqjjw.com/xqjy/ShowArticle.asp?ArticleID=1230.2014.3.20.

四、保育员

1. 开窗通风，保持空气流通。根据季节提前做好防寒保暖、防暑降温工作。

2. 室内外清洁做到"六净"：地面、桌椅、门窗、玩具柜、口杯架、毛巾架保持整洁。

3. 做好当日餐巾、口杯、洗脸巾的消毒工作，口杯、洗脸巾定位使用。

4. 做好早餐准备。

5. 准备好当日足量的、安全的饮用水（每人400～600毫升/日）。

五、家长

1. 按要求帮助幼儿带齐当日所需的生活和学习用品，确保幼儿不带危险物品到园。

2. 按时护送幼儿入园，主动让幼儿接受保健人员的晨间检查。

3. 与老师交接接送卡和晨检牌后方可离园。

4. 若需委托幼儿园喂药，应主动填写好委托服药登记表（服药者姓名、性别、年龄、班级、药品名称、服药剂量、服药方法）交保健人员。

5. 主动向保健人员和当班教师报告幼儿的特殊情况，尤其是身体的不适。

（二）教学活动

按照结构化程度，可以分为单一科目教学活动、整合科目教学活动、单元教学活动、主题教学活动、方案教学活动、活动区活动。

1. 单一科目教学活动

单一科目教学活动是由教育活动设计者设计，强调单一概念和技能的教学。[1] 这类活动的内容是根据学科科目性质由专家设计的，遵从学科的逻辑顺序。一般情况下，单一科目教学活动的计划性较强，具有较强的操作性，结构性较高，能够直接指向幼儿需要学习的确定领域和确定目标。但是单一科目教学活动以教师为中心，幼儿学习的自主性、主动性难以发挥，容易忽略知识和技能，较少顾及情感、态度和人格。

2. 整合科目教学活动

整合科目教学活动是围绕核心价值，将若干相关部分和因素有机联系，统合为一个整体的集体教学活动。[2] 这类活动强调整合技能和概念的教学，有以下优势：第一，教育内容相互联系；第二，围绕幼儿在真实生活中的学习，解决真实问题，让幼儿把知识、能力、态度、品质统合起来；第三，尊重幼儿心理发展的整体性。其弊端是整合难度较大，教师的分科教学很难支持完整的科目教学。

3. 单元教学活动

单元教学活动是将一系列教学活动围绕一个核心按照一定方式组合的活动。[3] 单元教学活动具有明显的预设性，有较强的计划性和可操作性，设计者会尽力将与幼儿生活和经验相关的内容作为活动专题，根据幼儿学习状况进行调整。当前，多数幼儿园教育活动是单元教学活动。例如，幼儿园大班的"大中国"就是围绕大班幼儿对国家的认识而开展的一系列认识国旗、国徽、国歌，了解国家地图的活动。

4. 主题教学活动

主题是幼儿某个时段想要讨论、探究的核心话题。主题教学活动是将各个学科科目的教学内容

---

① 成军，张淑琼.幼儿园教育活动设计与实施［M］.北京：高等教育出版社，2016：8.

② 成军，张淑琼.幼儿园教育活动设计与实施［M］.北京：高等教育出版社，2016：12.

③ 成军，张淑琼.幼儿园教学活动设计与实施［M］.北京：高等教育出版社，2016：15.

综合到一个网络主题中，围绕主题而开展的一系列活动。[①] 该活动根据一定的主题网络，设计一系列教学活动，每个活动都可以根据具体教学情境而发生变化。例如，大班主题教学活动"红红火火过大年"，原来的计划包括三个进展路径，分别是春节传说、春节习俗、春节活动，春节活动中包括猜灯谜、买年货、放鞭炮和逛庙会，由于现代环境管制，幼儿鲜少有放鞭炮的经验，这个路径可以取消，也可以更换为春节游。

5. 方案教学活动

方案教学活动是幼儿在教师的支持下，围绕某个大家感兴趣的生活中的课题或认识中的问题进行深入研究，在合作研究的过程中发现知识、理解意义、建构认识的活动。[②] 这类活动强调偶然性、不确定性和生成性，需要由幼儿发起或教师引导。在整个活动的进程中，教师必须关注幼儿的兴趣转移和挑战层次，不断给予积极支持，鼓励幼儿以小组的方式通过实验、操作、体验等方式解决实际问题。最典型的是瑞吉欧教育中的多个精彩方案教学活动，如"人群""小鸟乐园""狮子"等。

6. 活动区活动

活动区活动是以幼儿的兴趣、需要为主要依据，考虑幼儿园教育目标，划分一些活动区，在其中投放一些适合的活动材料，并制定活动规则，让幼儿自由选择活动区，在其中通过与活动材料、同伴的积极互动，获得个性化学习与发展的活动。[③] 当前，幼儿园班级中通常分为阅读区、表演区、建构区、角色扮演区、益智游戏区等等，都是教师预设的活动区划分，但其中幼儿的表现则是不可预测的，需要教师关注不同情境中幼儿使用材料、表现表达和解决问题的具体情况。

（三）游戏活动

游戏是幼儿的基本活动，对幼儿有着特殊的意义和价值，儿童是在游戏的过程中获得发展和成长的。幼儿在游戏中会产生各种需要，如身体发展的需要、认知发展的需要、社会交往的需要等。由于游戏本身具有假想性和虚构性，它不受时间、空间、材料和环境条件的限制，幼儿在假想的情景中，通过模仿和想象，创造性地表现与生活经验相接近的情景。如幼儿在玩"超市"的游戏中，通过扮演"顾客"和"售货员"，在游戏中以物代物、以人代人，在非真实的情景中象征性地表现他们对真实生活中的超市情景的理解。游戏活动的目的在于使幼儿在游戏中得到快乐和满足，幼儿在游戏活动中和谁玩、怎么玩、玩什么都由幼儿自己决定。

三、幼儿园教育活动的教育原则

（一）科学性原则

科学性原则是指幼儿园教育活动的设计要契合幼儿的学习特点和规律，包括内容安排、组织形式选择和方法的运用都符合幼儿年龄特点和认识事物的规律。贯彻科学性原则，教师应该准确把握不同年龄幼儿的发展特点、学习特点，具有正确的儿童观和教育观。

（二）发展性原则

发展性原则是指幼儿园的教育活动要能促进幼儿个性的全面发展，即智力、体力、道德、意志、情感等的发展，使幼儿从现有的发展水平向最近发展区发展。贯彻发展性原则，就必须在充分了解幼儿已有知识和理解能力、智力水平的基础上提出"略为超前"的适度教育要求，把幼儿发展的可能性与积极引导幼儿发展二者辩证地结合起来。

---

① 朱家雄. 幼儿园教育活动设计与实施［M］. 北京：高等教育出版社，2008：67.
② 成军，张淑琼. 幼儿园教育活动设计与实施［M］. 北京：高等教育出版社，2016：21.
③ 秦元东，王春燕. 幼儿园区域活动新论：一种生态学的视角［M］. 北京：北京师范大学出版社，2008：1.

（三）直观性原则

直观性原则是指利用幼儿的各种感官和已有经验，通过各种直观手段吸引幼儿注意力，丰富幼儿的直接经验和感性知识，帮助幼儿形成正确的概念，获取知识和技能，发展智力。这一原则是根据幼儿思维所具有的形象、具体的特点，为了解决教育教学中词、概念和事物之间的矛盾关系而提出的。通常运用的主要直观手段有以下四种：①实物直观，包括观察实物、标本，实地参观，做小实验等；②模具直观，包括观察图片、图书、玩具、模型、贴绒、教具、沙盘等；③信息技术直观，包括PPT、视频、音频等；④言语直观，指教师生动、形象、准确的语言描述；⑤动作直观，包括演示、示范、教态等。

（四）启发性原则

启发性原则是指教育教学活动中教师必须善于启发诱导，充分调动幼儿学习的主动性和积极性，激发幼儿的求知欲望和探索精神，引导幼儿积极思考，提高幼儿主动获取知识和运用知识的能力。幼儿教师要善于启发诱导，引导幼儿注意观察周围的事物，组织安排幼儿参加丰富多彩的活动，寓教育于具体、生动、形象与兴致勃勃的活动之中，促使幼儿对周围事物和现象产生热爱、兴趣、好奇心，产生吸取知识的要求和内在动机，主动地开动脑筋、思考问题。教师要培养幼儿初步的抽象能力和创造能力，充分调动他们运用已有的知识，通过自己的智力活动去获得更多的知识和技能。

（五）趣味性原则

趣味性原则是指在教育教学活动中，教师必须使各教学环节充满趣味，以引起幼儿浓厚的学习兴趣，激发幼儿学习的积极性和求知欲，使幼儿在愉快的气氛中，带着喜悦的情绪，全身心地投入活动中去，获取知识和技能。也就是说，教师必须结合幼儿特点，增加每个环节的趣味，激发幼儿学习的兴趣性、主动性和积极性，让幼儿在整个活动中保持较持久的注意力，身心处于活跃的状态，内在的潜能得到充分的发挥。例如，各种形式的游戏活动是幼儿普遍感兴趣的活动，如果增加竞赛性（中、大班幼儿）则更能引起幼儿活动的兴趣。

（六）发展适宜性原则

发展适宜性指的是教师在制定教育目标、确定教育内容、创设教育环境、实施教育过程等环节中，都能充分考虑幼儿的年龄特点、学习特点、发展水平和情感需要，以适合幼儿特点的方式开展教学活动。

（七）保教结合原则

保教结合原则是指在教育教学活动中，教师要树立保教并重的思想，把保育和教育有机地结合起来，使幼儿在健康成长的同时增长知识和技能，发展智力的同时形成良好的品德和行为习惯，身心得到全面发展。

四、幼儿园教育活动的指导

（一）教师应该尊重幼儿的兴趣

在集体教育活动中，教师在选择教学内容和预设教学目标时，必须关注幼儿原有的基本经验，同时关注幼儿即时生成的问题，以幼儿的兴趣、需要为"起点"，展开预设，这样才能使预设的教学活动焕发其应有的生命力。

案例

> 　　星期一早上，教室的门被风吹关上了，驰驰小朋友试图打开门锁，他费了"九牛二虎之力"始终打不开，天天等几个孩子走到门前，不停地转着门锁，并对门锁进行了好长时间的研究……孩子们对"锁"产生了好奇与兴趣，教师随即问："怎样才能打开锁呢？""你还见过哪些锁呢？"孩子们你一言我一语讨论开了，于是教师发动全班孩子去查找有关锁的资料，搜集不同类型的锁。随后教师在蒙氏工作中增加了开锁的工作（工作是蒙台梭利教育中儿童发展的主要方式，是儿童专注而自发的活动），准备不同大小、形状的锁，鼓励孩子们去探究。教师不但在工作中让幼儿玩锁，而且集体教学活动中预设了活动"玩锁"。整个活动以"玩锁"贯穿始终，在一个个有趣的探究游戏中，孩子们乐此不疲，每个人都认真参与，忙碌地思考、交流、动手实践，他们情绪高涨，亲历着发现的过程，体验着探索的快乐……

　　此案例表明，在幼儿感兴趣的事物中，常常隐含着重要的教育价值和目标，教师要善于开发和利用幼儿感兴趣的事物和想要探究的问题，结合幼儿的已有经验，拓展成集体教学活动内容，并生成有效的教育活动。

（二）教师以有效提问逐层引导

　　提问的有效性指集体教育活动中的提问能有效地激发儿童的兴趣，引发其思考、探索，进而推动教学目标的达成。设计恰当的问题是落实集体教育活动有效性的重点，提问要层层深入。例如，在"隐身妙招"中，教师先问幼儿："当小动物遇到危险的时候是怎么做的？"之后，可以再深入提问："如果是你，当你遇到危险的时候会怎么做？"把问题转向幼儿的自身经验，同时教会幼儿保护自己的方法。

（三）教师关注幼儿的个体差异

　　苏霍姆林斯基说过："教育工作的实践使我们深信，每个学生的个性都是不同的，而要培养一代新人的任务，首先要开发每个学生的这种差异性、独立性和创造性。"幼儿园教师在集体教育活动中应该关注每个幼儿的个体差异，使每个幼儿都有进步和成功的体验，都能够富有个性、和谐地发展。

（四）建立良好的师幼互动关系

　　师幼互动就是指教师在应对具体的师幼关系情境时，为了建构良好的师幼关系，实现促进幼儿发展的根本目的而采取的有效策略或方法。教师应激发幼儿的兴趣，以关怀、接纳的态度对待幼儿。在活动中教师可以引导、帮助幼儿在原有经验的基础上建构新经验，尽量让每一个幼儿都获得满足和成功。活动中可以个别提问、小组讨论、互相合作的方式来学习，教师要仔细观察每名幼儿的表现和反应，及时地判断并进行适当的调控。

（五）适度根据活动情境调节教学

　　教师在开展集体教育活动时需要依据幼儿的年龄、生理和心理特点以及本班的实际情况适时变换教学形式，调整活动进程，改变活动组织策略。例如，大班教育活动"有趣的昆虫"中，幼儿在户外活动中观察到了蜗牛并纷纷围上去观看，教师便调整了活动安排，把活动场域改在户外，让幼儿在自然环境中真实、全面地了解蜗牛的样子。

思考与练习

一、单项选择题

1. 五指活动课程的创始人是（　　　）。
 A. 蒙台梭利　　　　　　　　　　　　B. 陈鹤琴
 C. 陶行知　　　　　　　　　　　　　D. 皮亚杰

2. 强调个体的兴趣和需要，注重让儿童在生活情境中学习，这是以经验为中心的课程组织形式，也是（　　　）。
 A. 以学科为中心的课程组织形式
 B. 以社会问题为中心的课程组织形式
 C. 以学问为中心的课程组织形式
 D. 以儿童为中心的课程组织形式

3. 课程评价本质上应该是（　　　）。
 A. 对人不对事的评价　　　　　　　　B. 对事不对人的评价
 C. 既对人也对事的评价　　　　　　　D. 既不对人也不对事的评价

4. 活动室、活动角、活动区的各种教育活动属于（　　　）。
 A. 集体教育活动　　　　　　　　　　B. 自选教育活动
 C. 个别教育活动　　　　　　　　　　D. 幼儿自发活动

5. 2022年教育部印发的《幼儿园保育教育质量评估指南》中，不属于"A3.教育过程"这一方面评估内容的关键指标是（　　　）。
 A. 活动组织　　　　　　　　　　　　B. 师幼互动
 C. 家园共育　　　　　　　　　　　　D. 安全防护

二、判断题

1. 幼儿园课程是以传授知识技能为主要任务的各种"课"的集合。　　　　　　（　　）
2. 幼儿园课程的构成要素组成了一个动态循环过程。　　　　　　　　　　　（　　）
3. 幼儿教育活动评价等同于幼儿教育活动测量。　　　　　　　　　　　　　（　　）
4. 幼儿学习和表达的语言基本上是口头语言。　　　　　　　　　　　　　　（　　）

三、简答题

1. 简述幼儿园课程的特点。
2. 简述幼儿园课程目标的类型。
3. 简述幼儿园课程内容的范围。
4. 简述幼儿园课程实施的取向。
5. 简述幼儿园教育活动的类型。
6. 简述幼儿园教育活动的教育原则。

四、论述题

试述幼儿园课程的整体评价。

· 推荐阅读 ·

1. 赵祥麟、王承绪编译:《杜威教育名篇》。第三部分:儿童与课程。杜威批判了课程中心论和儿童中心论,认为最核心的问题是儿童与课程(教材)之间相互作用的问题。他的基本观点有:①儿童的经验是教学的起点;②教材(学科知识)的价值在于解释和指导;③方法是教材心理化。

2. 虞永平主编:《生活化的幼儿园课程》。第四章:适宜性是生活化课程的重要特质。本部分介绍了适宜性的含义及为什么要关注幼儿的需求。适宜于幼儿的教育,适宜于幼儿园的课程,课程适宜于班级是适宜幼儿园的具体表现。

第七章
学前儿童游戏

知识架构

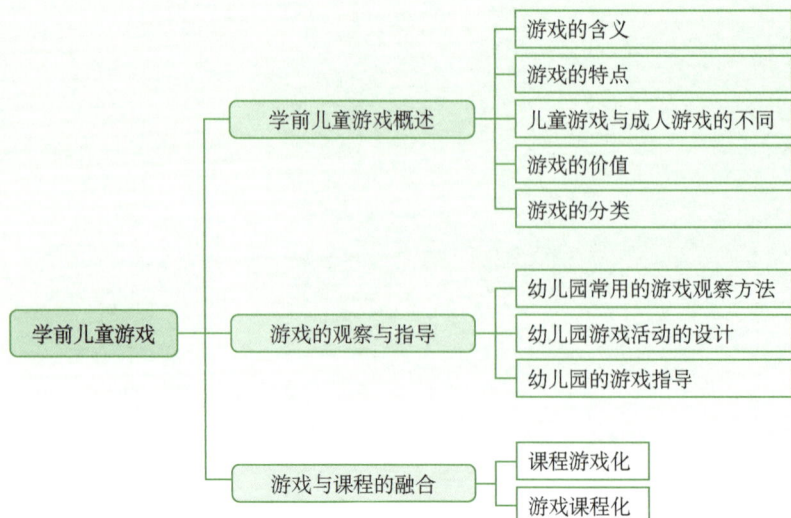

"小船"开起来啦 [1]

孩子们在护园河里到底会怎么玩呢？一开始，老师只在河岸边放了一些瓶子、网兜及一些厚薄不一、大小不一的蓝色垫子。看见这些材料，一部分孩子便迫不及待地拖较轻的垫子下水玩。看到垫子浮在水面后，他们有的用手推，让垫子顺水前行，有的尝试用脚使劲地踩垫子。

只见宁宁轻轻踩上垫子，通过双脚上下踩踏让垫子在水中上下起伏，玩起了"水上蹦床"的游戏。玩了一会儿后，她又调整了一下姿势：膝盖微屈，呈马步的姿势站在垫子上，同时身体左右小幅度地摇摆，带动着垫子晃动了起来。摆动了一会儿后，只见她身体微微向右侧倾斜呈弓步状，双脚交替用力踩蹬。随着重心交替转换，身体也跟着前后晃动，垫子"很听话"地向前移动了起来，她开心地说："我的小船开啰！"来回几次尝试后，宁宁显得更加"得心应手"，只见她双脚交替弯曲，加快了晃动的频率，垫子以更快的速度往前移动。

思考 这个案例中幼儿在玩什么游戏？这个游戏对幼儿发展有什么价值？教师应如何引导幼儿更为深入地开展游戏呢？

第一节 学前儿童游戏概述

一、游戏的含义

长期以来，游戏是各国教育家和心理学家研究和关注的问题。关于游戏的含义，不同学者持不同的观点。德国心理学家格鲁斯认为，游戏是对未来生活的准备，是本能的练习；德国思想家席勒和英国心理学家斯宾塞将游戏视为剩余精力的无目的的消耗；美国心理学家霍尔指出游戏是种族过去活动习惯的延续和再现；奥地利精神分析学家弗洛伊德认为，游戏是一种宣泄情感和情绪的活动；德国教育家福禄培尔认为，游戏是儿童内部存在的自我活动的表现，是一种本能性的活动；苏联心理学家维果茨基认为，游戏是儿童社会性的实践活动。具体的游戏论述如下。

（一）游戏是本质自由的活动

早期的哲学家认为游戏超越了功利，是一种本质自由的活动。荷兰的文化学家赫伊津哈认为，游戏不同于平常的生活，生活要被日常的吃喝、住行所困扰，但游戏是一个纯粹的闲暇活动，本质上不应该被生计所左右。著名的审美学家席勒也认为通过游戏，人能够自由改造或超越现实，因自身价值和力量获得肯定而感到愉悦，这也不是被生活和功利所左右的[2]。虽然早期的哲学家是从文化学、美学等角度探讨游戏的含义，但已经触及游戏的本质——自由。

（二）游戏是文化的起源

早期的哲学家提出游戏对人类的文化、人类社会发展具有重要意义，游戏体现了文化的起源。荷

---

① 上虞第一实验幼儿园的游戏案例。

② 刘焱.儿童游戏通论［M］.北京：北京师范大学出版社，2004：72.

兰的文化学家赫伊津哈是此观点的主要代表。他认为游戏是一种自由的活动，具有文化的生成功能。游戏是先于人类而产生，在动物身上就已经显现出，后来出现在人类群体中，人能够在游戏中进行想象，通过游戏超越现实，表达自己对于宇宙万物的理解[①]。

（三）游戏是生活的准备

"准备说"是早期哲学家对于游戏具有生物效用的重要论述。最具代表性的是美国心理学家霍尔和德国哲学家格鲁斯。霍尔认为儿童发展过程是人类从野蛮到文明演进的过程，包括动物阶段、原始阶段、游牧阶段、农业-家族阶段和部落阶段[②]。儿童的游戏就是复原祖先的生活，比如幼儿玩娃娃家、玩沙土游戏是对农业阶段人类生活的反映。德国哲学家格鲁斯认为游戏具有生物适应的效用，小猫、狮子、老虎在游戏的时候就是在练习捕食、生存的本能，比如小猫玩线团是练习捕捉老鼠，狮子嬉戏是在练习奔跑和捕食，这些能力对未来具有重要价值。人类的游戏也是如此，幼儿玩游戏就是在练习未来生活的技能，比如女孩子玩娃娃家就是在练习如何照顾婴幼儿，男孩子玩打仗是为未来保家卫国、争取资源而做准备。

根据以上说法，我们可以将游戏定义为在一定时间和地点限制内的自愿活动或消遣。在这种活动中，游戏者遵循自由接受但绝对应该遵守的规则，本身具有一定的目的，同时伴随紧张喜悦的情感和不同于平常生活的意识。[③]

二、游戏的特点

1. 游戏是愉悦的

幼儿在游戏中会感受到快乐和满足。在游戏中，幼儿通过控制所处的环境来表现自己的能力和实现愿望，并从成功中获得愉快和满足感。游戏是轻松的活动，不需要为了达到一定的目标而感到过分紧张和压抑，因此，幼儿在游戏中总是表现出轻松和愉快的情绪。

2. 游戏是自主自愿的

游戏是由幼儿内部需要所驱动的，它是基于幼儿在发展过程中的身体活动需要、探究需要、社会交往与情感表达需要开展的，而非外部因素所强制。幼儿有自由选择的权利，他们有权决定游戏的进程和节奏，有权停止游戏的进行。

3. 游戏是充满假想的

在游戏中，幼儿凭借自己的生活经验，运用游戏玩具和材料，借助想象，积极、能动、创造性地反映现实生活。通常，幼儿会通过假想的角色、假想的材料、假想的游戏情景，用自己虚构的活动，体验假想中的快乐，表达对生活的热爱和创造。

4. 游戏是反映现实生活的

游戏的内容、种类和玩法，受社会历史、文化、习俗等影响，因此幼儿进行游戏时，是在假想中反映周围现实生活。可以说，幼儿的游戏是对周围现实生活的反映。

5. 游戏是有规则的

游戏是自由的活动，但不意味着游戏没有规则。在游戏中，幼儿是游戏的主体，他们在与环境、材料、同伴的互动中会形成隐性的或显性的规则，使游戏的自由性在有规则的约束中形成一种和谐、有序的氛围，从而更好地推动整个游戏的发展。

---

①　刘焱.儿童游戏通论［M］.北京：北京师范大学出版社，2004：73.
②　刘焱.儿童游戏通论［M］.北京：北京师范大学出版社，2004：94.
③　杨枫.学前儿童游戏（第三版）［M］.北京：高等教育出版社，2019：6.

三、儿童游戏与成人游戏的不同

1. 游戏在两者生活中的地位不同

在成人生活中，工作是主要的日常活动。成人的生活包括各种政治、经济和思想文化等方面的社会生活。游戏作为一种重要的娱乐方式，可以有效排解成人来自生活中的紧张和不安情绪。游戏是成人生活中相对次要的组成部分。对学前儿童而言，游戏是主要的或基本的活动形式，他们需要在游戏中学习生活的基本技能，渐渐理解社会文化规范，练习语言表达，等等。例如，6岁的大班儿童在户外野战游戏中，通过走、跑、跳、攀、爬、投掷等动作技能，加强身体运动的协调性和灵活性，并在游戏情境中知晓要团队合作、密切配合，有时候要小心翼翼，有时候要专注倾听，慢慢养成良好品质。

2. 游戏的目的不同

成人游戏主要是为了休息或放松，例如，成人在工作一天之后会玩手机游戏、电子游戏，通过游戏而放松心灵，缓解疲劳。儿童却不一样，儿童的游戏种类多元，每一种游戏的目的都不同，蕴含的价值各异。例如，5岁孩子玩"外卖"的角色游戏，目的是在尝试"外卖员"的社会角色，从中体验快乐，获得对角色的认知，练习与他人沟通交流，提升社会交往技能。

3. 游戏的内容不同

成人的游戏多为有竞争性的规则游戏，带有相当的功利性。例如，成人喜欢玩的电子竞技"反恐精英"，游戏内容就是反恐精英与恐怖分子两个阵营进行多回合的战斗。学前儿童的游戏多是带有操作性和想象色彩的游戏。比如4岁儿童玩编织游戏，游戏内容就是用各种绳线编织帽子、围巾等；4岁儿童玩角色游戏，内容是家庭日常中的吃喝拉撒。

4. 游戏的驱动力不同

成人游戏的内部动机，来自间接的动机，成人往往会为了达到某种游戏之外的目的而进行游戏。比如成人玩"反恐精英"的电子游戏目的多是获取更多的积分或装备，当然也有一定的内在情感愉悦。学前儿童游戏的驱动力是直接内在的，他们很少为了游戏以外的因素去游戏。例如，4岁儿童在玩"小超市"的角色游戏，他们的目的是享受游戏过程，获得游戏中的愉悦和内心满足，不是为了赚多少钱而玩游戏。

四、游戏的价值

第一，游戏有助于促进幼儿身体的生长发育，满足其生理发展的需要。幼儿正处于身心发展的关键期，在大大小小的游戏活动中，幼儿通过钻、爬、跑、跳等活动，锻炼基本的动作能力，掌握简单的运动技能，发展身体协调平衡能力，从而促进肌肉群的发育和手眼协调能力的发展。

第二，游戏有助于幼儿认知的发展，满足其认知发展的需要。多种多样的游戏可使幼儿获得丰富的知识和经验，幼儿可以在游戏中根据自己的兴趣需要进行各种各样的探索和操作，根据自己已有的知识、经验和想象来模仿与表现周围的环境，建构自己独特的知识结构和经验框架[①]。

第三，游戏有助于满足幼儿社会性发展的需要。游戏是幼儿进行社会交往的主要形式，在游戏中，幼儿与同伴的互动使其了解了自我和他人，并学会在集体中适应和服从游戏规则。例如，在角色游戏中，幼儿通过扮演他人的角色，使自己处于他人的地位，体验别人的情感和态度，模仿现实生活中成人的语言，学习成人社会的行为方式，学习和掌握社会行为规范。可以说，游戏是幼儿初步学习和掌握社会角色的有效途径。

---

① 姚伟.学前教育学［M］.长春：东北师范大学出版社，2012：150.

第四，游戏有助于满足幼儿情感发展的需要。游戏能发展幼儿的成就感，增强幼儿的自信心。在游戏中的幼儿能根据自己的想法行动，感受自己自主决策的权利，从而增加成就感。

五、游戏的分类

（一）认知发展分类

皮亚杰根据儿童认知发展的水平，将游戏划分为感知运动游戏、象征性游戏、结构游戏和规则游戏四类。

1. 感知运动游戏

感知运动游戏又称为练习性游戏或机能性游戏，是儿童最早出现的一种游戏形式，一般发生在0～2岁。在这个阶段，儿童主要通过感官和动作协调活动来认识环境和解决问题。他们以自己的身体作为游戏的中心，摆弄和操作具体物体，并对已有动作不断反复练习，从简单、重复的练习中尝试发现、探索新的动作。儿童从反复的摆弄和练习中，获得愉快的体验。游戏的驱动力就是获得机能性的快乐，"动"即快乐。该游戏的主要表现形式为徒手游戏，即重复地操作物体的游戏。

2. 象征性游戏

象征性游戏是2～7岁儿童最典型的游戏形式。象征，即用具体的事物表现某种特殊意义。2～7岁儿童的游戏中出现了象征物或替代物，儿童把一种东西当作另一种东西来使用，即"以物代物"；把自己假装成另一个人，即"以人代人"。也就是说，"以物代物""以人代人"是象征的表现形式。象征性游戏中的主要特征是模仿和想象，角色游戏、表演游戏是其主要的表现形式。

3. 规则游戏

规则游戏是至少两人参与，按一定规则进行的游戏，具有规则性和竞赛性，如棋类游戏、老鹰抓小鸡等。这种游戏体现了儿童游戏中认知发展上的新特征——规则性。规则游戏是儿童游戏的高级形式，在幼儿末期大量出现。

（二）社会性发展分类

帕登从儿童社会行为发展的角度，将游戏分为以下六种。

1. 偶然的行为（无所用心的行为）

儿童东游西逛，行为缺乏目标，注视身边碰巧引起兴趣的事情，或摆弄自己的身体，或在椅子上爬上爬下。

2. 袖手旁观的行为（旁观者行为）

大部分时间观看同伴的游戏，偶尔与同伴有交流，有时也会提出问题，但自身并不参与同伴的游戏。

3. 独自游戏

独自一个人玩玩具，所玩的玩具与周围同伴不同，只专注于自己的游戏，根本不关注同伴在玩什么。

4. 平行游戏

仍独自一个人玩玩具，但所玩的玩具与周围同伴所玩的玩具是类似的，在同伴旁边玩，但不和同伴一起玩，各玩各的游戏。

5. 联合游戏

两个或两个以上的儿童一起玩，有讨论有交流，但没有建立共同目标，每个儿童都是根据自己的意愿玩游戏。

6.合作游戏

两个及以上的儿童围绕一个共同的主题，有共同目标，采取分工合作、有组织的方式游戏。合作游戏是儿童社会化程度最高的游戏。

（三）游戏教育作用分类

微 课

游戏的教育作用分类

苏联学前教育界根据游戏的教育作用将游戏分为两大类——创造性游戏和规则游戏，这也是我国常用的游戏分类。其中创造性游戏包括角色游戏、表演游戏和结构游戏，规则游戏包括智力游戏、体育游戏和音乐游戏。

1.创造性游戏

创造性游戏主要是指幼儿自由创造的游戏，游戏中幼儿按照自己的需要、兴趣和意愿进行活动，不受外显规则的约束，包括角色游戏、表演游戏和结构游戏三类。

（1）角色游戏。角色游戏是儿童根据自己的兴趣和愿望，借助模仿和想象，通过扮演角色创造性地反映现实生活的一种游戏，如娃娃家、小超市、小医院、美发屋等游戏。角色游戏是学前儿童最典型的游戏类型。

（2）表演游戏。表演游戏是儿童根据童话、故事等内容，运用动作、表情、语言扮演角色、进行创造性表演的一种游戏，如绘本表演、皮影表演、手偶表演等。

角色游戏和表演游戏的区别在于：角色游戏是反映现实生活的人和事件；表演游戏是反映文学作品中的形象和事件。至于如何反映，取决于儿童对生活和作品的体验与理解。

（3）结构游戏。结构游戏是儿童利用各种结构材料进行结构活动的游戏。常用的结构材料有积木、雪花片、积塑等制造类的，泥、沙、雪、水等自然物类的，易拉罐、报纸、纸盒等废旧类的。

2.规则游戏

规则游戏主要是指以教师组织和创编为主的游戏，游戏中幼儿的行为受到规则的制约。规则是整个游戏的核心，游戏中有明确的规则，幼儿必须按照规则所要求的步骤、玩法进行游戏，主要包括智力游戏、体育游戏、音乐游戏三类。

（1）智力游戏。智力游戏是指发展幼儿智力品质为主的游戏活动，如语言游戏、科学游戏等。

（2）体育游戏。体育游戏是指以身体练习为主要内容，以发展基本动作和提高身体素质为目的的游戏活动，如老鹰抓小鸡、两人三足游戏等。

（3）音乐游戏。音乐游戏一般是指在音乐伴奏或歌曲伴唱下，按一定规则进行的游戏活动，如"丢手绢""许多小鱼游来了"等游戏。

第二节 游戏的观察与指导

意大利著名教育家蒙台梭利说过："唯有观察和分析，才能真正了解孩子的内在需要和差异，以决定如何协调环境，并采取应有的态度来配合幼儿成长的需要。"通过观察，可以使教师真实地了解幼儿的兴趣需要、情感态度、认知水平和个别差异等，教师应做好游戏的准备，进而为幼儿游戏提供适时、适度的指导。

本节以幼儿园游戏为对象介绍游戏观察与指导。幼儿园游戏是幼儿园这个专业机构根据幼儿的发展特点和合理需求，通过各种喜闻乐见的游戏形式，促进幼儿身心全面和谐发展的一类教育活动。

一、幼儿园常用的游戏观察方法

根据观察的时间段，可将观察方法分为扫描观察法、定点观察法、追踪观察法。

扫描观察法，又称时段定人法，即在相等的时间段里对观察对象依次轮流观察。这种方法适于观察者了解全班幼儿的游戏情况，一般在游戏开始和结束时使用较多。

定点法，又称定点不定人法，观察者固定在游戏中的某一地点进行观察。它与扫描法不同，观察者采用固定的观察地点，因此其观察到的对象具有不固定性。该方法适于了解某个主题或某个区域幼儿游戏的情况。

追踪法，即定人法，观察者根据需要确定1～2名幼儿作为观察对象，观察他们在游戏中的各种情况，固定人而不固定地点。这种方法适于观察个别幼儿的游戏情况，了解其游戏发展的水平，获得丰富、详实的信息。

二、幼儿园游戏活动的设计

（一）主题设计

游戏活动主题内容的确定是开展游戏活动的中心，游戏的主题直接影响幼儿游戏的兴趣和效果。科学的游戏主题能调动幼儿的兴趣和欲望，使幼儿在游戏中获得愉快而有益的体验。游戏主题的把握要具有一定的趣味性和新颖性，因此教师需要关注幼儿的兴趣变化与合理需求，将其兴趣和需要转化为游戏的主题。例如，孩子们围坐在老师的身边，聚精会神地听《小猪盖房子》的故事，听完后，幼儿情不自禁地夸奖小花猪："真聪明，用砖头造房，坚固又结实。"随后，在自由活动中，幼儿不停地讲造房子的事，许多孩子都提议："像小猪那样，我们也来造房子。"于是"造房子"这一建构主题就在孩子们中间诞生了。

（二）目标设计

一是游戏目标的设计应体现以幼儿为主体。游戏是幼儿喜爱并主动进行的活动，因此应以幼儿为主体，关注游戏的过程而非结果，让幼儿在游戏中获得体验。二是游戏目标的设计要考虑幼儿年龄特点。小、中、大班的年龄发展目标是不一样的，游戏目标要适合各年龄班幼儿的年龄特点。三是游戏的目标要清晰、具体可操作，具有实际针对性，体现渐进发展性。同时游戏目标不宜过多，且要由浅入深，要具有层次性并不断深入。

（三）过程设计

游戏过程设计要使幼儿在游戏中体验到快乐，获得经验的积累和身心的发展。过程设计包括游戏方法和游戏规则，教师在设计游戏时必须清楚游戏的玩法是什么，在玩游戏的时候幼儿可以做什么，不能做什么。例如，中班游戏"猎人打狐狸"中，游戏玩法是从参加游戏的幼儿中选出4名当猎人，持球站在圈上四等分处，其他小朋友当狐狸，站在圈内；听到口令，猎人用球击打圈内的狐狸，狐狸迅速躲闪，被击中的狐狸站到圈外；当有4只狐狸被打中后，4只狐狸成为新猎人。

（四）评价设计

评价是游戏的重要组成部分，成功的评价能够提高游戏质量、发展游戏情节和巩固游戏中所获得的情绪体验。进行游戏评价，首先，教师可以评价游戏中的情节。比如教师捕捉到一些典型情节，可以及时肯定，引发幼儿在拓展情节中深入游戏。其次，教师可以评价幼儿玩的游戏材料和玩具。比如幼儿寻找替代物的想法很好，教师可以在游戏结束后表扬幼儿，提高幼儿的创造力及表达意愿。再次，教师可以评价幼儿的行为。如在娃娃家中幼儿出现争抢玩具，教师可以评价幼儿的行为，引导幼儿辨清是非。最后，教师可以评价游戏中幼儿的发展。比如大部分幼儿的发展，个别幼儿的差异等。

三、幼儿园的游戏指导

（一）创造性游戏的观察与指导

1.角色游戏的观察与指导

角色游戏，是幼儿以模仿和想象扮演角色，完成以物代物、以人代人为表现形式的象征过程，借以反映周围现实生活的一种游戏形式。幼儿园里幼儿常玩的角色游戏有"娃娃家""商店购物""医院看病""邮局邮递"等。教师的游戏指导包括：提供丰富的物质材料资源，材料玩具上应该尽可能地充足、真实和丰富；给予幼儿充分的游戏时间、空间，游戏的时间一般以30～50分钟为宜，游戏的地点尽量满足不同主题的游戏有相对独立的活动场地；丰富幼儿的生活经验，幼儿对周围生活观察得越仔细，游戏的情节越丰富，游戏越具有价值。教师要注意引导幼儿观察并认识成人劳动的社会意义和人与人之间的关系，使其乐于模仿。同时，教师要观察幼儿游戏的全过程，并适当地进行个别指导。下面这篇案例就展现了教师对幼儿角色游戏的观察与指导。

案例分析

角色游戏中的规则[①]

观察：

在角色游戏区域中，孩子们都争着玩"今天我休息"的游戏，因为玩这个游戏可以随意"购物""逛街"，十分惬意。赵老师在每个孩子的"存折"上印上20个点子，代表20元钱。同时，大家共同商量出一条游戏规则，即必须凭"存折"去"银行"取"钱"，没钱就不能玩"今天我休息"的游戏。玩理发店、医院等游戏得来的"钱"可存入自己的"存折"。

南南今天来得很早，她又选择了"今天我休息"的游戏，但只玩了一会儿就去告诉老师："我没钱了。"赵老师笑了笑，让她自己去想办法。南南犹豫了一下，走到"银行"前和"工作人员"商量了一会儿，结果，"银行"里的小朋友抓了一大把"钱"给她。接下来，南南玩得很开心。游戏结束后，赵老师让小朋友讨论了两个问题："银行"里的"钱"可以随便给别人吗？为什么？如果自己"存折"上没钱了怎么办？对于第一个问题，答案很简单，小朋友异口同声地说："银行里的钱不能随便给别人，因为这钱不是工作人员自己的，是代人保管的。"讨论第二个问题时，孩子们想出许多办法，比较集中的有三个：去商店、小吃店等地方打工挣钱；和朋友一起购物，由朋友买单；先向朋友借一点儿，下次打工挣钱后再还给人家。经过比较，大家一致认为第三种办法最好，因为这样既不影响今天的游戏，又不会让别人吃亏。于是，班上又有两条新的游戏规则："银行"里的"工作人员"不得随便给别人钱，得按"存折"取钱；如果"存折"上没有钱，可暂时向别人借一点，但必须下次打工挣钱后还给人家。从此以后，玩"今天我休息"的人不再那么多了，但游戏内容却逐渐丰富起来。

① 唐爱菊.角色游戏中的规则 [J].学前教育研究，2004（2）：22.

分析：

　　从案例中不难看出，规则是游戏顺利进行的有力保证。在角色游戏中，规则是自由、灵活的，在制定时应注意以下四点。

　　1. 规则应有利于游戏常规的建立。《纲要》中要求，应"建立良好的常规，避免不必要的管理行为，逐步引导幼儿学习自我管理"。在案例中，许多孩子都争着玩"今天我休息"的游戏，但如果谁也不愿意去玩商店、小吃店等游戏的话，"今天我休息"的游戏就玩不尽兴。于是赵老师巧妙地引导孩子们制定"钱花完了只能去打工挣钱"这一游戏规则，使孩子在更换游戏角色时由不自觉变成了自觉，由他律变成了自律，很自然地解决了游戏角色分配不均的矛盾。促使孩子去尝试所有的游戏，从而建立起较好的游戏常规。

　　2. 规则应有利于游戏内容的丰富。谈到规则，人们总会想起几条"不准"来。其实，好的游戏规则在制约幼儿游戏行为的同时，更能促进游戏情节的不断发展。因此，在游戏中，教师不能简单地要求孩子不要这样或那样，而应该让孩子在游戏中有章可循。这样，游戏内容才能丰富。如案例中，在运用"打工挣钱"这一规则时，孩子们为了能挣得更多的钱，想出了许多办法：原来生意不好的"理发店"增设了美容、烫发、新娘化妆等服务项目，收入一下子提高了许多；小吃店改成了肯德基，引来了更多的顾客……孩子们在运用游戏规则的同时，充分发挥着自己的创造能力。

　　3. 规则应是孩子乐意接受的。在游戏中，许多教师习惯于自己制定一些规则来让孩子遵守，结果往往花费了许多精力和时间，但效果并不好。原因是孩子对规则不理解，没有亲身体验。在案例中，所有的规则都不是教师强行施加给孩子的，而是师幼共同讨论的结果，而且这种讨论又是在游戏中出现的一些问题的基础上展开的。如对"银行"人员不得随便给别人钱这一规则，孩子在游戏中已深深体会到了它的意义，因此是完全可以接受的。

　　4. 规则应具有隐性的教育意义。21世纪是一个充满竞争的时代，更是一个人人遵守规则的时代。一个不懂得如何与人相处，不会在集体中生活的孩子，今后是难以在社会上立足的。角色游戏对于培养孩子的社交能力具有十分重要的作用，因此，在建立角色游戏规则时，教师还应考虑到规则本身的教育作用。案例中的几条游戏规则体现出许多积极思想，如：打工挣钱——劳动致富；不随便给别人钱——不挪用公款；打工挣钱后还钱——有借有还；等等，都潜移默化地影响着孩子，会让他们终身受益。

2. 结构游戏的观察与指导

　　结构游戏是幼儿利用不同的结构材料，如积木、积塑、泥、沙等玩具材料进行构造物体活动的游戏。动手操作是结构游戏的基础。结构游戏与角色游戏都是幼儿通过想象创造性地反映现实生活的活动方式。教师指导结构游戏，既要让幼儿掌握一些结构游戏的基本知识和技能，又要发挥幼儿的主动性和创造性。第一，丰富和加深幼儿对物体和建筑物的印象，引导幼儿通过观察物体，认识物体各部分的构造和特点。如让幼儿认识不同风格造型的房屋建筑，发现不同建筑样式和特点。同时，根据各年龄班幼儿的年龄特点，引导其学会和掌握一定的建构知识和技能，如大班幼儿建构的物体比小班和中班幼儿更精细、整齐、匀称，构体的结构更复杂、更有创造性；会用辅助材料装饰物体或建筑。第二，教师要为幼儿提供丰富多样的游戏材料，并为幼儿提供充足的游戏时间和场地。第三，在幼儿进行游戏时，教师要及时观察，对需要帮助的幼儿给予指导，鼓励幼儿在游戏中学会分工与合作。当游戏结束时，要引导幼儿将游戏材料放回原处。

3. 表演游戏的观察与指导

表演游戏是幼儿按照童话或故事中的情节扮演某一角色，再现文艺作品内容的一种游戏形式。它基于儿童对作品自主、独特的理解展开游戏情节，是幼儿根据故事线索，借助舞台、布景、道具、服装等材料，通过语言、动作、表情表达对作品的理解和对生活的体验。幼儿园一般根据文学作品进行表演游戏，例如，《小兔子乖乖》《拔萝卜》《小熊请客》《龟兔赛跑》等。教师的指导要注意以下三点。首先，要为幼儿选择适当的文艺作品。选择的童话、故事等文艺作品要易于幼儿理解，作品内容要积极、健康，富有教育意义。角色性格明朗、情节生动有趣，有起伏、有对话、有对白，适合幼儿表演。其次，帮助幼儿理解作品内容、故事情节和人物形象特点。教师可以借助不同语气语调、动作和肢体表现不同角色的特点，生动形象地讲述故事。同时，教师讲述故事时，要及时提问，帮助幼儿理解故事的内容和情节，激发幼儿表演的兴趣和愿望。最后，为幼儿的表演提供帮助和支持。一是为幼儿提供表演游戏的环境和物质材料，如服饰、头饰、道具、布景。二是角色的分配应尊重幼儿的自愿选择。三是指导幼儿的表演技能，鼓励幼儿大胆、生动地表演。教师可通过示范表演、与幼儿共同表演，利用幼儿的生活经验对幼儿的表演技能进行训练，尊重并启发幼儿创造性地表演，让幼儿自然、自愿、大胆地进行表演。

微课

表演游戏的观察与指导

（二）规则游戏的观察和指导

规则游戏是至少有两名幼儿按照一定的规则进行的游戏。规则游戏主要有智力游戏、体育游戏和音乐游戏等类型。教师在指导时应注意以下三点。第一，教师要根据幼儿已有的知识经验和发展水平，选择和编制适合幼儿的规则游戏。无论是智力游戏、体育游戏还是音乐游戏，其内容和要求都要服务于促进幼儿身心发展，教师要根据教育任务与要求，为幼儿选择和编制游戏。第二，教师要考虑到幼儿的"最近发展区"。既要考虑幼儿的实际知识经验和发展水平，同时要使其具有挑战性。游戏活动需要幼儿经过一定的努力，才能取得满意的游戏结果，这样有利于激发幼儿进行思考、探索，使幼儿获得努力克服困难之后的成功体验，从而乐于游戏和学习。不同年龄班的幼儿要选择和编制不同的游戏，同一内容的游戏其规则和玩法要不断加深。第三，教会幼儿正确的游戏方法。教师可用简明的语言和必要的示范，将游戏的目的、玩法和规则介绍给幼儿。同时要注意检查幼儿对游戏规则的掌握和执行情况，对遵守规则的幼儿及时鼓励，对违反规则的幼儿及时提醒。[①]

小贴士

游戏指导中教师需要注意的问题：

1. 防止建议变指令；
2. 防止指令变独断；
3. 防止询问变质问；
4. 防止陈述变独白；
5. 防止鼓励失本真；
6. 防止示范变失范；
7. 防止指导语无层次。

---

① 姚伟.学前教育学［M］.长春：东北师范大学出版社，2012：179.

第三节　游戏与课程的融合

在现代幼教观中，提倡游戏与课程的相互融合。"课程游戏化"与"游戏课程化"是当前幼儿园课程改革推进与学前教育深化发展的两种具有代表性的理论主张。它们以各自的实践典型，在《指南》《纲要》等文件精神的指引下，践行"幼儿园以游戏为基本活动"的思想，让幼儿园教育和课程充满游戏精神。

一、课程游戏化

（一）课程游戏化的内涵

课程游戏化，也称"课程游戏化建设项目"，是由政府主导的区域性幼儿园课程改革探索，是以引领幼儿园树立正确的儿童观、游戏观、课程观，推进幼儿园课程实施符合幼儿身心发展规律和学前教育规律，促进幼儿健康快乐为成长目标，最终从整体上提升幼儿园课程建设和实施的水平。[①] 虞永平教授认为幼儿园课程应该游戏化，充满游戏。[②] 课程游戏化不是把幼儿园所有活动都变为游戏，而是确保基本的游戏活动时间，同时又可以把游戏的理念、游戏的精神渗透到课程实施的各类活动中，是对现有课程的提升、改造和完善。

（二）课程游戏化的发展历程

2014年，江苏省教育厅、财政厅颁布了《关于开展幼儿园课程游戏化建设的通知》（苏教基〔2014〕17号），正式启动了幼儿园课程游戏化的建设。[③] 该项目实施分为两个阶段，第一个阶段是以园为单位，选拔性试点探索阶段（2014—2018年）。由于江苏省学前教育发展不均衡，幼儿园课程游戏化项目主要采用结对帮扶、双园共建的方式，以幼儿园为单位结对申报项目和共建。一园幼儿园为项目建设园，主要为农村幼儿园，也有城市薄弱园；另一园为项目共建园，为办园水平比较高的幼儿园，既要帮助建设园提高课程建设能力，也要对自身的课程游戏化进行充实。两所幼儿园经过层层筛选能得到省财政的经费支持，每个项目有40万元经费。第二个阶段是以县为单位，区域性整体推进阶段（2019年至今）。随着县内参加课程游戏化项目的园所增多，区域推进的基础逐渐形成，开始推行区域范围内全类覆盖、全员参与和全面推进的课程游戏化建设。区域内所有的幼儿园都参与，教师、保育员等所有幼儿园工作人员都参与课程建设，全方位对课程理念、目标、环境和资源、实施和评价进行建设。[④]

（三）课程游戏化的内容

江苏省教育厅幼儿园课程游戏化的内容早有规范。第一，明晰课程游戏化理念。要求项目建设园以项目为突破口，总结、提炼、明晰教育理念，增强课程意识；要求项目共建园结合自身建设进一步完善理念，并体现在日常保教、队伍建设和幼儿园管理中。总之，要求项目参与方都要通过理念提升，

---

①③　蔡菡. "课程游戏化项目"背景下江苏省幼儿园课程建设的效果与启示——基于教师评价的视角［J］. 学前教育研究，2018（12）：39-51.
②　虞永平. 生活化的幼儿园课程［M］. 北京：高等教育出版社，2010：18-28.
④　原晋霞，曾晓滢. 江苏省幼儿园课程游戏化的探索与实践［EB/OL］.（2023-07-03）［2024-05-20］.https://www.sohu.com/a/693992853_121124337.

不断提高课程实施水平和办园品位。第二，改造课程游戏化方案。要求幼儿园基于一套或多套现行课程方案，通过观察、记录、反思、研训等方式，从环境设置、游戏区域、活动组织以及生活起居等各方面开展课程方案的游戏化、生活化、适宜性改造，形成以游戏为基本活动方式、全面涵盖幼儿发展领域的幼儿园教育课程体系。第三，创建课程游戏化环境。要求幼儿园根据课程实施的需要，适时、动态地对幼儿的活动环境进行改造、调整，从室内环境到室外环境，从显性环境到隐性环境，营造课程游戏化的物化情境。第四，构建游戏化区域活动。要求幼儿园以尊重幼儿的兴趣爱好、激发幼儿自主活动为宗旨，根据课程实施进展情况，创建数量充足、种类多样、材料丰富、与幼儿发展相适宜的游戏区域，同时要求教师注重观察、适当介入、有效指导，为幼儿主动发展提供条件保障。第五，建设课程游戏化资源。为支持幼儿园开发以游戏为基本活动、以幼儿为主体、适合本园特点、有效促进幼儿学习与发展的课程，要求幼儿园统筹游戏活动中的各类实物资源、社会专家资源和网络信息资源等，形成内容科学、管理有序、应用有效的幼儿园课程资源库。第六，提高课程游戏化能力。通过项目建设，提升教师游戏化活动的规划设计能力、组织实施能力、观察分析能力、诊断改善能力等，形成专业化水平较高的教师团队。[①]

二、游戏课程化

（一）游戏课程化的内涵

游戏课程化，本质上是建构一种新型的课程模式，是从幼儿的游戏出发，及时把握幼儿学习的生长点，通过引导和建构新的游戏，促进幼儿学习与发展的过程。[②]华东师范大学王振宇教授提出，游戏课程化是通过游戏的力量促进幼儿学习与发展的游戏链。[③]所谓的游戏链就是儿童前面的游戏生长出后面的活动，活动又生发出儿童的自主游戏和工具游戏，形成一个链条，可以用 P to P（"from a play to a new play"，游戏—生长点—新游戏）来表达游戏课程化无限延伸的游戏链[④]。

游戏课程化的提出倡导了一种新的课程模式，遵循的是幼儿园课程实施的创生取向和课程目标的过程模式，把游戏既当作幼儿园教育的手段，也当作幼儿园教育的目的，实现手段与目的的统一。

（二）游戏课程化的发展历程

2015年，王振宇教授围绕"儿童发展与游戏精神"，从课程的角度审视游戏中内在的课程价值与课程生成的可能性，正式提出了游戏课程化的理念。2016年，《中国教育报》在对"安吉游戏"所作专题报道中，王振宇教授针对"安吉游戏"所引发的幼儿教师角色转型、幼儿园课程观的革新以及由游戏生成教学活动的课程实践转变，指出"安吉游戏"实际上体现着"游戏课程化"的方向。2018年，第三届全国"儿童发展与游戏精神"论坛以"幼儿园游戏课程化"为核心议题，与会专家学者、幼教工作者围绕"游戏课程化"的内涵、意义、途径以及儿童游戏权利保障和幼儿园课程改革等问题进行了深入探讨。基于对"安吉游戏"所引发的儿童观、课程观和教育观的变革以及相关实践经验的反思总结，"游戏课程化"的概念作为幼儿园教育实践与学前教育理论有机结合的产物，是幼儿园教育始于游戏、终于游戏的理论概括与实践升华[⑤]。

① 江苏省教育厅.江苏教育年鉴（2014）[M].南京：江苏凤凰教育出版社，2015：44-145.
②③ 王振宇.论游戏课程化[J].幼儿教育（教育科学），2018（4）：3-8.
④ 王振宇.实现游戏手段与目的的统一——再论游戏课程化[J].幼儿教育，2019（Z3）：3-7.
⑤ 雷吉红，樊亚博，杨晓萍.以游戏为中心的幼儿园课程："课程游戏化"与"游戏课程化"的和合共生与实践探索[J].陕西学前师范学院学报，2022，38（6）：42-46.

（三）游戏课程化的实践典型

浙江安吉游戏是游戏课程化的实践典范。"安吉游戏"并非以地域命名的一类游戏，而是安吉县幼儿园以游戏为基础的课程模式。游戏课程化是王振宇教授在对安吉游戏研究和思考后的认识，他认为教师必须去观察解读幼儿游戏行为，捕捉幼儿生长点，给幼儿提供支架，促进幼儿深度学习，从而与幼儿共同建构适宜性课程。安吉实验幼儿园园长章洁提出，安吉游戏背景下，观察是活动的起点，解读是确定目标的依据，分享是实施活动的手段。[①] "安吉游戏"体现了课程从游戏中来，到游戏中去的生长模式。

近些年，学前教育领域中对于"课程游戏化"和"游戏课程化"区别的认识比较模糊。实际上，两者既有相同点也有不同点。先说相同点，首先，两者都尊重游戏在儿童发展中的重要价值，并且坚定不移地秉持这一理念；其次，两者都在推崇游戏与课程的整合，需要教师将教育意图蕴含在游戏中，基于日常的持续观察，了解幼儿的最近发展区，将课程内容置于游戏环境的创设和材料投放中。再说不同点，第一，"课程游戏化"以教师预设为主，兼顾在实施过程中的调整、生成；"游戏课程化"以课程生成为主，教师需要抓住生长点，根据幼儿兴趣和需要适当生成新活动。第二，"课程游戏化"的游戏是服务于主题课程的，教师根据主题组织的游戏，其中有游戏体验，但并非真正的自由游戏，是一种工具性游戏；"游戏课程化"的游戏是幼儿按照自己的需求自主开展的游戏，是非功利的。第三，"课程游戏化"是幼儿在有意图的环境和材料互动中的有目的学习，是一种高效的学习，是学中玩；"游戏课程化"则是幼儿自主探索、发现，若教师不能及时观察并生成新活动，有可能流失教育契机，是玩中学。

思考与练习

一、不定项选择题

1. 实现学前教育目标、落实幼儿园教育任务的途径和手段是（　　）。
   A. 生活活动　　　　　　　　　　　　　B. 教育活动
   C. 游戏活动　　　　　　　　　　　　　D. 教学活动

2. 幼儿在园进餐、睡眠、盥洗、如厕等基本活动统称为幼儿园的（　　）。
   A. 生活活动　　　　B. 游戏活动　　　　C. 教学活动　　　　D. 自由活动

3. 幼儿园的基本活动是（　　）。
   A. 学习　　　　　　B. 游戏　　　　　　C. 运动　　　　　　D. 上课

4. 以下类型游戏中，社会性程度最高的游戏是（　　）。
   A. 单独游戏　　　　B. 平行游戏　　　　C. 联合游戏　　　　D. 合作游戏

5. 感觉运动游戏也称（　　）。
   A. 区角游戏　　　　B. 自由游戏　　　　C. 结构游戏　　　　D. 机能性游戏

6. 幼儿园的"娃娃家"游戏属于（　　）。
   A. 结构游戏　　　　B. 表演游戏　　　　C. 角色游戏　　　　D. 智力游戏

7. 游戏中，儿童把冰棒当注射器或者拿椅子当马骑，这种游戏是（　　）。
   A. 感觉运动游戏　　　　　　　　　　　B. 象征性游戏
   C. 结构游戏　　　　　　　　　　　　　D. 规则游戏

---

① 章洁. "安吉游戏"背景下的教学活动 [J].幼儿教育，2017（31）：4-6.

8.要了解某个主题或某个区域幼儿游戏的情况，适合选用的观察法是（　　　）。

A.扫描观察法　　　　　　B.定人法　　　　　　　　C.定点法　　　　　　　　D.追踪法

二、简答题

1.简述游戏的特点。

2.简述游戏的价值。

3.依据认知发展，游戏有哪些类型？

4.依据社会性发展，游戏有哪些类型？

5.简述表演游戏的指导要点。

三、论述题

1.结合幼儿园教育实践，论述游戏对幼儿发展的价值。

2."课程游戏化"与"游戏课程化"有哪些相同和不同点？

· **推荐阅读** ·

1.邱学青著：《学前儿童游戏》。第六章：游戏在幼儿园中的地位。本章介绍了游戏在幼儿园中的法规地位，游戏在幼儿园课程的地位，幼儿园以游戏为基本活动的实现。

2.［美］桑德拉·海德曼、迪波拉·休伊特著，邱学青、高妙译：《游戏：从理论到实践》。第一章：游戏是主要的事情。本章介绍了游戏理论、二十一世纪的游戏、儿童能从游戏中学到什么、倡导游戏四节内容。

第八章
幼儿园教育环境创设

本章导读

　　幼儿园教育环境包括物质环境和精神环境。幼儿园物质环境的创设，包括创设丰富的户外环境、创设适宜的班级育人环境、创设开放共享的公共环境；精神层面的创设，包括创建平等和谐的园所文化和创设丰富多彩的文化环境。针对幼儿园教育环境创设中存在的主要问题，我们应该正确定位幼儿园环境教育的目标，构建完备的幼儿园环境教育体系并精心实施，以实现环境的教育价值。

学习目标

- 识记幼儿园教育环境的定义和分类。
- 了解幼儿园教育环境创设的标准和意义。
- 掌握幼儿园教育环境创设的原则。
- 了解幼儿园教育环境创设的内容。
- 针对幼儿园教育环境创设存在的问题，能够提出相应的对策和建议。

知识架构

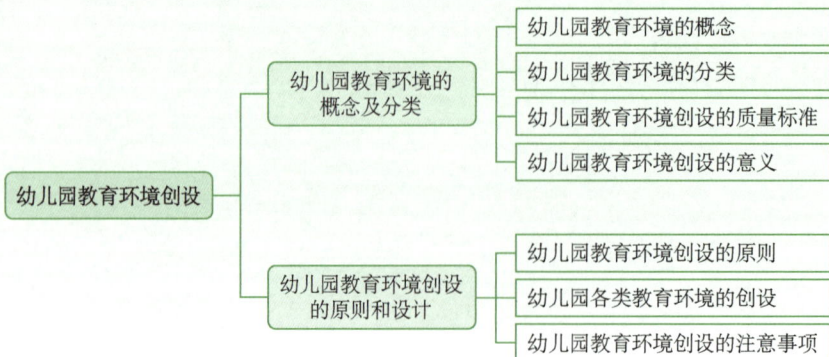

幼儿园教育环境创设

- 幼儿园教育环境的概念及分类
  - 幼儿园教育环境的概念
  - 幼儿园教育环境的分类
  - 幼儿园教育环境创设的质量标准
  - 幼儿园教育环境创设的意义
- 幼儿园教育环境创设的原则和设计
  - 幼儿园教育环境创设的原则
  - 幼儿园各类教育环境的创设
  - 幼儿园教育环境创设的注意事项

友谊桥 ①

大班老师开展了一个活动——友谊桥。教师在教室的主题墙上画了一座"友谊桥"，在本次活动中要求幼儿自选好朋友，然后在纸上画上好朋友的形象，一同贴在友谊桥上。

中班老师也布置关于友谊的主题墙，主题墙分为缘由、主题脉络、幼儿分享等版块。

思考　你知道教师为什么要规划、布置主题墙吗？教育环境对幼儿有什么影响吗？

高质量的环境是学前教育的重要保障和组成部分，为此，有必要从班级物质环境和心理环境等方面入手，根据幼儿的身心发展特点与需要，科学合理地利用环境，使幼儿园环境发挥最大的育人功效。

第一节　幼儿园教育环境的概念及分类

一、幼儿园教育环境的概念

《教育大辞典》关于"环境"的解释：直接或间接影响个体的形成或发展的全部外在因素，包括先天环境（胎内环境）和后天环境（自然环境、社会环境）；以人的主体为中心，围绕自我的事物，包括外部环境和个体内部环境，外部环境包括先天环境和后天环境，而内部环境包括生理环境和心理环境 ②。广义的幼儿园教育环境指幼儿园教育赖以进行的一切条件总和，既包括幼儿园内部小环境，也包括与幼儿园教育有关的家庭、社会、自然、文化等大环境。狭义的幼儿园教育环境是指在幼儿园中对幼儿身心发展产生影响的一切物质和精神要素的总和。它涵盖幼儿园的全体工作人员、幼儿、幼儿园房舍、设备设施、空间布局以及各种信息要素，是通过一定的教育制度与观念以及文化传统所组织、综合的一种动态、有形与无形相结合的教育空间范围 ③。

微课　幼儿园教育环境创设概述

二、幼儿园教育环境的分类

从幼儿园空间来看，幼儿园教育环境可以分为户外环境和室内环境。户外环境包括自然生态环境、活动区、大型玩具及其他体育器械、园艺区、种植区、饲养角等，室内环境包括园舍的内部建筑设计、空间规划、墙饰、设备、活动区的材料与布置等。从幼儿园范围来看，幼儿园教育环境包括整个幼儿园环境（宏观）、整个活动室环境（中观）、各活动区角环境（微观），如常规区域（建筑区、表演区、美工区、自然角等）、特色区域、主题区域（"恐龙博物馆""汽车工厂""人体探密室"等）。

按幼儿园教育环境的性质，可分为物质环境和精神环境。物质环境又称为显性环境，精神环境可称为隐性环境。物质环境是指幼儿园内影响幼儿身心发展的物化形态的教育条件，涵盖构成要素和物

① 袁爱玲.幼儿园教育环境创设［M］.北京：高等教育出版社，2010：118-119.
② 顾明远.教育大辞典（增订合编本）.［M］.上海：上海教育出版社，1998：604.
③ 袁爱玲.幼儿园教育环境创设［M］.北京：高等教育出版社，2010：4-5.

质环境的结构，契合《幼儿园工作规程》提出的合理利用室内外环境，创设开放的、多样的区域活动空间，提供适合幼儿年龄特点的丰富的玩具、操作材料和幼儿读物。构成要素主要有园舍建筑、设施设备、活动场地、活动材料、空间布局、环境布置、绿化美化等有形的东西。物质环境的结构从范围来看主要有园区环境、教室环境、区角环境，从三维空间来看主要有地面环境、墙面环境、空中环境，从性质来看主要有自然环境、人工环境等。精神环境是指幼儿交往、活动所需的软质环境，即幼儿生活于其中的幼儿园文化环境和心理环境，契合《幼儿园工作规程》提出的幼儿园应当营造尊重、接纳和关爱的氛围，建立良好的同伴和师幼关系。构成要素主要是幼儿园在一定时期内形成的大众心理、幼儿园文化、幼儿园的人际关系以及教育观念等。其中，幼儿园的规章制度、集体教学的氛围、园风园貌等可归为文化环境，师幼关系、教师的语言和对幼儿的态度等可归为心理环境。

教师在布置幼儿园教育环境时应注意遵循一些基本原则。第一，"环境的布置要通过儿童的大脑和双手"。陈鹤琴在分析"布置环境时应注意的弊病"时指出，在布置环境时"不要教师自己来做，让学生们自己来设计，自己来布置，这才格外有意思，也才更有教育意义"。第二，"环境的布置要常常变化"。陈鹤琴说："我们布置环境，要依据社会活动和自然现象，因此，需要常常变化。就是报表，如气候图、整洁表等，也要常常变化。"这样，儿童才能得到教育。第三，环境布置的"高度应以儿童的视线为标准"。第四，教师可以用自然物、儿童成绩与有教育意义的图画、挂图和画片布置幼儿园的环境。陈鹤琴认为："自然现象，四时不同。如果依时令，利用每一时季中的特殊自然物来布置，可以使儿童认识各种不同的自然现象，这是很有意思的。""不过我们用自然物来布置的时候，最好能设法把它改变原有的形状，这样可以更加别致，更加有趣。但布置不仅要'美'，还应当含有'教育'或'鼓励'的意义才好。"[①]

🔍 **深度链接**

幼儿园环境创设的误区

1. 将幼儿园环境创设主要理解为物质环境的创设，忽视或分割了精神环境与物质环境创设的关系。

2. 将幼儿园环境创设主要理解为空间的布置、设施设备的提供，而没有包含材料，特别是幼儿活动的材料。

3. 将幼儿园园内环境创设主要理解为班级环境的创设。

4. 将班级环境创设主要理解为墙饰。

5. 将墙饰主要理解为主（大）墙饰。

三、幼儿园教育环境创设的质量标准

对于幼儿园教育环境创设的评估，《评估指南》明确提出了两个关键指标：空间设施和玩具材料[②]，要求幼儿园积极创设丰富适宜、富有童趣、有利于支持幼儿学习、探索的教育环境。幼儿园教育环境创设的质量标准必须符合教育目标要求，与课程教学改革相适应。

一要创设多元的环境。幼儿园的环境创设要立足于儿童视角，从室内环境、户外环境入手，将教育的想法和元素自然地融入其中，让环境充满丰富与多元的特质。《评估指南》的指导思想中指出教

---

① 秦元东，唐淑. 为儿童创设良好的环境——论陈鹤琴关于幼稚园环境创设的思想［J］. 学前教育研究，2002（6）：42-44.
② 中华人民共和国教育部. 教育部关于印发《幼儿园保育教育质量评估指南》的通知［EB/OL］.（2022-02-15）［2024-05-21］. http://www.moe.gov.cn/srcsite/A06/s3327/202202/t20220214_599198.html.

要遵循幼儿的发展规律和教育规律，以促进幼儿身心健康发展为导向。也就是说，我们要综合幼儿园的可利用资源，关注幼儿的需要，基于幼儿的经验，树立科学的教育理念。如规划园内种植区域时考虑春有花、夏有荫、秋有果、冬有青。另外，还要有体现不同年龄幼儿特点的自然角、种植园地和饲养角，为幼儿创造参与种植和日常管理的机会，师幼共同营造绿色的户外环境。

二要创设参与的环境。在《评估指南》的基本原则中提到，注重幼儿发展的整体性与连续性。这要求我们更加客观地去关注幼儿的感受与想法，让幼儿用自己的方式表达他们眼中的现象与发现。在环境创设的过程中，师幼一起商量、共同制作，幼儿才能真正成为环境的主人。当幼儿看到自己的意见被采纳，自己的作品成为环境的一部分时，会充满信心，更加积极地投入活动之中。教师在环境中可以适当留白，给幼儿提供与活动材料、周围环境互动的机会，让他们经历从设想到尝试，再到调整并逐渐完善的过程。这会给幼儿带来新的发现、新的体验与新的经验。

三要创设动态的环境。《评估指南》中要求合理规划并灵活调整室内外空间布局，最大限度地满足幼儿游戏活动的需要。可见幼儿园的环境一定要具有游戏化、动态化的特征。我们应当明确环境的优势，关注幼儿现阶段的需要和想法，关注环境所带来的互动价值，并进行阶段性的调整与变化。如充分利用幼儿园的空间，园内角落可以设置丰富的展示区、温馨的图书角、迷你的娃娃家，使其充满实景感、操作性和趣味性等特点。

四、幼儿园教育环境创设的意义

皮亚杰的发生认知论把儿童发展及知识能力的获得归因于儿童与环境的相互作用，认为儿童正是在与外界环境相互作用中，在了解物质特征形态和作用及物质动作图式的基础上，形成了自己的认知结构。儿童的知识，主要不是依赖于成人和书本的传授。皮亚杰的这种观点为我们强调幼儿园环境是幼儿身心赖以发展的环境，要注重幼儿园的环境创设提供了理论依据。要使环境影响和促进幼儿身心发展，必须引导幼儿与环境相互作用，发挥环境的教育功能。幼儿要能利用环境中的各种设施、材料，与环境中的各种材料交往，而且能够与环境中的人（教师和同伴）进行交往。幼儿不是单纯、被动地接受环境的刺激，而是在与环境的相互作用中学习适应环境、创造环境，从中获得全面发展[1]。

综上，幼儿园教育环境是指幼教工作者有计划创设的幼儿园的一切环境。环境并不是一个简单的物质空间，而是一切能对幼儿产生教育影响的环境，是一个重要的教育要素，具有促进幼儿全面发展的教育功能。因此，不仅课程内容、教具、玩具、操作材料、活动室、教室，而且教师对幼儿的态度、期望、言行举止，就连园舍的布局、活动场地布置、走廊、门厅等都要考虑到发挥其应有的教育功能，突出幼儿作为学习主体的积极性、主动性以及对材料的操作、探索与控制，使幼儿在与环境的互动中进行自我建构和实现自主发展。

第二节 幼儿园教育环境创设的原则和设计

一、幼儿园教育环境创设的原则

在幼儿园物质环境的创设方面，应坚持全面性和适宜性原则、动态性和多元性原则、参与性和渗

---

① 朱湘华.浅议幼儿园的环境［J］.学前教育研究，1997（3）：11-13.

透性原则；在精神环境的创设上，应建立平等和谐的师幼关系，形成互助友爱的同伴关系，构筑尊重互补的家园关系。

（一）幼儿园教育物质环境的创设原则

1. 坚持全面性和适宜性原则

幼儿园教师应全面理解幼儿园教育环境创设的含义，充分认识到既要创设好幼儿园直观性、生动性、形象性的物质环境，又要创设好以幼儿为主体的精神环境，只有将这两者有机整合，才能真正发挥环境的教育价值，进而促进幼儿身心的健康发展。

幼儿正处在身体、智力迅速发展以及个性形成的重要时期，幼儿园教育环境创设应与幼儿身心发展的特点和需要相适应。如幼儿天性好奇，有强烈的探索愿望，教师就应为幼儿创设问题情境，使幼儿有发现问题、解决问题、提高思维水平和动手能力的机会；幼儿知识经验少，需要积累感性知识，教师就应多为幼儿提供接触实物、实景的机会。例如，活动室提供的材料要有不同的难度和结构，以满足不同年龄阶段幼儿的探索需要；材料应摆放在较矮的架子上，以有利于幼儿取放；架子上要填好标签，以便于幼儿学会分类和有序摆放。同时，各个区域角的布置应该温馨舒适，如图书角的图书应该方便幼儿阅读，美工区幼儿的作品应该放在幼儿方便拿取的地方，使幼儿能够时时观看自己的作品，欣赏同伴的作品。

2. 坚持动态性和多元性原则

幼儿园教育环境创设要体现动态性和多元性，因为幼儿本身就是一个不断发展的个体，所以环境的创设要适应幼儿发展的需要。具体表现在：第一，室内环境布置要考虑各个区域环境的设计（如图书区、美工区），而室外环境相对室内环境要开阔得多，可以在户外投放一些大型设备，方便幼儿与环境进行充分的互动；第二，环境创设在内容上要富于变化，这种变化既要符合幼儿认知发展的规律，还要考虑到幼儿的需要和发展的适应性。要让环境与幼儿不断互动，使环境传达特定的教育信息，让环境"会说话"，从而让环境真正融入教师的课程计划，使幼儿与环境发生多元的互动，并在互动中不断操作、思考，激发想象力，在与环境的对话中成长。如图8-1中，这是幼儿在当地收集了多种自然素材后开设的区域，这些材料会刺激幼儿动手摆玩、折叠、建构，催生幼儿与材料的互动。

图8-1 自然素材区

3. 坚持参与性和渗透性原则

教师应与幼儿共同确定环境布置的主题和需要的材料，让幼儿真正参与环境的创设。教师引导幼儿形成参与环境创设的意识，以小主人的身份关心环境、创设环境、改变环境。在参与过程中，幼儿不仅能体会到参与的乐趣，而且通过亲身参与可以锻炼自身的操作能力和想象力。此外，通过动手布置环境，幼儿会形成对幼儿园、班级和教师的热爱，以及成就感，最终促进身心的全面发展。幼儿园教育环境创设的渗透性一方面是指环境本身所包含的教育元素要多元、综合，另一方面指环境创设要能增强幼儿的积极体验。教育环境创设既要注重美感，更要从幼儿真实的生活情景出发，引发其对周围环境进行更为深入的实践和思考，潜移默化地促进幼儿发展。例如图8-2

图8-2 语言区

中，绍兴某幼儿园大班，语言区设置在一个角落，教师用幼儿的水墨作品进行装饰，唤起幼儿拿起毛笔练练书法的动机。前面摆放了文房四宝，幼儿在《兰亭序》的音乐中习染中国传统艺术之美。

（二）幼儿园精神环境的创设原则

幼儿园精神环境在结构上有两种形态：人际环境和文化环境[①]。人际环境表现为各种关系，它包括师幼关系、同伴关系、干群关系、同事关系和家园关系。幼儿在幼儿园主要与他人形成两种类型的关系——垂直关系和水平关系。垂直关系主要指师幼关系，水平关系主要指同伴关系。民主平等的师幼关系是幼儿身心发展的关键；有良好合作的同伴关系能增强幼儿的安全感和信任感；和谐的干群关系是整个幼儿园精神环境的枢纽；合作的同事关系有利于教师的专业成长和心理健康；积极的家园关系是幼儿健康成长的保障。幼儿园文化环境主要包括物质文化、制度文化和精神文化。幼儿园精神环境的创设应注意以下原则。

1. 建立平等和谐的师幼关系

建立良好的师幼关系首先需要教师为幼儿提供尊重和支持的环境。这种尊重不仅仅是蹲下来与幼儿说话，或给幼儿一个微笑这种形式上的平等，而应转化为教师的自觉行为。教师要做到尊重幼儿已经形成和拥有的一切，包括知识经验、能力水平、个性风格、劳动成果，甚至是"错误"。再者，良好的师幼关系需要教师与幼儿进行充分的互动。在幼儿园中，教师要多倾听、多交流、多观察幼儿，理解幼儿的想法和需求。当幼儿有需求时，在他们主动发起求助之时教师应恰当回应，建立良好的师幼关系，以促进幼儿身心全面发展。

2. 形成互助友爱的同伴关系

幼儿作为一个独立的个体，需要学会在集体中与人相处。教师需要建立生活常规，让幼儿明白在班集体生活要如何遵守纪律、形成良好的行为习惯，让幼儿在体验的过程中形成规则意识。此外，教师要着力培养幼儿互助友爱的良好品质，通过各种形式的活动让幼儿在具体的活动中体验有朋友的快乐及与朋友相处的乐趣，学会合作与分享，学会向同伴学习。

3. 构筑尊重互补的家园关系

家长是幼儿园教育环境的重要参与者和建构者，因此应充分利用家长资源。具体做法：一是通过家园墙报、家园联系栏、家长开放日等形式，帮助家长树立正确的儿童观与教育观；二是以班级为单位成立班级家委会，并就幼儿园具体实施的教学内容、形式方面跟家长委员会沟通，引导家长积极参与，并虚心听取家长意见，吸收有益可行的建议；三是及时更新家园联系栏，促进家园双方交流互动。各班创设的家园联系栏内容要丰富多彩，形式要新颖独特。

二、幼儿园各类教育环境的创设

（一）幼儿园物质环境的创设

1. 创设丰富的户外环境

幼儿园的户外活动场地要精心布置，要具备安全、丰富、幽雅、卫生等特征，符合幼儿期的心理特征。整体布置遵循"合理利用，充分挖掘"的原则，依照不同的园所地形，创设不同的区域：如运动健身区、探索发现区、玩沙玩水区、观察饲养区、种植区，使有限的户外空间多姿多彩，蕴涵各种教育目标，让幼儿在与环境的交互作用中获取经验，调动幼儿的多种感官，增强幼儿自主学习的能力。教师应该充分利用周边环境，拓展幼儿园环境，如充分利用社区、博物馆、公园等，带幼儿

[①]　袁爱玲.幼儿园教育环境创设［M］.北京：高等教育出版社，2010：74.

走向社会,感受在园无法感受的经验,拓宽幼儿的学习面,使幼儿与社会大环境实现自然的融合与对接。

2. 创设适宜的班级育人环境

班级育人环境要科学合理。第一,空间安排既要适合全班集体活动,又要有适合小组合作的空间和个人单独活动的小空间。第二,教师可以根据不同的主题来布置墙面环境,提供的主题内容要随幼儿的知识、好奇心的变化而不断更换。第三,根据各年龄阶段的特点创设适宜的活动区环境。小班的活动区可以设置娃娃家、建构区、生活烹饪区等。如在空间设置与区隔上,可以多用纱幔、布帘等,以营造温馨、舒适的家庭氛围;造型设计上以夸张、可爱的动物形象或卡通形象为主,给孩子们创设一个充满梦幻色彩又不乏整体美感的童话世界。中班幼儿需要更为丰富充实的活动区域,可以设置语言区、美工区、科学区、数学区、操作区、音乐区等。既要注重各个区域之间的相对独立,又要便于区域间的交往与互动。区域材料方面,应鼓励中班幼儿参与,如大的物品由教师负责提供,具体的游戏材料由幼儿负责。大班主要创设合作探究的学习环境。一方面可以采用多种材料,以主题方式构建活动室的整体环境。另一方面在区域设置与材料提供上,应强化各区域的探究功能,逐步减少游戏、娱乐的成分;各个区域空间应有所增大,以方便大班幼儿开展大组群的合作,可以将一些要求以图示的方式展示,引导幼儿自我管理。

3. 创设开放共享的公共环境

公共环境包括幼儿园走廊、过道、门厅及墙面等,这是全园幼儿学习、探索与交往的公共空间。教师在创设公共环境时需要注意以下三点。首先,创设开放性的公共走廊。如在小班走廊设置"学习检验区",投放每月小班幼儿为解决有关生活自理、小肌肉动作发展等方面问题而需要用到的操作材料;在中班走廊,可以创设影剧院、便利店、自选商场等,打破班级之间的界限开展活动;大班走廊则可以被分隔成多个活动空间,如"小鲁班工作室""科技室""民间工艺室"等,为大班幼儿提供更多与同伴或成人交流信息、创造性解决问题的自由空间。其次,创设展示性的楼梯过道。可以自下而上地创设一组系统性地展示文明礼仪、行为规范、安全教育等内容的幼儿活动照片,把楼梯设置成会"说话"的展示长廊;在楼梯的另一面墙上,可以分别展示各班幼儿美术作品及参加各类活动的照片,同时还可以开辟"我与大师在一起"等专栏,每月推选几幅幼儿的作品与大师的作品放在一起。最后,创设动态的公共信息栏。幼儿园的门厅是家长们常来常往的公共环境,在门厅的墙面上可以设置办园理念、幼儿特色活动介绍、园务平台、园内动向、教育沙龙等栏目,动态地呈现幼儿园环境创设、课程设置以及幼儿成长方面的丰富信息。

(二)幼儿园精神环境的创设

1. 创建平等和谐的园所文化

园所文化是物质环境与精神环境的集中体现,对幼儿有着不可估量的潜移默化的影响。园所文化作为影响幼儿园发展的基础性因素,它不但能在教育目标、办园理念等思想层面去引领幼儿园的教育行为,在具体的教育教学实践中也能充分发挥具象文化的教育功能,增强幼儿的文化体验[①]。例如,南京市实验幼儿园在公共区域展出幼儿园的历史沿革,在幼儿园门口放置了大苹果的园徽,在楼梯口悬挂影响幼儿教育的至理名言,这些都彰显出幼儿园独特的文化。

2. 创设丰富多彩的文化环境

幼儿园可以通过创设丰富多彩的文化环境来实现环境的育人目标。如可以根据幼儿的年龄特点,建立幼儿图书馆,这里有便于幼儿取放的小书架、图书插袋,松软舒适的小沙发、小坐垫,便于幼儿记录、创编各种图书的剪刀、纸笔等辅助材料,以及视听同步的跟读机等。再如,幼儿园可以开展环保教育。教师在门厅展示幼儿用易拉罐制作的形状各异的小动物,进一步激发幼儿收集废旧物的兴趣,

---

① 宗颖.基于儿童体验的幼儿园园本课程[J].学前教育研究,2018(10):67-69.

潜移默化地影响幼儿的绿色环保意识。

三、幼儿园教育环境创设的注意事项

（一）构建完备的幼儿园教育环境体系

幼儿园教育环境的资源是丰富多样的，这些资源可以来自家庭、幼儿园、社区乃至更大范围的自然环境和社会环境，以及幼儿身边的人，如幼儿教师、医生、工人等。幼儿园教育环境在本质上就是凝聚着幼儿园灵魂与生命力，体现幼儿园教育理念、办园宗旨、育人目标和发展目标的一些核心价值。幼儿园需建构完备的幼儿园教育环境体系，因此教师应注意将幼儿园、家庭、社区教育统一起来，充分调动家庭与社区参与的积极性，充分挖掘与利用多样化的环境资源。

（二）注重环境创设形式的多样化

《幼儿园工作规程》提出，要创设与教育相适应的良好环境，为幼儿提供活动和表现能力的机会与条件。幼儿园教育环境的创设要想克服形式缺少变化与创新的问题，就要力求使幼儿园环境创设由原来的封闭式走向开放式。所谓"环境的开放"，是指幼儿活动的空间、时间、材料及玩具等对幼儿来说是开放的。幼儿可以自由选择和取放材料、工具；活动场地根据幼儿的需要和愿望布置，随时可以变化；活动时间可以变化；活动空间及材料可以共享。同时，还应走出幼儿园大门，注重社区和自然环境的创设与利用，结合幼儿园的实际，按照安全、实用、充分利用资源三条基本原则，做合理的规划。

（三）充分发挥幼儿的主动性，与教师一起进行环境创设

幼儿作为发展中的人，作为复杂环境系统中成长的个体，幼儿园环境对他们来说若想具有吸引力、教育意义和生命性，一定要能充分发挥幼儿的主动性，且能满足其身心发展的需要，以及具有适宜性。陈鹤琴先生指出："通过儿童的思想和双手布置的环境，可使他对环境中的事物更加认识，也更加爱护。"幼儿教师在环境创设的整个活动中，要采纳和吸收幼儿的建议，并让幼儿一同参与，使幼儿有参与感和积极性。要提供让幼儿自由操作、尽情玩耍的物质基础，并通过材料与幼儿的相互作用，以及幼儿之间的相互作用形成一种生动活泼的游戏氛围，让幼儿置身于一个属于自己的、具有创造性的"自由王国"。

✎ 思考与练习

一、单项选择题

1. 幼儿园环境按其性质可分为物质环境和（　　）两大类。
   A. 社会环境　　　　　　　　　　　B. 精神环境
   C. 城市环境　　　　　　　　　　　D. 局部环境

2. 环境布置不仅要美，还要（　　）。
   A. 有教育的意义　　　　　　　　　B. 有财富的意义
   C. 有儿童发展的意义　　　　　　　D. 有教师教的痕迹

3. 《幼儿园保育教育质量评估指南》对环境创设的指标是空间设施和（　　）。
   A. 户外空间　　　　　　　　　　　B. 玩具材料
   C. 面积　　　　　　　　　　　　　D. 探索环境

4. 幼儿园精神环境主要是指（　　　）。

A. 美工区 　　　　　　　　　　　　B. 科学区

C. 师幼互动 　　　　　　　　　　　D. 主题墙

5. （　　　）是指幼儿活动的空间、时间、材料、玩具对幼儿是开放的。

A. 环境开放 　　　　　　　　　　　B. 材料开放

C. 时间开放 　　　　　　　　　　　D. 玩具开放

二、名词解释

1. 幼儿园教育环境　　　　2. 幼儿园物质环境　　　　3. 幼儿园精神环境

三、简答题

1. 简述幼儿园环境创设的质量标准。

2. 简述幼儿园精神环境创设的原则。

3. 简述幼儿园物质环境创设的原则。

四、论述题

1. 试论幼儿园物质环境和精神环境创设的内容。

2. 针对幼儿园教育环境创设存在的问题，试论幼儿园教育环境创设的建议。

· 推荐阅读 ·

王海英等著：《儿童视野的幼儿园环境创设》。第二章：可探索的、有挑战性的户外环境。本章介绍在户外环境中，幼儿可以使劲地奔跑、大声地尖叫、尽情地游戏；户外环境可以释放孩子的身体能量，助推爆发力，发展自然智能，生长野性思维，萌发世界情怀。

第九章
学前儿童保育与管理

本章导读

　　本章共有三节内容，主要讲述幼儿园保育的理论与实践问题。第一节主要介绍了幼儿园保育的含义、特点、主要内容及保育队伍建设；第二节主要从幼儿园班级与班级管理的角度介绍了幼儿一日生活中的保育工作；第三节梳理了0～3岁婴幼儿保育的内涵、内容、原则及实施政策等。

学习目标

- 掌握幼儿园保育工作的特点、内容。
- 掌握幼儿园班级管理的内容，知道一日生活的保育工作内容。
- 了解0～3岁婴幼儿保育的内容、原则与政策。

知识架构

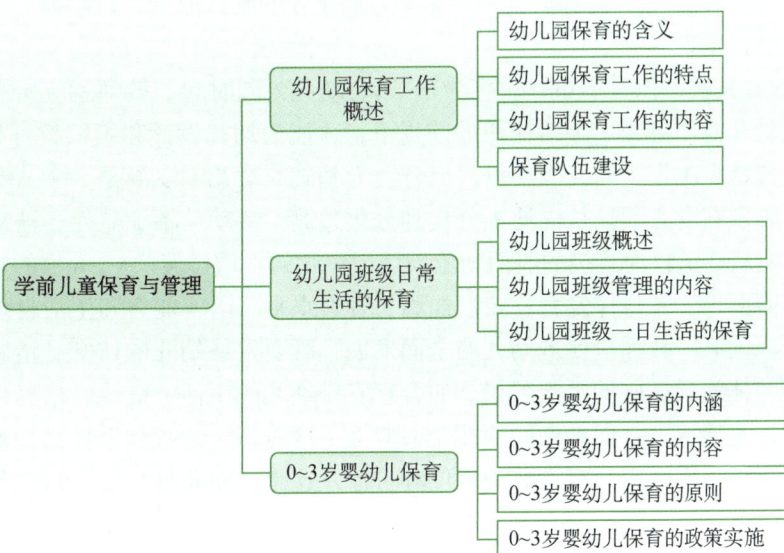

- 学前儿童保育与管理
  - 幼儿园保育工作概述
    - 幼儿园保育的含义
    - 幼儿园保育工作的特点
    - 幼儿园保育工作的内容
    - 保育队伍建设
  - 幼儿园班级日常生活的保育
    - 幼儿园班级概述
    - 幼儿园班级管理的内容
    - 幼儿园班级一日生活的保育
  - 0～3岁婴幼儿保育
    - 0~3岁婴幼儿保育的内涵
    - 0~3岁婴幼儿保育的内容
    - 0~3岁婴幼儿保育的原则
    - 0~3岁婴幼儿保育的政策实施

中午，孩子们在午休，幼儿园里静悄悄的。2点了，这时一阵柔和的乐曲轻轻地响起，小朋友们从睡梦中醒来，做好了苏醒操之后，张老师说："小朋友们，起床了，请你把自己的被子叠好哟。"小朋友开始折的折、叠的叠，忙碌起来。但总有几个小朋友不会叠，茫然地看着其他人，这时保育员走进来说："你们不会叠就放在那里，我来叠。"话音刚落，孩子们急忙放下手中的被子，仿佛就等着这句话，欢呼雀跃地跑出了午睡室……

思考 你是否赞成保育员的做法？为什么？

幼儿园的任务是实行保育与教育相结合的原则，对幼儿实施德、智、体、美诸方面全面发展的教育，促进其身心和谐发展。其中，幼儿园保育工作涉及幼儿园工作的方方面面，是体现高质量学前教育的重要环节。

第一节 幼儿园保育工作概述

一、幼儿园保育的含义

幼儿园保育是为了保护幼儿健康，增强幼儿体质，促进幼儿生长发育而进行的各种活动。既包括体育锻炼、身体养护和心理健康，又涉及营养饮食、环境优化、疾病预防和事故处理等内容。

幼儿园工作区别于中小学教育的特征是遵循"保教结合"原则。"保"即保护、保健等养护活动，旨在保证幼儿身体健康；"教"即教育、教学活动，旨在促进幼儿心理健康发展。《幼儿园工作规程》提出，幼儿园要实行保育与教育相结合的原则，对幼儿实施德、智、体、美全面发展的教育，促进其身心和谐发展。坚持"保教结合""保教并举"是幼儿园工作的实践原则，以"保"为先，保育工作是幼儿园管理系统的中心环节。

"保育优先，教育其次；保育为重，教育为辅。"自幼儿入园时起，教师就应始终把保育工作放在首位。只有在保证幼儿身体健康、生活愉快的前提下，才能为幼儿设计和组织教育教学活动[①]。可以说，幼儿的身心发展特点决定了幼儿园要以"保育"为基础。幼儿的发展是一个从不成熟到成熟逐步发展的过程，主要表现在身心活动从混沌未分化到分化过渡，活动从不随意性、被动性向随意性、主动性过渡，认知机能从认识较为直接的表面现象向认识事物的本质过渡。3～6岁的幼儿在身心发展上均表现出基础性和薄弱性，在身体发育、知识经验、智力水平、语言能力和生活自理能力等方面都需要成人的细心照料。同时，教师应促进幼儿的全面发展，既要发展幼儿的认知、情感、性格等，也要保证幼儿拥有健康的体魄和良好的生活习惯。如合理安排幼儿的生活、锻炼，培养良好的生活卫生习惯；丰富知识经验，发展智力；促进良好的社会适应性，培养积极情感和个性品德等。因此，幼儿园保育工作在幼儿园全部工作之中具有重要的地位和价值，这是由幼儿身心发展特点和幼教工作性质决定的。

---

① 赵南.学前教育"保教并重"基本原则的反思与重构［J］.教育研究，2012，33（7）：115–121+129.

二、幼儿园保育工作的特点

幼儿园保育工作不是简单意义上的看护和养育，从它的工作任务和内容上看，幼儿园保育工作具有科学性、教育性、专业性和全面性的特点。

1. 科学性

现代保育观念区别于传统的保育观念，它不仅把保育看作对幼儿进行养护和保护的教育，而且强调科学规范的养护，主张幼儿在保育过程中获得知识、经验和能力上的发展。因此，幼儿园保育并非单纯意义上的"保健"，而是在科学的养护观念和理论知识的基础上为幼儿创设符合科学规律和幼儿身心发展规律的保育环境。

2. 教育性

保育工作要关注幼儿的身心状况，在促进幼儿动作发展的同时也要培养幼儿良好的生活习惯和生活能力，使其养成良好的卫生习惯和基本的生活自理能力，学会基本的安全知识和自我保护能力等，最终促进其智力与非智力因素的和谐发展。幼儿园的保育工作，能帮助幼儿掌握必要的、初级的生理知识和安全知识，也为幼儿日后形成完善成熟的知识体系建立基础，对未来的学习和发展具有重要意义。

3. 专业性

保育工作具有专业性，科学的保育工作需要建立在一定的理论知识和实践经验的基础上。当前社会对保育人员的要求已经不再停留于传统保育观念中，保育人员要具备科学的儿童观和教育观，关爱幼儿，重视幼儿的身心健康，将幼儿的生命安全放在工作首位，尊重幼儿的人格和尊严；拥有合理的知识结构，了解幼儿及其身心发展的基本特点和规律，了解幼儿园教育的目标、任务和要求；熟悉一日活动安排，具备一定的养护经验，熟知保育和班级管理的基本方法，掌握意外事故发生时对幼儿的安全防护和救助方法；具备良好的职业道德，具有专业的职业理解和认识等。

4. 全面性

幼儿园保育工作需要对幼儿的营养饮食、睡眠、盥洗、日常活动、卫生保健、生命安全、心理健康和活动环境等多方面给予充分的照料，涵盖内容细致丰富，涉及幼儿园教育活动的各个方面。

三、幼儿园保育工作的内容

《纲要》明确指出：要培养幼儿良好的饮食、睡眠、盥洗、排泄等生活习惯和生活自理能力；教育幼儿爱清洁、讲卫生，注意保持个人和生活场所的整洁和卫生；密切结合幼儿的生活进行安全、营养和保健教育，提高幼儿的自我保护意识和能力。幼儿园保育的内容涉及幼儿营养膳食保育、心理的保育、意外事故的预防与急救、疾病预防与处理、每日生活照料等。

（一）营养膳食的保育

确保幼儿正常生长发育，需保证三种营养供给平衡，即热能平衡、蛋白质平衡、钙平衡。幼儿热能除满足基础代谢、食物特殊动力作用、肌肉活动的消耗外，还需满足身体物质的增长需要和排泄损失。抓好幼儿园科学合理的营养膳食需要根据幼儿的发展需要、季节变化等制订科学的食谱，保证营养均衡。如可以参照《中国婴幼儿喂养指南（2022）》，为不同月龄幼儿提供合理膳食。以学龄前儿童为例，4～5岁幼儿每天食用水700～800毫升，谷类100～150克，薯类适量，水果150～250克，蔬菜150～300克，畜禽肉鱼50～75克，蛋类50克，坚果适量，大豆15～20克，奶类350～500克，油20～25克，盐少于3克[①]。

---

① 中国营养学会. 中国婴幼儿喂养指南（2022）核心信息［EB/OL］.（2022-06-02）［2024-05-21］.https://dg.cnsoc.org/article/04/gc5cUak3RhSGheqSaRljnA.html.

（二）心理的保育

心理的保育需要在了解幼儿心理健康指标的基础上，分析影响幼儿心理健康的各种因素。一般认为，幼儿的心理健康主要包括：情绪健康，能适度调节；乐于与人交往，人际关系和谐；具有良好的行为习惯，且与年龄水平发展一致；对性别角色有正确的认识。幼儿园工作者要时刻关注幼儿的情绪状态与行为表现，特别是对幼儿存在的情绪障碍、睡眠障碍、排泄障碍等心理问题，提出恰当的、符合幼儿实际的预防与矫正措施。例如某幼儿园小班的豆豆性格内向，生活自理能力较好，大小便都能自理。进入中班下学期，在第一个星期经常尿裤子，教师常常在下课的时候提醒他去解小便，但每次叫他去他总是摇头，结果没过一会儿就又尿裤子。教师发现幼儿的情况便和主要照顾者沟通，发现豆豆的爸爸妈妈离异了，他每次用尿裤子要求见妈妈。教师分析了幼儿出现问题的原因，并使用适当的方法对幼儿的心理进行了呵护。

（三）意外事故的预防与急救

《纲要》指出：幼儿园必须把保护幼儿的生命和促进幼儿的健康放在工作的首位。对待幼儿园意外事故，要采用预防为主的原则。

1. 确保幼儿园设施安全，做好设施维护工作

《幼儿园工作规程》指出，幼儿园的教具、玩具应符合安全卫生要求。如物品的摆放位置要稳固，危险物品要远离幼儿能接触到的地方；妥善保管洗涤消毒类物品，设置专用放置地点，避免幼儿接触；定期检查户外活动场地有无石块、绳索等影响幼儿活动的障碍物；定期维护大型玩具，确保幼儿在游戏过程中安全；检查玩具、教具的材料是否有害身体健康；检查幼儿园的活动场地状况，如是否有尖锐物体等。

2. 组织安全教育和培训，增强教职工的安全意识

定期组织全园教职工的安全意识教育，培养工作责任心。通过安全教育培训，教职人员面对突发意外情况时可掌握事故的处理办法，将危害降到最低。

3. 完善安全管理制度，制订安全事故应急预案

组织安全监督小组进行安全专项检查。制订安全事故应急预案，确保在意外事故发生时能及时采取应对措施，避免延误救治。

（四）疾病预防与处理

对幼儿疾病的预防和处理是幼儿园身体保健教育的重要内容。疾病的预防主要涉及对体弱幼儿的管理、幼儿五官的保护、传染疾病的预防、降暑与保暖等。幼儿期身体正迅速发育，身体器官的机能较差，对外界环境的适应能力较弱，抵抗和免疫力较弱，易患多种疾病。对待幼儿常见的身体疾病，保育工作者要了解发病的原因和症状，并采取及时有效的措施减少幼儿发病的概率。幼儿园保育工作中，要将幼儿疾病的防治作为重点，要增强幼儿疾病的防治意识。具体包括：①引导幼儿懂得生病了需治疗，打针吃药虽然痛苦，但是能避免疾病带来的长期痛苦；②引导幼儿在生病时接受医生的治疗，要听从成人的嘱托按时吃药等。

（五）每日生活照料

幼儿园活动的展开是以一日生活为基础的。《幼儿园工作规程》规定：幼儿园应制定合理的幼儿一日生活作息制度；正餐间隔时间为3.5～4小时；在正常情况下，幼儿户外活动时间每天不得少于2小时，寄宿制幼儿园不得少于3小时，高寒、高温地区可酌情增减。幼儿园一日生活的各个环节，都会对幼儿的学习与发展起到潜移默化的影响。

生活照料是幼儿园保育的核心，也是幼儿园一日生活中占比最大的部分。幼儿园生活照料包括入

园、餐点、饮水、午睡、盥洗、如厕、离园七个环节（见表9-1），生活照料的质量直接关系到班级管理的整体质量，会影响到游戏活动、集体教学活动等的顺利开展（见表9-2）。

表 9-1 幼儿园生活照料各环节的培养目标

活动环节	幼儿活动常规目标		
	小班	中班	大班
入园	1. 高高兴兴上幼儿园，向老师问早、问好 2. 带手帕，衣着整洁，能够高兴地接受晨检，有礼貌地向老师问好 3. 进班后，在教师的指导下，将衣服和帽子放在固定的地方 4. 学习搬小椅子，能轻拿轻放	1. 衣着整洁、主动地接受晨检，插放晨检标记 2. 进班后，学习将帽子、外衣叠放在固定的地方；学习擦桌椅并将物品放整齐	1. 衣着整洁，愉快入园，有礼貌地和老师、小朋友们见面 2. 会告诉老师自己身体有无不舒服的感觉 3. 有礼貌地和家长告别 4. 积极投入晨间活动
盥洗、如厕	1. 逐步养成饭前、便后和手脏时洗手的习惯 2. 洗手前将衣袖卷起，洗手时能按顺序认真地洗 3. 洗手时不玩水，学会擦肥皂，洗好后用自己的毛巾擦手 4. 能主动向老师表示大小便，学会上厕所小便 5. 逐步养成饭后漱口的习惯	1. 养成饭前、便后及手脏时洗手的习惯，会自己卷衣袖，在教师指导下会用肥皂并冲洗干净，挂好毛巾 2. 大小便基本能自理，小便姿势正确，学会拉好裤子，注意腹部保暖	1. 掌握洗手、洗脸的一定顺序和方法 2. 动作迅速、认真，不打架，不玩水，不浸湿衣服和地面 3. 每天早晚刷牙，刷牙时要上下、前后、左右、里外刷，最后用水冲洗干净
餐点、饮水	1. 安静就坐，愉快进餐 2. 学习使用餐具 3. 学习文明的进餐行为，细嚼慢咽，不挑食，精神集中地吃饭，保持桌面、地面、衣服整洁 4. 学会餐后擦嘴，用温水漱口 5. 能主动表示想喝水	1. 安静愉快地进餐，坐姿自然 2. 正确使用餐具，学习用筷子夹菜，用手扶碗；学习收拾碗筷 3. 逐步养成文明的进餐习惯，细嚼慢咽，吃饭时不发出声音；不用手抓菜、不用汤泡饭、不挑食、不剩饭菜 4. 咽完最后一口饭菜离开座位，餐后擦嘴，用温水漱口，餐具轻拿轻放 5. 能自己取杯子喝水	1. 正确使用筷子吃饭，左手扶住碗，喝汤时两手扶碗，培养独立进餐的习惯 2. 养成细嚼慢咽，不偏食、不浪费，不弄脏桌面和衣服等行为习惯 3. 用筷子将饭桌上的饭粒、残渣弄进碗里，放好椅子，送回餐具 4. 力所能及地帮助保育人员做好餐前准备工作并收拾餐厅 5. 用自己的水杯按量喝水 6. 活动后或口渴时随时饮水 7. 不浪费开水，不喝生水
午睡	1. 安静就寝，睡姿正确 2. 在成人的帮助下，能按顺序脱衣裤、鞋袜，放在固定的地方	1. 安静就寝，睡姿正确，不蒙头睡 2. 睡前若身体不适要及时告诉老师 3. 学习独立、有序地穿脱衣裤、鞋袜。能将脱下的衣裤、鞋袜放在固定的地方，能认识左右鞋，并穿好鞋，会系鞋带 4. 学习整理床铺：学会叠小被子，在成人指导下会叠大被子，整齐地拉平床单，将枕头放在叠好的被子上面	1. 不带小玩具上床，迅速铺好被子，不东张西望，闭上眼睛安静入睡 2. 养成正确的睡姿 3. 按时起床，按顺序穿衣服 4. 学习自己整理床铺

（续表）

活动环节	幼儿活动常规目标		
	小班	中班	大班
离园	1. 收拾好玩具，放好桌椅，离开活动室 2. 将脱下的衣服、帽子穿戴好回家	1. 收拾好玩具，整理好场地 2. 将脱下的衣帽穿戴好回家 3. 主动和老师、小朋友说再见	1. 离园前收拾好玩具，有礼貌地向老师、同伴告别 2. 能给父母讲述幼儿一日生活情况，告诉父母需家园配合的作业 3. 能自己收拾自己的物品，自己的东西自己拿

表 9-2　幼儿园生活照料各环节的岗位职责

活动环节	幼儿活动常规目标	
	教师岗位职责	保育员岗位职责
入园	1. 接待幼儿，与家长做好交接手续 2. 观察幼儿来园精神状况，如有异常，及时与保健医生取得联系 3. 提醒幼儿进行自我服务 4. 清点人数，做好点名记录	1. 开窗通风，让室内空气流通 2. 做好室内外清洁卫生工作 3. 做好幼儿生活用品的安放及毛巾、水杯消毒工作 4. 准备好幼儿一日饮水，保证幼儿随时有温开水喝
餐点	A 餐前 1. 指导幼儿摆放椅子、洗手，值日生检查洗手情况 2. 组织幼儿入座，提示幼儿座位与餐桌保持适当距离，要求上身坐直，腿和脚置于椅子前、桌子下 3. 组织幼儿做安静活动，提示幼儿不触摸餐具和餐桌 4. 介绍食物的名称和营养价值，激发幼儿用餐的欲望 B 餐中 1. 提醒幼儿对保育员进行感谢。协同保育员为幼儿分发食物：不同的菜品、主食不要混在一个盘子里 2. 提醒幼儿用餐礼仪。细嚼慢咽，不要大声讲话，一口菜一口饭，干稀就着吃，不要用筷子敲桌碗，吃饭不要吧嗒嘴，喝汤不要吸溜，就餐不要一只手放到桌子底下等 3. 纠正幼儿不良坐姿及饮食习惯 4. 放一些轻松愉快的音乐，教师以身作则，不大声讲话 5. 照顾肥胖儿和体弱儿 C 餐后 1. 指导幼儿将餐具放到固定处 2. 指导幼儿处理残渣，中、大班幼儿用抹布将残渣抹到碗内或盘内 3. 指导幼儿漱口 4. 饭后组织幼儿进行适当的活动	A 餐前 1. 指导幼儿摆放桌椅，做好桌面消毒工作 2. 指导值日生分发餐具、餐巾，轻拿轻放、摆放整齐 3. 指导幼儿洗手，学习正确洗手的方法 4. 领取食物，根据班级幼儿情况添加、减少饭菜量 5. 用肥皂洗手，领取和分发餐点必须使用食品夹或消毒筷 6. 提供的食物温度适中，避免食物过烫、过冷，要剔除鱼刺或骨渣 B 餐中 1. 分发食物。为幼儿分菜，边盛菜边将碗摆在幼儿面前，根据幼儿实际食量盛相应的饭菜 2. 可以给瘦弱的幼儿、进食速度慢的幼儿提前盛饭 3. 及时纠正幼儿不正确的进餐姿势和习惯 4. 及时为幼儿添加饭菜，为幼儿添加汤时幼儿不离开座位，不要在幼儿头顶处递送饭菜 C 餐后 1. 协同教师指导幼儿将餐具放到指定处 2. 指导值日生帮忙收拾残渣，擦洗餐桌 3. 收拾清洗餐桌上的公用盘子及抹布 4. 擦扫地面，冲洗墩布 5. 将餐具送到食堂（由食堂统一清洗、消毒） 6. 洗净晾晒抹布、墩布等

（续表）

活动环节	幼儿活动常规目标	
	教师岗位职责	保育员岗位职责
饮水	1. 引导幼儿认识自己的水杯，会用自己的水杯喝水 2. 组织幼儿按顺序饮水，不拥挤 3. 教幼儿学会正确的接水方法，能够喝足够量的水，能在身体需要时随时饮水 4. 提醒幼儿在自己座位上慢饮，喝水时不打闹，不边走边喝，不把水洒在身上、地上 5. 观察幼儿饮水量，保证幼儿每天足够的饮水量 6. 制定班级饮水常规，安排饮水固定时间	1. 为幼儿准备好适度的水，保温桶定期清洗（一周两次） 2. 指导幼儿拿自己杯子喝水 3. 组织幼儿排队接水，指导幼儿轮流接水喝，提醒幼儿不要浪费水 4. 关注幼儿接水的多少，鼓励幼儿多喝水；根据天气、一日活动、季节、幼儿排便情况来调控幼儿饮水量 5. 对个别幼儿能够做到因人而异 6. 提示幼儿将水杯归位 7. 每日把水杯送到固定地点清洗、消毒
如厕	1. 提醒幼儿如厕前将裤腿卷好，不推挤，不乱跑动 2. 指导幼儿轮流如厕，知道谦让，提醒幼儿大小便入池，保持厕所地面干净 3. 日常生活中教给幼儿脱裤子、提裤子、拿取纸的方法 4. 向幼儿说明保持公共场所卫生的必要性 5. 掌握幼儿大小便情况，提醒幼儿不憋大小便 6. 适时帮助个别幼儿掌握正确如厕的方法，指导中、大班幼儿如厕后冲厕所 7. 饭前、活动前、午睡前、午睡中提醒幼儿和个别幼儿如厕	1. 准备好卫生纸，方便幼儿随时取用 2. 准备好肥皂（洗手液），督促幼儿便后洗手 3. 照顾个别幼儿提、脱裤子、擦屁股，注意保暖 4. 及时在隐蔽处给幼儿换洗、处理脏裤，并安慰幼儿 5. 随时冲洗厕所，保证厕所通风、无异味
盥洗	1. 教育幼儿懂得饭前、便后、手脸脏时及时清洗 2. 组织幼儿分组或者交叉洗手 3. 做好洗手前的准备工作：先小便，再洗手，在教师或同伴的帮助下卷好袖子 4. 指导正确的洗手、漱口、刷牙方法 5. 教育幼儿节约用水、用肥皂清洗 6. 提醒幼儿排队洗漱，不在盥洗室打闹 7. 组织已经洗好手的幼儿活动，提醒不乱动物品	1. 做好盥洗准备：包括适温的流动水、肥皂、毛巾、漱口水、牙杯、牙刷等 2. 协助教师指导幼儿正确洗手、漱口、刷牙的方法和注意事项 3. 帮助年龄小的幼儿进行挽袖子、洗手等 4. 保持幼儿衣物干燥整洁，如果弄湿、弄脏及时更换 5. 帮助有需要的幼儿梳头发、剪指甲
午睡	1. 指导、帮助幼儿穿脱衣服，提醒穿脱的顺序与方法 2. 帮助幼儿盖被子，纠正不正确睡姿 3. 随时检查睡眠情况，安慰入睡困难幼儿 4. 要特别注意睡眠期间起床如厕幼儿的安全保护	1. 提供安静、通风、光线较暗、整洁的睡眠环境 2. 协助教师检查幼儿起床后的仪表，帮助个别幼儿整理 3. 保持幼儿起床后寝室整洁
离园	1. 安排幼儿安静活动 2. 与家长简单交流幼儿在园的生活、身体情况 3. 提醒幼儿回家前整理好玩具，清理好场地 4. 提醒家长将幼儿衣服、帽子清点好拿回家 5. 清点人数，做好交接班	1. 指导幼儿整理玩具，清理场地 2. 将活动室的环境整理得干净整洁

　　幼儿园生活照料是最需要耐心、细心和爱心的工作，是最能体现幼儿园教师辛勤的工作。爱在细微处，幼儿在园生活的方方面面都倾注了幼儿教师和保育员的心血。比如饮水环节，保育员要根据每个幼儿的饮水量和身体状况为其提供适宜的饮用水，看似平常的工作却需要保育员的细致和严谨。幼儿家长在家庭教育中也应努力配合幼儿园的一日生活常规，尽量使幼儿的教育实现"1+1 ＞ 2"。

四、保育队伍建设

保育员是保育工作的主体，保育员的专业素养直接影响幼儿园保教工作的质量。全面提高保育人员的素质，是促进幼儿园保教工作走向科学化、规范化的关键。

（一）明确"保育"的科学内涵

保育队伍建设之所以存在一些现实问题，影响保教工作的质量提升，从意识层面上看，是由于当前社会、家庭甚至幼儿园自身对保育工作缺乏科学全面的认识。世界卫生组织（WHO）对健康定义为"生理健康、心理健康、社会适应良好和道德健康"。生理健康主要指人在形态、结构、机能和环境适应上的良好状态；心理健康包括人的情绪、意志、人际关系等方面的良好状态；社会适应良好表现在主体适应社会环境变化和发展的过程中状态良好，具体包括群体关系、社会环境、应变能力、处理角色和工作能力等方面；道德健康是指信仰、品德、情操、人格等方面状态良好。可见，健康在当前是一个综合性的概念。

对"保育"的认识也应该从狭隘的传统观念上转变过来，即从单纯的"身体保健"转变为对幼儿身体、心理和社会适应三个方面的保育，既要关心身体的健康，也要关注心灵的健康和促进幼儿社会性的发展。

（二）支持与鼓励保育员在职培训

支持与鼓励保育员接受在职培训，能够促进保育员自身素质的提高，从而提高保育工作的质量和效率。比如，幼儿园可以定期组织开展关于保育的专题讲座，由幼教领域的专家或经验丰富的儿科医生就当前保育观念与误区、幼儿常见疾病的预防、心理健康教育等方面的理论与实践问题给予专业、科学的解读和示范；可以组织现场观摩活动，将保育工作中的某个环节进行系统的分析与评价，使保育员能结合自身工作中存在的问题进行自我反思；在职培训还可以与本园保育员的实际水平结合，与专家共建合作平台，通过专家的指导定期开展保育研究，增强保育员保教意识和保教技能。幼儿园可以参照《保育师国家职业技能标准（2021年版）》确定培训内容（见表9-3）。

表 9-3　保育师一级 / 高级技师

职业功能	工作内容	技能要求	相关知识要求
1. 环境创设	1.1　区域规划	1.1.1　能提出区域规划的方案 1.1.2　能对区域规划方案进行评估，并提出改进意见	1.1.1　区域规划的主要内容 1.1.2　区域规划方案评估知识
	1.2　材料开发	1.2.1　能自主研发活动所需的部分设施与材料 1.2.2　能利用自然材料整合形成多功能玩 / 教具	1.2.1　设施与材料的研发 1.2.2　多功能玩 / 教具的制作
2. 生活照料	2.1　营养与喂养	2.1.1　能制定膳食计划和科学食谱 2.1.2　能根据婴幼儿生长发育指标判断其营养状况，并调整营养与喂养策略 2.1.3　能为有特殊饮食需求的婴幼儿提供喂养建议	2.1.1　膳食计划制定方法 2.1.2　婴幼儿营养状况与喂养策略评估知识 2.1.3　婴幼儿特殊饮食知识
	2.2　睡眠照料	2.2.1　能评估婴幼儿睡眠的质量 2.2.2　能在观察评估的基础上，改进婴幼儿睡眠的照料策略	2.2.1　婴幼儿睡眠质量评估知识 2.2.2　婴幼儿睡眠照料策略

（续表）

职业功能	工作内容	技能要求	相关知识要求
2. 生活照料	2.3　生活与卫生管理	2.3.1 能发现有精神状态不良、烦躁等表现的婴幼儿，并加强看护 2.3.2 能识别婴幼儿的偏差行为，并适当应对	2.3.1 婴幼儿精神状况不良的表现及应对方法 2.3.2 婴幼儿偏差行为的表现及应对方法
3. 安全健康管理	3.1　健康管理	3.1.1 能评估健康指导方案，并提出改进意见 3.1.2 能协助家长寻求机构外的专业支持，解决婴幼儿的健康问题	3.1.1 婴幼儿健康指导方案评估知识 3.1.2 婴幼儿转介知识
	3.2　伤害预防	3.2.1 能评估预防婴幼儿伤害的管理细则，并提出改进意见 3.2.2 能指导开展伤害防控工作	3.2.1 伤害预防管理细则评估知识 3.2.2 伤害防控指导知识
	3.3　应急处置	3.3.1 能评估突发事件应急预案，并提出改进意见 3.3.2 能指导机构开展突发事件应急处理	3.3.1 突发事件应急预案评估知识 3.3.2 突发事件应急处理指导知识
4. 早期学习支持	4.1　促进动作发展	4.1.1 能评估婴幼儿动作发展水平 4.1.2 能对动作发展异常的婴幼儿给予指导或转介 4.1.3 能依据观察评估结果，改进婴幼儿动作发展领域的课程体系	4.1.1 婴幼儿动作发展评估知识 4.1.2 婴幼儿动作发展异常的干预知识 4.1.3 婴幼儿动作发展领域的课程体系
	4.2　促进语言发展	4.2.1 能评估婴幼儿语言发展水平 4.2.2 能对语言发展异常的婴幼儿给予指导或转介 4.2.3 能依据观察评估结果，改进婴幼儿语言发展领域的课程体系	4.2.1 婴幼儿语言发展评估知识 4.2.2 婴幼儿语言发展异常的干预知识 4.2.3 婴幼儿语言发展领域的课程体系
	4.3　促进认知发展	4.3.1 能评估婴幼儿认知发展水平 4.3.2 能对认知发展异常的婴幼儿给予指导或转介 4.3.3 能依据观察评估结果，改进婴幼儿认知发展领域的课程体系	4.3.1 婴幼儿认知发展评估知识 4.3.2 婴幼儿认知发展异常的干预知识 4.3.3 婴幼儿认知发展领域的课程体系
	4.4　促进情感和社会性发展	4.4.1 能评估婴幼儿情绪和社会性发展水平 4.4.2 能识别婴幼儿情绪和社会性发展问题，并给予指导或转介 4.4.3 能依据观察评估结果，改进婴幼儿情绪和社会性发展领域的课程体系	4.4.1 婴幼儿情绪和社会性发展评估知识 4.4.2 婴幼儿情绪和社会性发展问题的应对知识 4.4.3 婴幼儿情绪和社会性发展领域的课程体系
5. 培训与指导	5.1　培训	5.1.1 能制订区域性保育人才年度培训规划 5.1.2 能培训保育师师资队伍	5.1.1 培训规划的基本知识 5.1.2 师资培训知识
	5.2　指导	5.2.1 能根据机构发展水平进行业务指导 5.2.2 能对二级/技师及以下级别人员提供指导	5.2.1 机构业务相关知识 5.2.2 保育工作指导的方法和技巧
	5.3　研究	5.3.1 能针对机构发展需求进行相关分析与研究 5.3.2 能撰写相关研究报告或论文	5.3.1 调查研究的方法 5.3.2 报告或论文撰写知识

（三）完善保育工作的评估环节

加强保育员监督与管理工作，实行保育员资格认定制度和准入制度，严把保育员的入口关。完善保育制度建设，健全保育措施，规范保育员行为，建立科学合理的评估体系。幼儿园应针对本园实际，对卫生消毒、幼儿护理、教育配合等方面的工作提出具体的要求，制定详细的保育工作要求和具体操作细则，建立明确的目标体系，形成完善的考核制度，及时对保育工作进行检查监督，奖惩结合。

第二节　幼儿园班级日常生活的保育

班级是实施幼儿园保育工作的基本单位，对幼儿的发展有直接影响。幼儿园保育工作直接渗透在班级日常生活中的每一个细节，对幼儿园班级管理工作有重要作用。

一、幼儿园班级概述

微课

幼儿园班级保育概述

幼儿园班级是对3～6岁幼儿进行保教活动的基本单位组织。

（一）幼儿园班级的特点

幼儿园工作的性质和幼儿身心发展规律决定了幼儿园班级具有担负着保育和教育双重任务的特殊性，幼儿园班级的特点主要有制度性、保教渗透性和集体性[①]。

1. 制度性

制度性指幼儿园班级作为一个社会组织，其成员必须遵守共同的行为规范和组织秩序，从而保证班级活动的统一性和连续性。幼儿园班级是幼儿和教师共同组成的集体，必然会有相应的组织制度规范。幼儿一旦从单一的家庭生活中走进幼儿园，就意味着班级生活和集体生活的开始，幼儿要接受群体生活制度的约束，并在此过程中学习遵守公共秩序和规范，逐渐培养遵守规则的意识。

2. 保教渗透性

保教渗透性指幼儿园班级工作要做到保育和教育相结合、相渗透，保中有教，教中有保。幼儿园班级的一切工作都具有保教渗透性。幼儿从入园开始的一切活动，包括晨检、早谈、早操、游戏、教学、户外活动、听故事、离园等各种活动都要将保育和教育工作相互结合、渗透。

3. 集体性

幼儿园班级就是一个小的"社会群体"，也是幼儿们共同的集体活动场所。在这个集体中，教师群体之间、幼儿群体之间和教师与幼儿之间形成了各种关系，也是班级中的基本关系。幼儿园班级是执行幼儿园保教任务的基本单元，因此，幼儿园班级的组织管理水平直接影响着幼儿园保教工作的质量。

（二）幼儿园班级的功能

幼儿园班级的功能主要表现在规范功能、发展功能和激励功能。[②]

---

① 姚伟.学前教育原理［M］.长春：东北师范大学出版社，2012：147-150.
② 姚伟.学前教育原理［M］.长春：东北师范大学出版社，2012：150-151.

1. 规范幼儿的行为养成

幼儿园班级对幼儿的心理健康与行为养成具有明显的规范作用。幼儿阶段较喜爱模仿他人的言行，因而在幼儿园班级这个集体氛围中，幼儿的言行会因为对教师和同伴的模仿而发生改变，因此，良好的模范和榜样会在无形之中给予幼儿言行的规范作用。这种班级生活是在科学安排和周密计划的基础上进行的，它规范班级幼儿的发展方向，避免幼儿产生不良行为。教师通过对班级规范化的管理和组织实施教育活动，能使教师高效地保证教育活动有序进行。

2. 促进幼儿身心全面和谐发展

幼儿园班级制度可以促进幼儿全面和谐发展。首先，幼儿园班级的规范化会使幼儿养成有规律的作息习惯，十分有利于幼儿身体健康。教师会经常以班级为单位组织幼儿进行体育活动，如早操、体育游戏活动、户外活动等，这些活动有利于锻炼幼儿的身体，增强幼儿体质。其次，促进幼儿认知的发展。在幼儿园班级中，教师会用直观、具体、形象的教育教学形式培养幼儿感官能力、言语能力和想象力，促进思维的发展，提高幼儿的智力水平。再次，促进幼儿情感的发展。幼儿在班级中通过教师的引导，与同伴合作交往，对他人提供帮助或接受帮助，在游戏中竞技，建立自尊、自爱的情感，学会体谅、关爱别人等。最后，促进幼儿社会性发展。社会性是指人在形成自我意识、进行社会交往、内化社会规范的道德准则、进行自我控制，以及表现其他社会行为时所表现出的心理行为特征。有效的班级管理能够促进幼儿社会性的良好发展。

3. 激励幼儿的主动性

幼儿园班级是一个潜在的激励场，对幼儿的影响是多方面、多方位和多层次的。需求是产生动机的原动力，激励的动因就在于个体积极需求的满足。幼儿园班级作为一个以集体主义为价值导向的社会共同体，能够满足和引发幼儿积极的心理需求，激励幼儿的主动发展。幼儿园班级作为幼儿生活、学习、交往的重要环境，能够多方面地满足幼儿发展的需要。

（三）幼儿园班级的结构

1. 保教人员

保教人员的主要任务是完成幼儿保育和教育的任务，是幼儿园班级管理的主要承担者。幼儿身心发展的特点决定了保教人员的工作具有保教结合的双重任务。随着学前教育事业的逐步发展，我国幼儿园保教人员在结构上也发生了一些变化。如保教人员的年龄结构呈现年轻化特点，学历结构呈现上升趋势，但从整体上看保教队伍的建设仍需进一步提高。

2. 幼儿

幼儿是班级的主体。我国幼儿园的分班一般是按幼儿年龄层次划分为小班（3～4周岁）、中班（4～5周岁）、大班（5～6周岁）。另外，还有学前班和混龄班等形式。未来的幼儿园将向低龄化发展，3岁以下婴幼儿会进入幼儿园，幼儿园会按照居民需求设置托班，甚至会有托小班、托中班、托大班。

3. 环境设施

（1）物质环境

物质环境主要包括幼儿园户外环境和室内环境。户外环境是幼儿户外活动的场所，可以分为活动区、器械区和种植饲养区（图9-1和图9-2）。室内环境是幼儿活动的主要空间，幼儿大部分学习与活动都依托室内环境。室内环境主要有活动区、睡眠室、廊道、贮藏室、盥洗室等。此部分在第八章有具体阐述，在此不再赘述。

（2）心理环境

心理环境涵盖幼儿生活、学习的全部空间，主要表现在幼儿园班级的心理氛围上。心理氛围受幼儿园班级中幼儿与同伴之间的关系、幼儿与教师之间关系的影响。教师以亲切、友善的言行与态度对待幼儿，能够使幼儿对教师产生亲切感，缩短幼儿与教师之间的心理距离。幼儿与同伴之间

图 9-1　户外沙池

图 9-2　种植区

的交往，能够满足幼儿交往的需要，使其学会分享与合作。总之，心理环境的和谐，能够满足幼儿情感与社会性发展的需要，使幼儿对周围环境产生信任感和安全感，更好地融入幼儿园的学习和生活。

二、幼儿园班级管理的内容

幼儿园班级管理是指保教人员通过协调班级内外的各种因素，以达到高效率实现保育和教育目的的综合性活动。简而言之，就是对班级工作的人、财、物和信息等的管理。

（一）保育工作的管理

幼儿园保育工作的管理是对幼儿在园的起居、饮食等日常生活方面的管理，是幼儿园保育工作的重要内容，是幼儿教育工作的前提，它构成了幼儿园一日常规生活管理的基础。保育管理几乎涵盖了幼儿在园的全部生活活动，如睡眠、饮食、如厕、盥洗、穿衣戴帽等。因此，班级幼儿保育管理为幼儿提供了膳食、作息、活动场所、学习材料等物质条件，满足了幼儿均衡营养、良好睡眠、安全卫生防护等身体生长发育的需要，使其逐步养成良好的生活习惯和提升生活自理能力。保育人员可通过对幼儿一日常规生活的观察与记录（见表9-4[①]），了解幼儿发展水平，针对幼儿在生活中的问题行为给予及时的矫正与规范。

表 9-4　班级幼儿生活行为观察记录表

观察对象_____　　观察者_____

观察项目	观察内容	观察记录评定
洗手	饭前、便后、手脏时洗手	
	自己卷衣袖	
	自己擦肥皂，并冲洗干净	
	用毛巾擦干手	
洗脸	叠、绞毛巾	
	有顺序地洗脸	
	有鼻涕会擦掉再洗	

---

① 唐淑，虞永平. 幼儿园班级管理［M］. 南京：南京师范大学出版社，1997：66-68.

（续表）

观察项目	观察内容	观察记录评定
漱口	不仰漱，不咽下漱口水	
	餐点后能自己漱口	
大小便	定时大便	
	会使用厕纸	
	小便姿势正确	
睡眠	入睡、起床安静	
	固定地方穿脱衣服，30分钟入睡	
	睡眠时两手自然放置，不玩物品，自然入睡	
穿脱衣服	会脱鞋袜，整齐放好	
	会穿鞋袜，分清左右脚的鞋了	
	会脱衣裤，叠放整齐	
	会按顺序穿衣、裤	
	衣裤不穿反，分清前后，扣好扣子，翻好领子	
整理床铺	会铺、叠小被子	
	会整理、拉平床单	
进餐	会使用餐具，轻拿轻放餐具	
	充分咀嚼，不挑食	
	按时（30分钟）吃完一份饭菜，碗内不剩饭菜	
	进餐时保持桌面干净、地面干净、身上干净	
饮水	定时、定量供水要喝完	
	口渴时主动表示要喝水	
	喝水时不用手，不在嘴里玩水	
个人卫生习惯	不用手揉眼睛	
	不抠鼻孔、耳朵	
	不吮咬手指	
	不把衣物放入耳、鼻、嘴中	
	保持衣物整洁	
	保持手、脸干净	
环境保护意识	不随地吐痰	
	不乱涂、画	
	不随地扔东西	

说明：

a. 此表适合于对3～6岁幼儿在园生活习惯的观察，在不同年龄班，教师观察内容可有侧重。

b. 教师也可用此表对幼儿进行跟踪观察记录，记录幼儿的发展情况。

（二）教育工作的管理

幼儿园教育管理是对保教人员根据幼儿发展水平和特点，设计教学活动、记录教学活动过程、评估教学活动结果、反思教学效果的系统过程的管理，是班级保教人员最基本的管理工作，也是幼儿园各项管理工作的中心环节。幼儿园班级的教育管理直接影响幼儿园教育教学水平，是衡量幼儿园质量的指标。主要内容有：结合家访和对幼儿的观察分析，评估班级幼儿发展水平；制订详细的幼儿教育教学计划、方案，布置幼儿园教育教学环境；检查教育教学计划，实施教育教学方案，做好教学效果记录；完成教学任务，评估教学效果；等等。

（三）其他方面的管理

其他方面的管理是指除了幼儿园保育管理、教育管理以外的班级管理工作。这些管理工作虽然不在幼儿园班级管理中占核心位置，但是对促进幼儿园保教工作的提高也同样具有一定价值，比如家庭幼儿教育管理、社区幼儿教育管理等。

三、幼儿园班级一日生活的保育

幼儿园的保育工作主要体现在日常生活中，是对幼儿每天所需的衣食住行的科学养育。一日生活涉及多方面，包括入园、晨检、早操、游戏、体育、午睡、盥洗、餐点、娱乐、户外活动、自由活动、离园等（见表9-5[①]）。一日生活的保育，深入幼儿学习与生活的细节之处，对幼儿个人卫生和行为习惯的养成有重要的作用。如在指导幼儿洗手时，要帮助幼儿掌握正确的洗手顺序：卷袖、湿手、用洗手液、搓手、流动水冲洗、甩手、擦干净手。又如，在护理幼儿大小便时，要教会年龄较大的幼儿自己使用手纸（女孩：从前往后擦），帮助年龄较小的幼儿使用手纸；观察幼儿的大小便情况，发现异常及时与保健员联系等。

表 9-5　幼儿园班级一日生活安排（非寄宿制幼儿园）

幼儿班级：　　　　　日期：

时　　间	活动项目	活动准备	活动地点	参加者	备　　注
7:00—7:30	入园及晨检	晨检设备	幼儿园门口	幼儿、保健医生	保管个别幼儿的日服药品
7:30—8:00	晨间活动	场地设备	室内及户外活动场	幼儿、教师、保育员	对孤独症儿童、肥胖儿的重点辅导
	如厕、盥洗	教师或保育员及时提醒			要求幼儿及时如厕
8:00—8:45	早餐	就餐环境和餐具	活动室	幼儿、值日生、保育员、教师	注意就餐的气氛和进餐习惯
8:45—9:20	早餐谈话（分享活动）	确定主题或早已布置的主题	活动室或其他适宜地点	幼儿、教师、保育员	注意倾听和表达的培养，每个幼儿都有机会
9:20—10:00	自选活动	活动区和活动室的预先布置	活动室	幼儿、教师	教师指导、观察、记录
10:00—11:00	户外体能活动	活动场及设备的安全	活动场	幼儿、教师、保育员	教师和保育员对幼儿的安全保护及活动指导
11:00—11:15	如厕、盥洗、喝水	有秩序进行	室内	幼儿、教师、保育员	提醒幼儿换衣服

---

① 姚伟.学前教育原理［M］.长春：东北师范大学出版社，2012：149-150.

（续表）

时　间	活动项目	活动准备	活动地点	参加者	备　注
11:15—11:30	集体活动	活动主题和方式	室内	幼儿、教师	相对安静的活动
11:30—12:00	午餐	进餐环境	室内	幼儿、值日生、教师、保育员	注意就餐气氛和进餐环境
……	……	……			

第三节　0～3岁婴幼儿保育

一、0～3岁婴幼儿保育的内涵

0～3岁婴幼儿保育是指3岁以下婴幼儿的父母或者其他监护人、托育机构工作人员等，对婴幼儿进食、睡眠、活动等日常生活事务的照料、对身体异常的治疗、对身心发展状况的干预和保健等一系列活动的总称。

相对于3～6岁幼儿的保育，0～3岁婴幼儿保育更加侧重对身体的照护服务，因此保育是0～3岁婴幼儿托育的重点。

微课

0～3岁婴
幼儿保育

二、0～3岁婴幼儿保育的内容

婴幼儿保育所包括的内容主要涉及婴幼儿饮食与喂养、睡眠照料、卫生保健、疾病护理、运动训练五大方面。

（一）婴幼儿饮食与喂养

婴幼儿正处于快速生长发育阶段，营养与生长发育有密不可分的关系。从胎儿期开始，就要注重对婴幼儿营养素的提供。不同的营养素对生长发育有不同的价值，根据营养素的作用，可以分为碳水化合物、蛋白质、脂肪、维生素、矿物质、水和膳食纤维七大营养素。

婴幼儿营养素的提供要尊重"全面均衡，有所侧重"的原则，在婴幼儿生长发育的任何阶段都要保证饮食的均衡，并要根据婴幼儿生长发育特点有所侧重。比如在胎儿发育早期，为了保证胎儿神经系统正常发育，要补充足够的"叶酸"；新生儿在6月龄之前以母乳或者配方奶粉为饮食，6月龄以后再进行辅食的添加；根据婴儿消化液的特点，辅食中蛋白质和脂肪添加要先于碳水化合物等。

婴幼儿餐食的制作要结合其生理特点与需要，遵循"安全、营养、健康、适宜"的原则，在食材选购、加工制作、营养搭配等方面合理安排。比如婴幼儿饮食制作适合采用蒸、煮、煨、炖、汆等烹饪方式，不适宜采取煎、炸、烤等方式；要选择新鲜、应季的食材，保证一日餐食中禽肉类、蛋奶类、蔬果类、乳类和豆类、粮谷类的合理搭配，注重食物多样化、荤素搭配、粗细搭配、干稀搭配、颜色搭配等，限制或控制调味品、盐糖类的添加；婴儿食物的加工相对成人要软、烂、细，拒绝给婴儿提供碳酸饮料、膨化食品等不健康的饮食。

（二）婴幼儿睡眠照料

睡眠是婴幼儿非常重要的生理状态，婴幼儿每天必须要保证充足的睡眠，睡眠可以促进婴幼儿生长发育、神经系统发育，提升免疫力，增长智力等。孩子的年龄越小，需要的睡眠时间越长，睡眠次数越多。婴幼儿睡眠照料分为睡前、睡中、睡后三个环节。

睡前要给婴幼儿营造一个温馨、舒适、安静的睡眠环境。婴儿房应朝南、通风，色彩光线柔和。1岁以上的婴幼儿应该拥有独立的婴儿床，睡前可播放轻柔的音乐，音乐有安抚和帮助放松入睡的功效；睡前不要让婴幼儿过多饮水，不进行激烈运动，可通过温水沐浴，给婴幼儿更换宽松、舒适、柔软的睡衣帮助其尽快入睡。

睡眠过程中要注意对婴幼儿的看护，纠正和调整婴幼儿的睡姿。婴幼儿常见的睡姿包括俯卧、仰卧、右侧卧，过去家长认为俯卧是不适宜的睡姿，现在医学界提倡俯卧位睡，俯卧睡可以提高婴幼儿肺活量，促进其呼吸系统的发育，家长不必担心由于俯卧睡导致孩子窒息的问题。6个月以后可由孩子自己选择睡姿，但在睡眠过程中如果孩子长时间保持一个睡姿，可以帮助其调整不同睡姿，以免长时间单一的姿势造成血液不流通。在睡眠过程中要观察婴幼儿的睡眠状态，如发现发热、盗汗等问题，要及时处置，查看婴幼儿是否患病；容易尿床的孩子在适当的时间唤醒小便。

婴幼儿起床时要关掉窗户，不要用粗暴的方式唤醒，可通过提前播放轻音乐的方式唤醒。醒来后要帮助婴幼儿穿好衣物，及时补充奶水。

（三）婴幼儿卫生保健

婴幼儿卫生习惯要从小培养，卫生保健主要包括洗漱、排便两个方面。洗漱包括洗手、洗脸、漱口刷牙、洗澡。0～3岁的婴幼儿夏季应该养成每天洗澡的习惯，其他季节根据气温和婴幼儿活动情况调整洗澡的频率。洗澡应选购婴幼儿浴盆，选择婴幼儿专用洗护用品，洗澡的时间最好安排在晚上睡觉前。洗手是婴幼儿一日生活中最频繁的卫生工作，由于婴幼儿手接触的物品多，且经常将手放入嘴里或者用手抓取食物，因此一定要注意勤洗手，饭前便后、户外活动后要勤洗手。并且要培养婴幼儿正确的洗手方法，这不仅是卫生习惯的培养，更是秩序感和认真细致品格的养成过程。2岁以上的幼儿要养成饭后漱口的习惯，3岁的幼儿要开始学习刷牙，刷牙要注意正确的方法。婴幼儿的这些习惯一旦养成之后很难改变，因此家长不可等闲视之。

排便是婴幼儿非常重要的卫生习惯，按照弗洛伊德理论，1.5～3岁是肛门期，这个时期是训练孩子大小便习惯和规律的关键期。大小便习惯不仅关系到孩子卫生习惯，还会影响孩子将来的人格发展。1.5岁之前的婴幼儿允许使用尿不湿，但是需要其从出生后几个月开始就养成固定时间排便的习惯，这和家长的教养意识与责任密不可分。1.5岁之后幼儿就不适合再使用尿不湿，家长要循序渐进地练习孩子的排便习惯，在时间上要固定，比如睡前、起床后、饭后等时间，排便的地方也要固定，最好选择在卫生间，同时给孩子提供合适的便盆。训练的时间越早效果越佳，如果到3岁都没有养成良好的排便习惯，会影响到孩子的入园适应。

（四）婴幼儿疾病护理

0～3岁婴幼儿由于抵抗力较低，适应环境能力较差，容易患病，尤其在传染病高发季节，要特别重视婴幼儿的身体健康。在日常生活中，可通过加强户外锻炼提升婴幼儿的体质，通过提供充足的营养，尤其是新鲜蔬果增强婴幼儿免疫力。在冬春传染病多发季避免带孩子去人流集中的场所，以免感染传染性病毒和细菌。家中要常备婴幼儿常用药物，孩子生病后要做好疾病护理，如果生病较严重，要及时就医。

（五）婴幼儿运动训练

婴幼儿期是人的一生中生长发育最迅速的时期，适宜的运动不仅能够提高婴幼儿的身体素质，而且能促进其认知和社会性的发展，适宜的运动对孩子发展极为有益。婴幼儿动作发展遵循从大动作到精细动作发展的规律，婴幼儿年龄越小，越应该注重大肌肉、大动作的练习。大动作主要通过户外摸爬滚打进行练习，精细动作以手指动作练习为主，除专门操作性玩具练习之外，还可以通过日常生活中捏面人、择菜、系扣子等生活活动进行练习。

三、0～3岁婴幼儿保育的原则

（一）科学性原则

早在20世纪二三十年代，中国幼教之父陈鹤琴先生就提出"尊重儿童发展的规律"，强调把孩子的教养建立在科学观察和研究的基础之上。"科学性"是婴幼儿保教的首要原则，了解和掌握婴幼儿生理、心理发展的规律和特点是进行科学化教养的前提。比如在辅食添加环节，必须按照婴幼儿身体发育所需的营养量，了解不同食物的营养价值和作用，合理安排婴幼儿一日食谱才能促进婴幼儿的健康发育。一些传统的育儿方式比如"打蜡烛包""捂月子"等不科学的做法，会限制孩子的正常发育。家长在教养过程中要尊重孩子的发展时间表，不要出现"揠苗助长"的问题，比如在孩子6月龄的时候让其练习走路，在2岁的时候练习写字等，这些违背儿童成熟水平的做法都是不可取的。婴幼儿保育的科学性原则是综合性的，它包括要遵守婴幼儿发展的顺序性、阶段性、不平衡性，主要侧重要按照婴幼儿身心发展规律进行保育。

（二）个体差异性原则

学前期是个人发展差异最大的时期，孩子年龄越小，差异性越大，发展速度越快。个体差异性包括两个方面，一是个体间的差异，不同个体之间的差异大；二是个体内的差异，同一个体在不同时间段差异大。比如1岁之内的婴儿，每个月都会有很大的变化，因此在教养过程中一定要考虑到婴儿的个体差异。有些婴儿和同龄人相比发育较迟缓，且差异非常显著，我们要尊重其发展水平和能力，不能按照理论标准采取教条化的教养方式。同时也要认识到发育迟缓不等于"落后"，每个孩子的发展速度、步调不同，要尊重这种差异性和不均衡性。比如同样是2岁的孩子，有些已经断奶，有些还需要继续提供奶水；有些孩子白天上下午各睡一次，有些只有下午睡一次，这种差别是正常的。

（三）保教结合原则

0～3岁的婴幼儿以保育为主，教育为辅，但是在保育过程中要注重保教结合，保育中渗透了许多教育元素，要充分利用保育的契机培养婴幼儿良好的品德。比如在户外运动攀爬中锻炼孩子克服困难和勇敢的品质，在学习洗手的过程中让孩子学会按要求认真完成任务，拒绝给孩子购买不健康的食品和满足其不合理的要求。保育和教育是相辅相成的，在教养过程中两者只有齐头并进才能更好地促进婴幼儿的健康成长。

（四）示范性原则

示范性原则也称为榜样性原则，是指家长在教养过程中以身作则，为孩子树立良好的榜样行为和示范。0～3岁婴幼儿一切要从头学起，而且观察模仿能力特别强，家长要给孩子做良好的行为榜样和示范，比如家长带头不挑食、不吃不健康的零食、不喝碳酸饮料。另外，家长在卫生习惯和运动方面要给孩子做好示范。比如教孩子正确的洗手方法，教孩子自己穿脱衣服。由于孩子缺乏前期的经验，因此需要家长耐心地进行正确的教导。需要注意的是，孩子的学习有个循序渐进的过程，家长不要急于求成，也不要因为孩子做得不好就不给他们练习的机会，或者由家长包办代替。只有优秀的父母才能培养出优秀的孩子，因此家长要争做合格的父母。

四、0～3岁婴幼儿保育的政策实施

在过去相当长的时期内，学前教育的重心都放在面向3～6岁幼儿的幼儿园教育阶段，学前教育被默认为幼儿园教育。2019年两会政府工作报告中，首次提出"加快发展多种形式的婴幼儿照护服务、支持社会力量兴办托育服务机构"的方向性要求，0～3岁托育正式进入公众、学术的视野，因此2019年也被称为"托育元年"。2023年中央财经委员会第一次会议强调大力发展普惠性托育服务体系，以人口高质量发展支撑中国式现代化。发展普惠性托育服务成为当前0～3岁婴幼儿托育的发展方向和目标，自2019年国务院办公厅发布《关于促进3岁以下婴幼儿照护服务发展的指导意见》，近年来国家卫健委等部门先后发布了《托育机构设置标准（试行）》等多项政策文件（见表9-6[①]），以支持和保障婴幼儿托育事业的发展。

表9-6　近几年国家颁布的托育政策文件

发布时间	政策文件名称	发布机构
2019.04	《关于促进3岁以下婴幼儿照护服务发展的指导意见》	国务院办公厅
2019.10	《托育机构设置标准（试行）》	国家卫健委
2019.10	《托育机构管理规范（试行）》	国家卫健委
2021.01	《托育机构保育指导大纲（试行）》	国家卫健委
2021.01	《托育机构婴幼儿伤害预防指南（试行）》	国家卫健委
2021.08	《托育机构负责人培训大纲（试行）》	国家卫健委
2021.12	《托育机构婴幼儿喂养与营养指南（试行）》	国家卫健委
2021.12	《托育综合服务中心建设指南（试行）》	国家卫健委
2022.01	《托育机构消防安全指南（试行）》	国家卫健委、应急管理部
2022.11	《托育从业人员职业行为准则（试行）》	国家卫健委
2022.11	《3岁以下婴幼儿健康养育照护指南（试行）》	国家卫健委
2023.10	《家庭托育点管理办法（试行）》	国家卫健委等
2023.10	《托育机构质量评估标准》	国家卫健委

随着人口出生率的不断下降，0～3岁婴幼儿照护服务作为一种社会福利和民生工程被列入了政府绩效。2019年出台的《关于促进3岁以下婴幼儿照护服务发展的指导意见》（简称《指导意见》，是0～3岁婴幼儿托育发展的纲领性文件，《指导意见》中的发展目标提出"到2025年我国婴幼儿照护服务的政策法规体系和标准规范体系基本健全，多元化、多样化、覆盖城乡的婴幼儿照护服务体系基本形成"。近年来托育服务发展主要围绕三大体系，即"政策法规体系、标准规范体系、服务供给体系"。全国各地区在国务院、国家卫健委指导和支持下不断探索0～3岁婴幼儿照护服务的新模式，也取得了一系列成果和经验。在迎来新机遇的同时，托育服务面临服务供给总量不足、结构性供需失衡、人才队伍专业化程度低、课程缺乏规范、质量与公平缺失等发展瓶颈。

近年来0～3岁托育发展取得的主要进展包括以下三个方面：第一，0～3岁婴幼儿照护服务由"家事"变为了"国事"，越来越受到政府部门的重视，国家对托育的支持和投入力度不断增加；第二，

---

① 根据官网政策发布时间整理。

0～3岁婴幼儿托育服务趋于多元化，托育机构迅速增长，规范化、科学化程度越来越高，家庭托育和社区托育成为托育的有效补充；第三，0～3岁婴幼儿照护政策法规体系逐渐完善，国务院办公厅、国家卫健委等部门出台一系列政策法规支持和保障托育服务的发展。

当前0～3岁婴幼儿普惠性托育服务体系成为新的学前教育政策热点，未来幼儿园"幼托一体化"将成为实现普惠性托育的重要途径。从2022年起幼儿园"招生难"问题逐渐凸显，民办幼儿园"一孩难求"成为常态，且逐步从三线城市延伸到一、二线城市，许多公办园和民办园开始将多余学位用作招收托班，这意味着0～3岁婴幼儿将在许多公办园享受普惠性照护服务。另外，随着社区的不断完善，社区托育服务也将助力家庭托育，0～3岁婴幼儿托育将真正从"家事"变为"国事"。

思考与练习

一、单项选择题

1. 幼儿园保育工作的特点包括科学性、教育性、（　　）和全面性。
　　A. 专业性　　　　　　B. 参与性　　　　　　C. 日常性　　　　　　D. 生活性
2. （　　）是幼儿园保育的核心。
　　A. 饮食营养　　　　　B. 生活照料　　　　　C. 盥洗　　　　　　　D. 午睡
3. （　　）幼儿大小便可以自理。
　　A. 托班　　　　　　　B. 小班　　　　　　　C. 中班　　　　　　　D. 大班
4. （　　）的专业素质直接影响幼儿园保教工作的质量。
　　A. 教师　　　　　　　B. 保育员　　　　　　C. 后勤人员　　　　　D. 教学人员
5. 幼儿园班级的特点主要有制度性、（　　）和保教渗透性。
　　A. 集中性　　　　　　B. 集体性　　　　　　C. 个性　　　　　　　D. 多元性
6. （　　）为托育元年。
　　A. 2018年　　　　　　B. 2019年　　　　　　C. 2020年　　　　　　D. 2021年
7. （　　）是儿童的肛门期。
　　A. 1岁　　　　　　　B. 1.5～3岁　　　　　C. 3～4岁　　　　　　D. 4～5岁

二、判断题

1. 幼儿园教育区别于中小学教育的特征是遵循"保教结合"原则。　　　　　　（　　）
2. 保育就是保护幼儿机体健康和身体发育。　　　　　　　　　　　　　　　（　　）
3. 幼儿园必须把保护幼儿的生命和促进幼儿的健康放在工作的首位。　　　　（　　）
4. 对待幼儿园意外事故，要采用预防为主的原则。　　　　　　　　　　　　（　　）
5. 保育员的主要职责是负责婴幼儿保健、养育和协助教师的教育教学工作。　（　　）
6. 幼儿的健康是指生理健康和心理健康。　　　　　　　　　　　　　　　　（　　）
7. 幼儿园班级是保教活动的基本单位组织。　　　　　　　　　　　　　　　（　　）
8. 幼儿园班级的特点主要有制度性、集体性、保教渗透性。　　　　　　　　（　　）
9. 保育工作的管理构成了幼儿园一日常规生活管理的基础。　　　　　　　　（　　）
10. 幼儿园管理是对人、财、物的管理。　　　　　　　　　　　　　　　　　（　　）

三、简答题

1. 简述幼儿园班级的功能。

2. 简述幼儿园班级的结构。

3. 简述 0～3 岁婴幼儿保育的内容。

4. 简述 0～3 岁婴幼儿保育的原则。

四、论述题

1. 结合实例论述幼儿园班级管理的内容。

2. 从政策的角度论述近年来托育事业的主要进展。

• 推荐阅读 •

1. 乌焕焕，李焕稳主编：《0～3 岁婴幼儿教育概论》。单元三：0～3 岁婴幼儿教养的落实。本部分介绍 0～3 岁婴幼儿教养目标与内容，0～3 岁婴幼儿教养原则、途径与方式，0～3 岁婴幼儿课程实施。

2. ［美］杰克琳·波斯特、玛丽·霍曼、安·S.爱波斯坦著，唐小茹译：《高瞻 0～3 岁儿童课程——支持婴儿与学步儿的成长和学习》。第一章：主动学习和关键发展指标。本章介绍婴儿和学步儿是怎样学习的，婴儿和学步儿学习什么，成人如何运用关键发展指标来支持婴幼儿早期学习。

第十章
学前教育中的家校社合作

本章导读

本章主要讲述学前教育中家校社合作的相关理论与实践问题。第一节讲述学前儿童的家庭教育；第二节讲述亲职教育；第三节讲述社区学前教育；第四节讲述家校社三结合教育，重点阐述三结合教育的内容和途径；第五节讲述幼儿园和小学教育的衔接，重点阐述幼小衔接的任务、策略与国外经验。

学习目标

- 掌握幼儿园、家庭、社区合作的内容与途径。
- 掌握幼儿园与小学衔接的内容与途径。
- 了解国外幼小衔接的经验。

知识架构

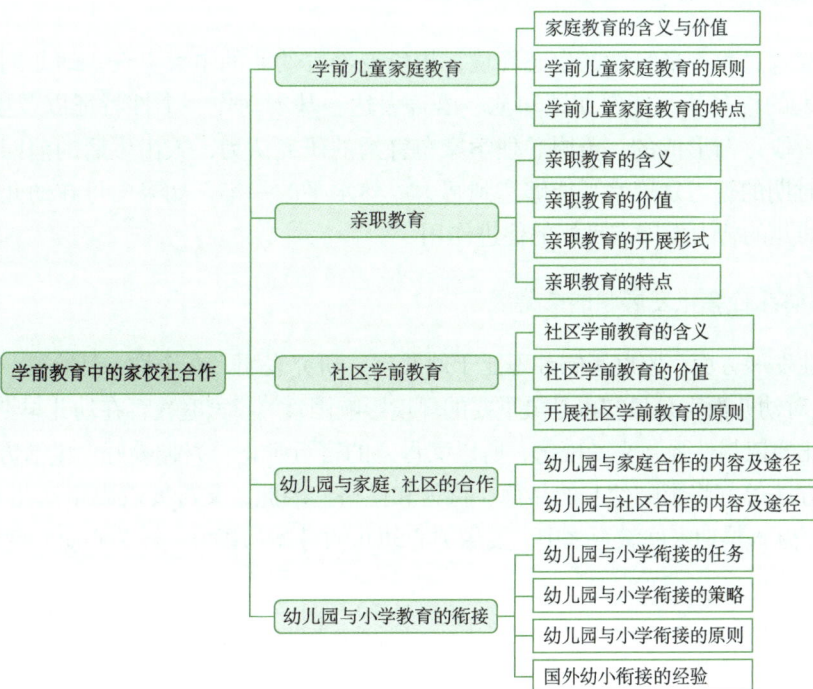

案例思考

辰辰幼儿园大班毕业了，辰辰妈妈非常焦虑，四处打听是否要上幼小衔接班，多次向幼儿园王园长和归属小学的教师咨询。王园长告诉她："不要焦虑，幼儿园和小学、社区有一些长效沟通，会支持孩子有效衔接。"小学教师也告诉她不要担心，学校早和幼儿园对接了。

思考 请问案例中呈现了幼儿园和哪些机构之间的关系？这些关系对幼儿有什么影响？

《纲要》指出："幼儿园应与家庭、社区密切合作，与小学相互衔接，综合利用各种教育资源，共同为幼儿的发展创造良好的条件。"幼儿园作为学前教育的主要机构，不仅要做好幼小衔接工作，也要保持与家庭和社区的合作。

第一节 学前儿童家庭教育

家庭是社会最基本的单位，儿童从出生到发展，最先接触的就是家庭。良好的家庭教育对儿童的成长具有极其重要的意义。

一、家庭教育的含义与价值

家庭教育一般是指家庭中的父母及成年人对未成年孩子进行教育的过程。其教育目标应是在孩子进入社会接受集体教育（幼儿园、学校教育）之前保证孩子身心健康的发展，为接受幼儿园、学校的教育打好基础。[1] 家庭教育由于发生在家庭之中，与幼儿园、学校教育、社会教育不同，它是幼儿最早接触的教育形式，对幼儿具有重要影响。

（一）家庭是幼儿成长中最早接触的生态环境

家庭是幼儿成长过程中最自然的生态环境，担负着养育幼儿的重大责任。幼儿期正处于各项机能发展的关键期，人的许多基本能力如感知觉、语言表达、基本动作、个性特征以及生活卫生习惯等，都是在这个年龄阶段逐渐形成的。美国心理学家布鲁姆的研究认为，人出生后的前四年是智力发展最快的时期，这一时期的智力发展水平能够达到智力成熟水平的一半。如果父母在幼儿阶段实施科学的家庭教育，将对幼儿的智力发展有良好的促进作用。

（二）家庭是幼儿社会化发展中的关键因素

在幼儿社会性发展方面，家庭影响并不亚于幼儿园。研究表明，在个性、社会性、智力发展和文化特征等方面，家庭对幼儿而言是最初也是最重要的环境影响因素[2]。家庭教育在幼儿早期品格养成中起着关键性作用。幼儿的依赖性强，喜爱模仿，所以父母亲的言行举止、兴趣爱好、生活方式、人际交往关系、教养态度与方法等都将影响幼儿的品德、行为和性格。因此，父母要着眼于幼儿全面发展，将德、智、体、美的教育融入早期家庭教育之中，要像关心幼儿的身体和智力一样关心幼儿良好品格的养成。

---

① 曹莉.家庭教育：营造孩子成长环境的艺术［J］.科学大众（科学教育研究），2011（6）：107.
② 李季湄，肖湘宁.幼儿园教育［M］.北京：北京师范大学出版社，1997：110.

（三）家庭为幼儿未来发展奠定基础

家庭是幼儿的第一所学校。父母的生活观念、教育期望等都对幼儿一生的成长有着潜移默化的影响。一般来说，观念自由开明的父母，在家庭教养观念上，更加愿意让幼儿拥有自主权，不会强行要求幼儿做什么或不做什么，而是注重引导，在关键时刻为幼儿提供良好的建议。反之，观念保守陈旧的父母，在教养方式上往往具有强制性，这种家庭环境下成长的幼儿在思维上会受到局限，缺乏自信，常常表现为自卑或盲从。因此，家庭教养观念对幼儿未来发展的影响深远。

> **小资料**
>
> 《中华人民共和国家庭教育促进法》于 2021 年 10 月 23 日在第十三届全国人民代表大会常务委员会第三十一次会议通过。这是一部国家为家庭教育提供指导、支持和服务的法律，更多的是解决家长对未成年子女如何进行引导的问题，可为家长赋能。
>
> 这部法律通过制度设计采取一系列措施，实现家庭教育由以家规、家训、家书为载体的传统模式，向以法治为引领和驱动、以社会主义核心价值观为主要内容、以立德树人为根本任务的新模式迭代升级，将家庭教育由传统"家事"上升为新时代的重要"国事"。

二、学前儿童家庭教育的原则

（一）因材施教原则

幼儿在认知过程、情绪情感、个性特征等方面各有特点，家长不能仅凭一己之愿，过早对幼儿的发展方向下定论，而应该根据幼儿的具体情况，采取适当的方法，按照因材施教、全面发展的原则，进行有针对性的教育。同时要根据幼儿身心发展的规律，因势利导，对幼儿进行启发、引导和帮助。应在满足幼儿多方面发展需要和兴趣爱好的基础上培养幼儿特长。

（二）循序渐进性原则

在向幼儿传授知识与经验时，要注意新旧知识的联系，增强知识的系统性，不要急于教授新的内容，要按照循序渐进的原则进行。幼儿身心尚未成熟，在生理和心理上都与小学生有着很大的差别，不能用看待小学生的思维方式和标准对待幼儿。幼儿离园回家后，若家长要求幼儿写字、算算术，使幼儿教育小学化，会致使幼儿难以接受，产生厌倦情绪，这样做的结果往往事与愿违。因此，从幼儿的实际水平出发循序渐进地启发引导幼儿，才能达到良好的教育效果。

（三）榜样性原则

家庭是幼儿的第一个教育启蒙单位，家庭中的教育理念、家长的榜样示范无形中会影响幼儿的人格特征。作为家长，应注意以下两点：第一，要学会与幼儿坦诚地进行交流，对于自身的缺点和错误要敢于承认并及时纠正；第二，要示范正确的行为规范，比如在传染病高发期间，家长要在家里常用七步洗手法洗手，给幼儿提供良好示范。

（四）适度性原则

所谓适度，是指家庭教育要与幼儿的年龄发展特点相适应。幼儿在生理和心理方面发展非常迅速，生活自理能力、对周围事物的认识能力、语言表达能力都随着年龄的增长发生着变化，所以在教育过程中，要关注幼儿的"最近发展区"。教育的任务既要有一定的难度，又要让幼儿经过努力可以达到。如果家长不考虑幼儿的实际水平，过难或过易都不利于促进幼儿的身心发展。因此，在家庭教育中，家长要遵循适度性原则，在全面了解幼儿身心发展水平的基础上选择合适、恰当的教育内容和有效的教育方法。

（五）一致性原则

一致性原则体现在以下两个方面。一方面是家长之间的一致性。具体来说，父母需要对幼儿有一致的认识和评价，这是达到一致性的基础。如果父母在教养观念上存在分歧，一个让幼儿这样，一个让幼儿那样，则会导致幼儿在面对家长要求时出现选择困难。另一方面是家庭与幼儿园之间协调一致，家长要了解并尊重幼儿园的教育目标和原则，两者密切配合，切勿各行其是或前后矛盾。例如，有些幼儿在幼儿园里非常乖，但是在家里完全像另外一个幼儿，不顺心了就要哭闹、不好好吃饭。主要原因之一便是家长放松要求，保护过多，对幼儿包办代替，忽视了家庭与幼儿园教育的一致性。

三、学前儿童家庭教育的特点

（一）家庭教育具有终身性

家庭教育是幼儿最早接触的教育，对幼儿的影响是长期深远的，父母是最早的教育者，父母的教养观念、言谈举止、家庭环境等都在对幼儿的发展起着潜移默化的影响。与学校教育相比，家庭教育具有长期性、连续性和持久性。

（二）家庭教育具有生活性

家庭教育的内容通常贯穿于日常生活之中。家长对幼儿的言传身教随时可见，十分普遍，不仅涉及科学文化知识方面，也包含日常饮食作息等。因此，从内容上看，家庭教育十分广泛，涉及饮食、待人、盥洗、学习等多个方面。而且，家庭教育不受时间、地点、场合、条件的限制，可以随时进行。

（三）家庭教育具有渗透性

家庭教育的生活性决定了家庭条件、成员之间的关系、家庭氛围、生活习惯等都会在无形之中感染孩子的心灵。父母的思想言行对孩子的影响更为深刻。

（四）家庭教育具有个别性

家庭教育一般是家长对幼儿进行个别指导，特别是在现代社会独生子女、二胎及三胎家庭。个别性是家庭教育区别于学校集体教育的显著特点。幼儿园教育的对象为幼儿，通常采用主题活动、项目活动、区域活动的方式，而家庭教育的对象则为子女，采用的是个别指导的方式。

第二节　亲职教育

亲职教育是通过向父母或抚养者提供教养子女的知识、技能、方法、观念等，使家长更有效地了解并执行作为父母的职责，促进亲子关系的和谐，提高教养水平，达到家庭生活圆满、幸福的目标。

注重亲职教育是提升幼儿园教育质量的有效途径，也是幼儿园管理工作中的重要内容。

一、亲职教育的含义

亲职教育（Parents Education）指协助为人父母或将为人父母者，了解自己的职责，提供有关青少年和儿童发展的知识及正确的教育态度，以使其扮演称职父母的教育过程。具体含义包括三个方面：指导现代父母扮演称职的父母角色，使他们明确如何尽到父母的职责；为父母提供调整亲子关系的具体策略，改善父母教育过程中不当态度与行为；唤醒或指导未婚男女，提早做好为人父母的准备。

在当下生活节奏越来越快的时代，对于年轻父母而言，教育孩子是一个新课题，层出不穷的具体问题需要解决。他们通常面临上一辈的教育经验已有些过时，而自己又无教与养的经验可循的问题。好在孩子的问题有共性可寻，亲职教育指导的基础即在于此。所以从某种意义上讲，亲职教育称得上是初为人父母者的"启蒙"教育。

二、亲职教育的价值

人类发展生态学理论指出，人类的发展是由个体与所处的不断变化的环境相互作用而形成的。家庭环境的好坏对儿童的成长至关重要，父母是家庭环境中的重要因素，做一个好父母对于营造更加和谐的家庭环境有着重要的作用和价值。

（一）强化父母家长角色的意识

赋予孩子生命意味着家长工作才刚刚开始，胜任家长教育工作并不是天生具有的能力，只有后天不断地学习才能实现。在我国，家长教育"不学而会"的传统观念根深蒂固，而多数家长只是完成了生育和生养的任务，对于教养子女的工作还没有做好准备。因此，开展亲职教育是提高父母胜任家长工作这种能力的重要途径。通过亲职教育，家长可以获得相应的教育学、心理学知识，掌握儿童发展过程中的生理和心理特点，并针对儿童各个阶段出现的问题采取相应的教育策略。

（二）为儿童健康成长提供保障

儿童在成长过程中与父母接触的时间要远远多于其他人，因此，父母肩负着培养下一代的重要任务。促进家庭成员之间的沟通与情感联系，制定并实施家庭规范，对子女健康成长和未来发展起着决定性的作用。亲职教育的开展可为父母教育好子女提供有效帮助，使他们能够用科学的理念进行指导，从而为儿童的健康成长提供保障。

（三）为儿童提供稳定的社会环境

当前，青少年犯罪问题日益严重，这些问题的背后其实都是源于家长教育的不当或缺失。如果亲职教育能够顺利开展并且真正让家长群体发挥作用，不仅能够有效地降低青少年犯罪率，而且也为儿童的成长创造了一个稳定的社会环境。

案例分析

爸爸去哪儿了？

豆豆三岁了，平时主要由妈妈和奶奶照顾。爸爸总是早出晚归。早晨，宝宝还没醒来时爸爸就已出门，晚上工作回来的爸爸只能看到宝宝睡熟的样子。每当妈妈埋怨时，爸爸总觉得男人主要负责外面挣钱，养育孩子是妻子和祖辈的事，有她（他们）就可以了。

分析：

儿童心理学的研究表明：婴幼儿与父亲的交往，对其良好个性品质的养成具有非常重要的、不可替代的作用。父亲参与养育，孩子会更加聪明、机灵、好奇和愉快，也是满足孩子情感、发展其思维和创造力的重要途径。孩子长期生活在没有父亲角色参与的家庭环境中，很容易造成性格上的问题：男孩仅仅在母亲的抚养下，性格会女性化而变得缺乏阳刚之气；即使是女儿，宝宝的性格也很有可能走向极端。为了帮助孩子形成健全的人格，为人之父者谨记要尽到自己的责任。

建议：

（1）上班族的父亲：每天在下班回到家后抽出固定的时间给孩子讲故事，陪他们做游戏，等等。

（2）出差型的父亲：可以把每次出差在外的所见所闻、当地的风土人情讲给孩子听，以拓宽他们的视野。

（3）节假日有空的父亲：可以多带孩子参与户外运动，把健康、活力和阳刚之气带给孩子，帮助其建立自信。

三、亲职教育的开展形式

进行亲职教育的途径多种多样，其中常用的主要有如下六种。

（一）文字宣传

（1）幼儿园给家长分发有关的课程设计、各种活动安排的资料与通知。
（2）家园联系手册。
（3）家长宣传栏与板报，将育儿知识系统地介绍给家长。
（4）利用社交媒体或网站及时向家长通报幼儿园的保教活动，介绍家长所需的家庭教育内容。

（二）个别谈话

（1）利用家长接送孩子的时间，进行交谈。
（2）正式邀请家长，交谈幼儿在园和家里的情况。

（三）家访

通过家访进一步了解并收集幼儿的兴趣、学习态度以及家庭状况；了解家长对幼儿的教育希望与态度以及家长参与学校活动的意愿；了解可能影响幼儿学习的家庭环境。同时，通过家访让家长了解教师对幼儿的希望以及教学目标、活动内容，鼓励家长参与学校活动，指导家长学习如何帮助幼儿学习和促进幼儿身心健康发展。

（四）家长会议

（1）通过家长会议，让家长了解幼儿园的教育目标、工作安排以及幼儿园要求家长配合的具体工作。

（2）征求家长对幼儿园的意见和建议。

（3）向家长宣传正确的教育观和教育方法等。

（五）观摩幼儿园的活动

（1）请家长观摩幼儿园的教学活动。通过观摩活动，一方面有利于家长更好地配合幼儿园的教学，另一方面从观摩中可以学习到幼儿教师的教学方法。

（2）让家长参观幼儿在园的生活。通过开展丰富多彩的家园同乐活动，如亲子运动会、家庭智力竞赛、家庭文艺大奖赛等，在同乐的气氛中，家长和幼儿、家长和幼儿园、家长和家长之间能够增进了解、加强合作。在同乐的过程中，家长也能接受教育，增长知识。

（六）设立家长学校

（1）由家长学校向家长们系统传授育儿知识。

（2）开展咨询活动，帮助家长解决在育儿过程中遇到的实际问题。实践证明，家长学校是提高家长教育修养的十分有效的形式。

四、亲职教育的特点

从法律角度上讲，"亲职"应当是未成年人的监护人的职责，亲职教育的对象既包括父母，也包括父母以外承担对未成年人监护职责的其他监护人。因此，"亲职教育"比"父母教育""家长教育""家庭教育指导"涵盖面更广，其对象和内涵更明确。具体说来，亲职教育具有以下三个特点。

（一）亲职教育的对象是法定未成年人的监护人

家庭作为未成年人保护和预防未成年人犯罪的责任体，具有重要的、特殊的作用。监护人是否认真履行其职责、水平高低，直接关系到未成年人的权益能否得到有效保护，影响家庭教育的效果，也关系到为国家和社会培养什么样的人。在我国《中华人民共和国未成年人保护法》《中华人民共和国预防未成年人犯罪法》《中华人民共和国婚姻法》《中华人民共和国民法通则》等多部法律中规定了未成年人的监护人的义务和权利。近年来留守儿童、流浪儿童、流动儿童、单亲家庭子女等是未成年人犯罪和儿童安全事故的高发群体，从根本上说都存在监护缺失和不良的问题，而亲职教育的被忽视难辞其咎。通过亲职教育强化监护人对未成年人保护的意识，敦促其认识并履行责任，了解不履行监护责任、监护不当的法律后果，是对其不利于未成年人的行为给予事前干预。未成年人监护在国家制度的指导和约束之下，才有可能确保未成年人的最大利益。

（二）亲职教育有利于对困难群体和特殊群体的社会支持

家庭教育是在家庭私域中发生的，但是在现代社会已经不是家庭的私事。许多未成年人的父母之所以在子女教育中陷入困境、弱势状况，有些是个人原因造成的，比如自身道德水平和教育素质的缺陷；有些是社会原因，比如国家决策层对家庭问题的忽视和教育大环境的不尽如人意等。不管是个人还是社会的原因，在很大程度上是他们依靠自身的力量难以改变的，要达到个人、家庭与社会整体的协调发展，社会支持必不可少，需要国家和社会力量给予帮助乃至救助。亲职教育是引导他们增强自信、提升他们自身能力的必要前提和基础条件，包括家庭教育观念上的引领、方式方法的传授、行为能力的训练、不良教育行为的矫治等，是父母或者其他监护人教育素质提升的直接支持。也包括为达到这样的目的而创造的各种物化条件，是一种为监护人赋权的社会支持。

（三）亲职教育是一种监护人自觉学习和参与的成人教育

亲职教育与家庭教育的区别在于：家庭教育主要是家中的成年人与孩子之间的互动，以未成年子女为主要对象，家庭教育指导更多的是指导家长如何教育孩子；而亲职教育是以父母或者其他监护人为主要对象，以提高其自身教育素质、改善其教育行为为直接目标，以此保障和促进未成年人健康成长。也可以说，亲职教育是实施家庭教育的基础、前提和必要条件。而且，亲职教育作为成人教育，正如 20 世纪 60 年代后期美国成人教育专家诺尔斯提出的假设[1]，具有成人学生的独有特征：①具有独立的自我概念，能够指导自己学习；②积累了丰富的生活经验，这些经验是其后继续学习的资源；③具有学习需要，这些需要与改变自我的社会角色密切相关；④以问题为中心，希望能立即运用自己所学的知识；⑤学习为内在动机所驱动而非外在因素。正是这些特点，决定了亲职教育是一种自我导向的学习，即承认成人学习者在多数情况下有能力自己选择学习内容、制订学习计划并采用自己喜欢的学习方式。组织者的作用是在保障基本、基础学习的前提下，更多地创造可供选择的条件和内容，帮助成人学习者掌握自学的方法，给予他们自主权和选择的机会，这也是家庭教育"有法而无定法"的特点决定的。据此，亲职教育对未成年人的父母或者其他监护人而言，不仅仅是一般性地教育孩子积累知识和增长技能，而是通过系统的学习、反思和实践过程，明确自身的角色职责和定位，进而实现自身观念和角色行为的转变。其终极目标是发挥他们的潜能，促进其成为自主学习者，使其在孩子的抚养教育中更理性、更具有家庭责任感、社会责任感，其教育行为更具效能，以利于孩子健康成长。

第三节 社区学前教育

一、社区学前教育的含义

社区教育（Community Education）是在区域性社会中，向儿童或社区成员广泛进行文化知识、科学技术和道德修养的教育活动，是多层次、多内容、多种类的社会教育，是正规学校教育的必要补充。[2]也有学者把社区教育定义为"是实现社区全体成员素质和生活质量的提高以及社区发展的一种社会性的教育活动和过程"。基于此，社区学前教育作为社区教育的组成部分，是指对区域社会中的幼儿和家长实施保育与教育等各种教育活动，提高社区成员的保教意识和技能，为学前儿童提供良好的学习与发展环境，促进学前儿童健康成长、社区和谐发展的教育模式。

二、社区学前教育的价值

（一）满足幼儿成长的需要

幼儿是完整的人，需要得到全面的关怀。幼儿的成长不仅依赖于幼儿园和家庭的合力，还依赖其与外界环境的交互作用，学校、社会、家庭的融洽和沟通有利于形成教育的合力。家庭是幼儿成长的

---

① 周小粒，黎奕林. 美国成人教育的发展及特点［J］. 中国成人教育，2008（19）：110-111.
② 闫水金. 学前教育学［M］. 上海：上海教育出版社，1998：289-290.

最初的社会生态环境，幼儿园是幼儿接受正规教育的场所，社会会通过各种各样的方式对幼儿施加影响，如广播、电视传媒等。基于此，社区教育正是融合了上述三方面的因素，使幼儿处于和谐的社会环境中，促进幼儿的身心健康全面发展。

（二）有利于充分利用社区教育资源

社区是社会的基层组织，拥有丰富的人力、物力和财力等资源，能对幼儿园的教育提供多方面的支持和帮助，其物质环境和精神环境无时无刻不在影响着幼儿园。应动员全社区的力量参与社区学前教育的实施，将社区内潜在的各种人力、物力和财力资源，自然与人文资源有效地加以开发利用，开展多种形式的幼儿教育，如充分利用社区的图书馆、社区活动中心、博物馆，建立玩具图书馆、游戏活动站、儿童乐园等，扩展幼儿的视野和活动范围，使社区内所有的幼儿受到良好的保育与教育，从而为幼儿提供更丰富、更公平的受教育机会。例如，幼儿园经常利用周围的小学、卫生院、农贸市场、小公园开展各类活动，拓展了幼儿学习的空间，并在真实的情境中促进幼儿的深入探索。

三、开展社区学前教育的原则

（一）规范化原则

规范化原则是指幼儿园应与社区建立合作机制，规范管理制度和组织，制订相应的合作计划，建立长期的、规范化的合作交流平台。例如，上虞一些幼儿园与当地社区综合管理办公室达成协议，建立合作机制，幼儿园与社区围绕"儿童友好"的理念共同协商、支持。

（二）地方性原则

地方性原则是要根据当地的时节、气候、居民的需求、社区和幼儿园方面的要求制订社区教育活动的计划，体现本地区、本社区的教育特色。例如，绍兴继昌幼儿园坐落在书圣故里，归府山街道社区，这里有王羲之的故居、蔡元培故居、题扇桥等，社区支持幼儿开展了一系列书法传统教育活动，名人故事表演活动。

（三）一体化原则

一体化原则是指幼儿园、社区、家庭要一体化。幼儿园与社区合作需要利用幼儿家长和家庭资源。幼儿家长可以成为社区学前教育的带头人，每个家庭可以成为社区教育的小基地。幼儿园可以充分利用社区广场、花园等活动设施来组织各类教育活动，充分利用社区教育资源，真正实现家、园、社区的一体化。

第四节 幼儿园与家庭、社区的合作

《幼儿园工作规程》规定："幼儿园应当主动与幼儿家庭沟通合作，为家长提供科学育儿宣传指导，帮助家长创设良好的家庭教育环境，共同担负教育幼儿的任务。""幼儿园应当加强与社区的联系与合作，面向社区宣传科学育儿知识，开展灵活多样的公益性早期教育服务，争取社区对幼儿园的多方面支持。"因此，幼儿园与家庭、社区合作是教育发展的必然。

幼儿园的发展与家庭、社区有必然的关联。社会经济的发展使教育与社会的联系越来越密切，而家庭作为幼儿最初的生长环境，对幼儿园开展各项工作有重要的价值。

一、幼儿园与家庭合作的内容及途径

（一）幼儿园与家庭教育合作的内容

家园合作需要幼儿园与家庭双方共同付出努力，两者合作的内容主要涉及以下四个方面。

1. 家长为幼儿做好入园准备工作

第一，生活能力方面的准备。家长在让幼儿入园之前，应让幼儿学会用勺子吃饭，用杯子喝水，洗手时会开关水龙头、使用肥皂和毛巾；养成每天午睡和独立入睡的习惯；为幼儿准备穿脱方便的衣服、裤子、鞋袜，以及必需的生活、学习用品。第二，心理方面的准备。很多幼儿在入园后会因为接触陌生环境和人群而变得脆弱、敏感，甚至厌恶去幼儿园，出现哭闹的现象。这时家长应在幼儿入园前一段时间，尝试在熟悉的环境中与幼儿短暂的分离；给幼儿多讲一些关于幼儿园的故事和有趣的事情，多带领幼儿到幼儿园转转，看看幼儿园里的小朋友做游戏和学习，让幼儿对幼儿园产生熟悉感和兴趣；帮助幼儿结识同班伙伴，减轻入园后的陌生感和不安全感。

2. 幼儿园为幼儿做好入园引导与适应工作

家庭是幼儿生活的重要场所，当幼儿离开家、进入幼儿园集体生活时，幼儿园应帮助幼儿熟悉周围新环境。教师应该悉心照料每一个幼儿，仔细观察、了解他们在集体生活中的表现，及时向家长反馈。同时，教师要对幼儿在园或在家的情况与家长定期沟通，使家长能感受和体会幼儿通过在幼儿园学习与生活的进步。

3. 帮助家长树立正确的教育观念

幼儿园可以帮助改善家长的教育行为和教育方法，优化家庭教育环境。还可以向家长积极宣传科学育儿知识以及培养幼儿自理能力的方法，引导家长在家庭生活中支持幼儿做力所能及的事。如安排幼儿父母参观幼儿园，加强家长与家长之间的联系；开展"父母教育"，开设双亲班、家长学校和家长小组会议等，让家长积极参与到幼儿园的活动中来。

4. 鼓励与引导家长参与幼儿园活动

幼儿园应鼓励家长参与幼儿园活动，通过制订教育计划，观摩或参与教育活动等，可以使家长加深对幼儿园的了解，清楚幼儿在园的表现，并能针对幼儿发展水平配合幼儿园的教育要求。

（二）幼儿园与家庭教育合作的主要途径

幼儿园与家庭教育合作主要通过个别方式和集体方式。[①] 个别方式具体包括家访、家园联系手册、接待家长咨询、教师信箱与便签、网络和电子通信等。集体方式具体包括召开家长会、举办家长学校、组建家长委员会、举办家教讲座、设置家长开放日、组织家教经验交流会、组织亲子活动、开设家教宣传栏等。

1. 家园联系手册

家园联系手册是实现家园联系的有效形式，手册的内容包括幼儿园活动安排、教育目标、教师简介等。

2. 家长咨询

家长咨询是一种面对面的家长教育咨询方式，家长可以针对家庭教育中的疑难问题到幼儿园进行咨询或寻求帮助。

---

① 姚伟. 学前教育学［M］. 长春：东北师范大学出版社，2012：211-217.

3. 网络和电子通信

主要借助短信、电话、微信、钉钉、公众号和互联网的平台进行家园联系。

4. 家长会

召开家长会是幼儿园普遍采用的方式，为家长提供了交流的平台。家长会一般在开学初或学期末召开，主要是为了让家长了解本学期幼儿园的教育任务和内容，了解幼儿一学期的表现等。

5. 家长委员会

家长委员会的职责是协助幼儿园的建设与管理工作，反映家长的意见，帮助家长了解幼儿园的教育要求等。

6. 家长开放日

家长开放日是幼儿园向家长开放，邀请家长来园观摩并参加幼儿园教育活动，家长通过参与"开放日"或"开放课"的活动，积极参与幼儿园的工作。比如了解幼儿的伙食情况，了解教师的教育教学活动内容以及幼儿的学习情况。家长可以提出建议，促进幼儿园各项工作的顺利开展。例如，安吉机关幼儿园就邀请家长观察幼儿游戏，体验幼儿游戏中的深度学习，每学期 1 次。

7. 亲子活动

幼儿园可以利用社区资源组织亲子活动，如运动会、戏剧表演、亲子游戏、亲子绘画与手工制作等。例如，杭州蓓蕾幼儿园的教师常带幼儿到附近的中国刀剪创博物馆开展项目活动。

二、幼儿园与社区合作的内容及途径

幼儿园与社区合作，是指幼儿园与其所处的社区、与幼儿家庭所处的社区密切结合，共同为幼儿的健康成长服务。社区是与幼儿园关系最密切、对幼儿影响最大的社会大环境。

（一）幼儿园与社区合作的内容

幼儿园与社区合作的内容主要有两个方面：一是幼儿园为社区教育服务，二是社区参与幼儿园教育。

1. 幼儿园为社区教育服务

服务社区是幼儿园与社区教育合作的重要内容。幼儿园可以共享自身的教育资源优势，发展以幼儿园为核心的社区幼儿教育，向社区辐射教育功能。比如利用节假日向社区开放幼儿园，将园内的设施、玩具、图书等与社区幼儿共享。幼儿教师可以向社区共享幼儿园的信息资源，定期开展讲座与咨询，宣传育儿理念等。

2. 社区参与幼儿园教育

社区可以参与幼儿园的教育管理工作，共同制订幼儿园办园方案和教学计划，结合社会、教育、文化的大环境，为幼儿园注入新鲜的教育教学理念，促进幼儿园与时俱进，从而改善办园条件，优化教育环境。

（二）幼儿园与社区合作的主要途径

幼儿园与社区合作的途径多种多样，主要有组织社区教育委员会、家庭辅导站、家长学校，建立咨询辅导站，张贴宣传栏等。

1. 社区教育委员会

社区教育委员会是社区内的群众教育组织，不受行业的限制，它负责组织协调本地区的学校、企事业单位、机关、商店等社会各界力量共同开展社区学前教育工作。社区教育委员会能充分调动并体现社会支持、参与学前教育的积极性，具有广阔的发展前景。

2. 家庭辅导站

家庭辅导站由园内教师担任辅导员，利用节假日对邻近家庭的幼儿进行辅导。它采用以幼儿园为中心，社区参与的方式，体现了幼儿园在与社区合作中的主动性。

3. 家长学校

家长学校是开展社区学前教育的重要机构，主要职能在于制订家长学校的教学计划，密切关注家园联系，组织家长参加社区培训活动等。

社区还可以通过开办儿童图书馆、儿童游戏室、儿童乐园等多种形式，为广大幼儿和家长提供多种接触社会、加强交往的机会。另外，在幼儿园与幼儿园之间也可以形成以社区为单位的合作平台，形成相应的交流联系网络，促进社区学前教育的研究与发展。

第五节 幼儿园与小学教育的衔接

《纲要》指出，幼儿园教育要与小学教育衔接，综合利用各种教育资源，共同为幼儿的发展创造良好的条件。幼儿园与小学教育的衔接是幼儿走出幼儿园，进入正式学习的过渡阶段，对幼儿的发展有重要的价值。

一、幼儿园与小学衔接的任务

幼儿园与小学衔接是幼儿园与小学这两个临近的教育阶段之间平稳过渡的教育过程，标志着幼儿生活与学习的转折。幼儿园与小学衔接的任务主要是帮助幼儿做好生理适应、心理适应和能力适应。

（一）生理适应

幼儿的生理适应是指幼儿具备适应小学学习生活的身体条件。6～7岁幼儿的机体发育渐趋成熟，肌肉发展迅速，动作能力增强，已经具备了进入小学进一步学习与发展的条件。但这一时期的幼儿在身体发育上尚未完全成熟，仍与小学正常学习的各项水平有一定的差距。

（二）心理适应

心理适应是指幼儿已经做好当小学生的心理准备。大多数幼儿都向往小学的学习生活，愿意成为一名小学生，但并不意味着他们有渴望知识与追求理想的自觉信念。他们之所以想要上学，主要是出于两方面的动机，一是表明他们"长大了"，二是出于幼儿的新鲜感和好奇心。还有少数幼儿不愿意上学、害怕上学。面对这些情况，都要酌情分析原因，帮助幼儿克服不愿或害怕上学的心理。

（三）能力适应

能力适应是指幼儿具备上学的基本学习能力。小学的教学活动主要采取上课的方式，它与幼儿在园时的游戏活动不同，因此幼儿在入学前要获得基本学习能力的训练。包括语言表达能力、计算能力、逻辑思维能力、时间规划能力等。

深度链接

幼儿上小学常常遇到的问题：

1. 开学了不愿意去学校；

2. 回家做作业爱磨蹭；

3. 总是忘带学习用品；

4. 上课沉默不爱说话；

5. 在校园里找不到朋友；

6. 写作姿势不正确；

7. 较难遵守课堂纪律。

二、幼儿园与小学衔接的策略

幼儿园与小学衔接是一项复杂的工作，它需要幼儿园、家庭、小学等各方面给予全力配合，共同做好幼儿的入学准备工作。

（一）幼儿园需调整教学内容、结构和教学方法

从教学内容上看，幼儿园可适当调整教学内容和结构，加强幼儿园与小学教材内容的连续性。处于衔接阶段的幼儿在身心发展上已经表现出一定的变化，主要体现在社会性发展与抽象逻辑思维上。因此，在读写方面，可以加大语言理解的内容，重视早期阅读及书写准备；在社会适应性方面，强调对幼儿主动性、独立性和规则意识的培养。

从教学方法上看，幼儿园要在大班后期制定与小学低年级初期相适应的作息制度。

（二）对大班幼儿进行专门的入学准备教育

入学准备是贯穿幼儿园教育全过程的。专门的入学准备教育主要是在大班幼儿入小学前，针对小学学习生活所做的准备工作，主要包括学习适应和社会性适应[1]。学习适应体现在幼儿对小学学习所需要的抽象思维能力、观察力、言语理解能力以及读、写、算的技能。社会性适应主要体现在幼儿的任务意识、规则意识和人际交往能力等。

对大班幼儿进行专门的入学准备教育，需要教师针对幼儿的能力进行多角度的培养。第一，注意幼儿的学习兴趣、学习热情、学习专注性和持久性的培养。例如，让幼儿在限定时间内完成绘画、剪纸、书写等活动，主要是使幼儿集中精力做好一件事，并能够坚持一段时间，以利于幼儿以后能适应小学上课的时间要求[2]。第二，注意对幼儿观察能力、逻辑思维能力、抽象概括能力、语言表达能力、想象创造能力等方面的培养。第三，注意幼儿的同伴交往能力和社会交往能力，重视幼儿非智力因素的培养和生活能力的提高。

（三）增加幼儿园与家庭、小学间的交流与合作

幼小衔接是幼儿园和小学这两个教育阶段须共同关注、共同努力的一项事业。因此，加强两者之间的交流与合作，增进双方的理解和认识，能够促进幼小衔接工作的顺利开展。幼儿园与小学要定期组织教师方面的会议和学习活动，加强交流与合作。例如，举办幼小教师座谈会，通过座谈交流、分

微课
幼小衔接策略

---

① 李季湄，肖湘宁．幼儿园教育［M］．北京：北京师范大学出版社，1997：122.

② 于丽群．幼小衔接现状的思考及有效途径的探究［J］．教育革新，2012（1）：69-70.

享经验，提出合理期望和意见，便于双方改进工作等。

与此同时，幼小衔接工作中，家长与幼儿园和小学应建立长期的合作关系，配合幼儿园开展衔接工作。例如，文文上一年级了，每天回家的作业就是读拼音、音节，每天的认读作业她花 2 个多小时也只能完成一半。实际上，在幼儿园阶段，教师就应和家长联合为文文上小学做好准备，要求她自己的事情自己完成，提高注意力、记忆力和观察力。

三、幼儿园与小学衔接的原则

（一）全面性原则

学前教育是终身教育的重要组成部分，是幼儿终身发展的基础。不应当把幼小衔接工作仅仅视为两个教育阶段的过渡，而要求必须将幼小衔接工作作为幼儿园整体教育阶段的长期工作开展下去。

幼儿园教育的目的不应只是为了让幼儿顺利上小学，而要以幼儿的长远发展为目标，对幼儿实施德、智、体、美全面和谐发展的教育。因此，衔接应当从幼儿德、智、体、美方面全面地进行，而不是偏重某方面。

（二）与小学衔接而非小学化原则

小学化倾向在衔接中的表现有多种。目标上，注重知识的获得，用识字多少、背诗多少和计算准确性作为教育目标；在内容上，把小学的教材放到幼儿园，使幼儿园的教育内容不是幼儿熟悉的、与其密切相关的具体的人或事物，而是抽象的文字或符号；在管理上，生硬地用小学的一套规则来要求幼儿，严重违反幼儿身心发展的特点[①]；在形式上，无视幼儿学习的特点，在幼儿园用小学式的上课取代幼儿园的基本活动——游戏，以教师长时间言语教授的方法进行灌输式教学，追求立竿见影的短期效果。

四、国外幼小衔接的经验

幼儿教育与小学教育的衔接问题受到世界各国普遍重视，并已成为当前世界教育研究的重要课题之一。以下简要介绍国外发达国家幼小衔接的经验。

（一）美国幼小衔接的经验

美国的幼儿园基本上附设在小学里，接纳 5～6 岁的幼儿就读。幼儿园与小学一、二年级形成"K-2"学制，是美国早期教育的特色。对上小学一年级之前的儿童进行为期一年的预备教育，促进幼儿各方面的发展，帮助其做好入学准备。

美国当前在幼小衔接上的做法，主要表现在以下四个方面。

1. 课程理念

幼儿园与小学的教育目标与课程方案，必须有一贯的教育理念。确立幼儿园与小学课程的连续性与一致性，通过开设培训，将衔接旨在促进完整儿童持续发展的理念传递给幼儿园和小学教师，引导他们从"人"连续发展的角度看待幼儿园和小学的衔接，以幼儿为中心，适度考虑在衔接阶段提供"缓坡"，让幼儿慢慢"爬坡"，顺利成长。

2. 物理环境

给幼儿提供一个较为接近上一阶段的衔接环境与教室情景布置。若衔接的两阶段都在同一所校园之中，会将因阶段改变造成的环境冲击降到最低，且更有利于教师间的沟通与协调。[②]

---

① 李季湄，肖湘宁. 幼儿园教育［M］. 北京：北京师范大学出版社，1997：124-125.

② 许艳. 美国幼小衔接的经验及启示［J］. 早期教育（教师版），2010（6）：10-11.

3.组织制度

调整教学日数、课时数的规范及每节课时间的安排、师生比例等。

4.教育行政

主管幼儿园与小学的教育行政机构整合，考虑有效的师资培训政策与教师资格审查等。①

（二）英国幼小衔接的经验

英国初等教育分为2～5岁儿童的保育学校，5～7岁儿童的幼儿学校和7～11岁儿童的初级学校。儿童从5岁开始全部入幼儿学校，实行义务教育，经过两年预备教育后再入初级学校。

幼儿学校的课程内容、要求以及活动的组织形式从学前教育阶段开始，逐步向小学过渡。在伦敦，较普遍的做法是将保育学校与幼儿学校合并在一起，这种做法避免了两类机构在环境与社会交往范围上的差异以及由此而产生的问题。②

在教室环境的设计上，力求让儿童在与物质环境的相互作用中得到发展。幼儿活动室内的科学角、美工角等同样可以在小学低年级的教室里出现，这样就能减少幼儿进入小学班级里产生的陌生感。③

教育机构设置上，趋势是将学前两个年级与小学一二年级设置在同一个环境之中，将幼儿教育与小学低年级教育结合或合并为一个教育阶段，从环境布置、课程设计、教师培训上都以创设一个整体的、连续的、发展而协调的学习环境为中心。④

（三）日本幼小衔接的经验

日本把幼儿园与小学的衔接置于终身教育的背景下来考虑。日本文部科学省明确指出幼小衔接不是要幼儿园教授与小学特定学科内容直接连续的知识，而是培养儿童上小学后为其生活、学习打基础的能力、习惯、价值观和学习品质等。幼小衔接的主要目的是促进儿童的可持续发展，幼小衔接本身不是目的，而是促进儿童可持续发展的手段。

在小学教育方面，日本新大纲对幼儿园课程内容作了重大调整，原来的六个领域（体育、语言、自然、社会、美工、音乐）改为五个领域：体育、语言、人际关系、环境、表现。文部科学省在小学一至二年级的课程中增设一门新课——生活课。生活课包含了原来小学课程中的理科（以自然、地理、理化基础知识等为内容的课程）和社会科（以社会常识和技能为内容的课程），取消了原来的理科和社会科。

（四）法国幼小衔接的经验

为使幼儿教育与小学教育既体现出合理的层次性，又体现出良好的过渡性，法国陆续颁布的三大法案中有关条文均提出加强幼小衔接。其具体措施包括如下方面。

1.教育行政与人员的组织衔接

幼儿园与小学的运转主要依靠以下两大分工小组：一是"教学小组"，由各班教师组成，专门负责教学事务；二是"教育小组"，由校长、教职员代表、家长代表、校外专业人员（如医生、护士、律师、社工服务人员）组成，负责学校其他教育事项。在幼儿园的每个班级里，除了有教师外，还有一位"地方专业幼儿园服务员"，主要工作是帮助教师处理教学杂务，照顾幼儿用餐和如厕。⑤

2.教学组织与课程规划的衔接

将学前教育与小学教育在教学实施上分成三个学习阶段，从而使学前教育和小学教育合为一体。第一阶段为初始学习阶段（2～5岁），包括幼儿园的小班和中班；第二阶段为基础学习阶段（5～8岁），包括幼儿园大班、小一和小二；第三阶段为加深能力学习阶段（8～11岁），包括小三、小四和小五。每个阶段的教学活动按学生的能力和水平，实行同学科、同水平的分组教学。⑥

---

① 许艳.美国幼小衔接的经验及启示［J］.早期教育（教师版），2010（6）：10-11.
②③④ 清允.幼小衔接在国外［J］.家教指南，2005（5）：29-30.
⑤⑥ 胡春光，陈洪.法国幼小衔接教育制度的内涵与启示［J］.学前教育研究，2011（9）：23-27.

3. 师资聘用与培训的衔接

法国幼儿教师与小学教师的培养方式与年限在欧盟各国当中属于特别的"连接式模式"，即先在普通高等教育机构获得学士文凭后，再进入师资培训机构接受专门的师范培训。

思考与练习

一、单项选择题

1.（　　）是幼儿最早接触的生态环境。
    A. 社会 　　　　　　　　　　　B. 幼儿园
    C. 家庭 　　　　　　　　　　　D. 社区

2. 家庭教育对幼儿的影响长远，体现了具有（　　）。
    A. 终身性 　　　　　　　　　　B. 生活性
    C. 渗透性 　　　　　　　　　　D. 个别性

3. 亲职教育是对（　　）的教育。
    A. 为人父母 　　　　　　　　　B. 孩子
    C. 祖辈 　　　　　　　　　　　D. 为人父母或将为人父母者

4.（　　）是社会的基层组织，拥有丰富的人力、物力和财力资源。
    A. 家庭 　　　　　　　　　　　B. 社区
    C. 单位 　　　　　　　　　　　D. 街道

5. 幼儿园与小学衔接的任务主要有：帮助儿童生理适应、心理适应和（　　）。
    A. 知识适应 　　　　　　　　　B. 心态适应
    C. 习惯适应 　　　　　　　　　D. 能力适应

二、判断题

1. 幼儿园是幼儿的第一所学校。 　　　　　　　　　　　　　　　　　　（　　）
2. 对儿童的社会化起着奠基作用的教育是家庭教育。 　　　　　　　　（　　）
3. 家庭教育没有特定的教学计划和方法。 　　　　　　　　　　　　　（　　）
4. 亲职教育内容主要是父母与孩子的关系。 　　　　　　　　　　　　（　　）
5. 社区学前教育是对区域社会中的家长实施的各种教育活动。 　　　（　　）
6. 家园联系手册是实现家园联系的有效形式。 　　　　　　　　　　　（　　）
7. 幼儿园与社区衔接，就是要将幼儿园的资源对社区开放。 　　　　（　　）
8. 家庭辅导站是幼儿园与家庭衔接的主要途径。 　　　　　　　　　　（　　）
9. 幼儿园与小学衔接的任务主要是帮助儿童做好生理适应、心理适应。（　　）
10. 幼儿园与小学衔接是在幼儿园大班末期进行的工作。 　　　　　　（　　）
11. 幼小衔接要避免将幼儿园教育小学化。 　　　　　　　　　　　　（　　）

三、简答题

1. 简述家庭教育的价值。
2. 简述家庭教育的原则。
3. 简述亲职教育的价值。
4. 简述开展社区教育的原则。

5.简述幼儿园与小学衔接的策略。

四、论述题

1.结合实例分析幼儿园与社区合作的内容和途径。

2.结合实例分析幼儿园与小学要衔接什么，如何衔接。

· 推荐阅读 ·

1.［美］卡洛琳·爱德华兹、莱拉·甘第尼、乔治·福尔曼著，尹坚勤、王坚红、沈尹婧译：《儿童的一百种语言：转型时期的瑞吉欧·艾米利亚经验》。第十一章：全纳型社区。本章介绍一种综合的教育环境，这种环境尊重每一名儿童，社区、家庭成为友好伙伴，共同促进有特殊需求儿童的发展。

2.《教育部关于大力推进幼儿园与小学科学衔接的指导意见》，教基〔2021〕4号，提出幼儿园与小学科学衔接的总体要求、重点任务、主要举措、进度安排、组织实施。细分为《幼儿园入学准备教育指导要点》和《小学入学适应教育指导要点》。

第十一章
学前教育政策与法规

本章导读

　　本章主要梳理学前教育法规的制定、实施与监督，学前教育法规的法阶与效力，学前教育的立法历程。按照政策、法规出台的时间顺序主要介绍了《幼儿园工作规程》《幼儿园教育指导纲要（试行）》《3—6岁儿童学习与发展指南》《幼儿园教师专业标准（试行）》与《幼儿园保育教育质量评估指南》的主要内容。

学习目标

- 知道国家专门部门制定法律法规的权限，了解法律法规的实施与监督。
- 掌握学前教育法律法规的法阶和效力。
- 掌握《幼儿园工作规程》政策文本的主要内容。
- 掌握《3—6岁儿童学习与发展指南》的主要内容。
- 掌握《幼儿园保育教育质量评估指南》的主要内容。

知识架构

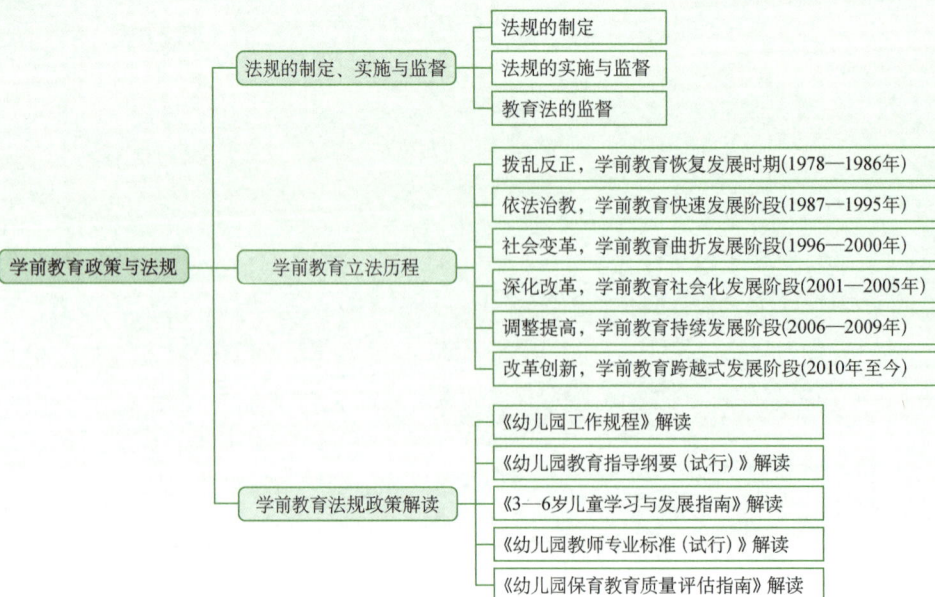

温岭虐童案件，敲响幼教一记警钟

2012 年 10 月 24 日，浙江温岭蓝孔雀幼儿园教师颜某仅仅出于好玩将一幼童的双耳当"把手"，将其拎至双脚悬空离地大约 10 厘米，并拍照留念。后在颜某 QQ 空间中发现 700 多张此类虐待儿童的照片。后来，温岭市公安局对颜某作出行政拘留十五日的处罚。温岭市教育局的处理结果是：立即辞退颜某；责成蓝孔雀幼儿园作出深刻检查。同时，教育部门将蓝孔雀幼儿园 2012 年年检定为不合格。

思考 蓝孔雀幼儿园在管理上存在哪些漏洞？我国学前教育政策与法规为什么没有强制约束该教师的行为，处罚仅是拘留？以后可遵循哪些政策法规避免此类事件发生？学完本节后，你会找到合适的答案。

第一节 法规的制定、实施与监督

进入 21 世纪，我国的学前教育事业取得了跨越式发展，从中央到地方各级政府颁布了一系列政策法规，保证了学前教育事业朝着科学化、规范化的方向发展。对学前教育领域内各部门以及教育部门与社会其他部门之间的关系依法进行明确的规定，确保科学立法、严格执法、公正司法、全民守法，以形成一个合理的、符合经济和社会发展需要的、人民大众满意的学前教育系统。

一、法规的制定

法律制定，通常又称为立法，是国家机关依据法定权限和程序，制定、修改和废止法律和法规的活动。教育法的制定是国家法律制定活动的一部分，它是由专门的机构和一套制度所构成的国家立法体制来实现的。

微课

法规的制定

（一）全国人民代表大会及其常务委员会立法的权限

根据宪法规定，全国人民代表大会及其常务委员会共同行使国家立法权。在具体的立法权限划分上，由于它们之间在性质上和地位上的差异，又有不同的分工和侧重。

全国人民代表大会的立法权限：修改宪法；制定和修改刑事、民事、国家机构的和其他的基本法律；改变或者撤销全国人民代表大会常务委员会不适当的决定［参见《中华人民共和国宪法》（以下简称《宪法》）第六十二条］。全国人民代表大会通过以上形式来行使国家立法权，这种立法权是最高的，是法治统一的基本保证。

全国人民代表大会常务委员会的立法权限：制定和修改除应当由全国人民代表大会制定的法律以外的其他法律；在全国人民代表大会闭会期间，对全国人民代表大会制定的法律进行部分补充和修改，但是不得同该法律的基本原则相抵触；撤销国务院制定的同宪法、法律相抵触的行政法规、决定和命令；撤销省、自治区、直辖市国家权力机关制定的同宪法、法律和行政法规相抵触的地方性法规和决议（参见《宪法》第六十七条）。

（二）国务院及其所属部委制定行政法规和规章的权限

我国的最高行政机关是中华人民共和国国务院，即中央人民政府。它是国家最高权力机关的执行机关，其主要职责是通过行政立法和其他行政措施，保证最高国家权力机关的各项决定、决议、法律得以贯彻执行。因此，根据宪法和法律制定行政法规是国务院的重要职权之一（参见《宪法》第八十九条）。行政法规是我国社会主义法治的一个重要的组成部分，是关于国家行政管理及其事务的各种法律规范的总称，其法律效力仅次于宪法和法律，除全国人民代表大会及其常务委员会以外，其他任何机关都无权予以改变或者撤销。

除了国务院有权制定行政法规外，国务院的各部和各委员会根据法律和国务院的行政法规、决定、命令，可以在本部门的权限内发布命令、指示和规章（参见《宪法》第九十条）。教育部是被授权制定各种教育类规章的主要部门。

（三）地方各级人民代表大会及其常务委员会制定地方性法规的权限

根据《宪法》规定，地方各级人民代表大会在本行政区域内，有权依照法律规定的权限，通过和发布决议（参见《宪法》第九十九条）。省、直辖市的人民代表大会和它们的常务委员会，在不同宪法、法律、行政法规相抵触的前提下，可以制定地方性法规，报全国人民代表大会常务委员会备案（参见《宪法》第一百条）。民族自治地方的人民代表大会有权依照当地民族的政治、经济和文化的特点，制定自治条例和单行条例，报全国人民代表大会常务委员会批准后生效。自治州、自治县的自治条例和单行条例报省或自治区的人民代表大会常务委员会批准后生效，并报全国人民代表大会常务委员会备案（参见《宪法》第一百一十六条），以保证国家法制的统一。

地方性法规是由省级人民代表大会及其常务委员会制定和颁布的、在本行政区域内适用的、具有法律效力的规范性文件的总称。宪法关于地方性法规的规定，是我国立法体制的一项重要改革。由于我国各地政治、经济、文化发展很不平衡，差异性很大，规定这样的体制有利于各地因地制宜，发挥主动性、积极性，协调整个国家的建设。

有权制定地方性法规的，除了省级人民代表大会及其常务委员会外，省、自治区人民政府所在地的市和经国务院批准的较大的市的人民代表大会及其常务委员会，根据本市的具体情况和实际需要，在不同宪法、法律、行政法规和本省、自治区的地方性法规相抵触的前提下，可以制定地方性法规，报省、自治区的人民代表大会常务委员会批准后施行，并由省、自治区的人民代表大会常务委员会报全国人民代表大会常务委员会和国务院备案。这一规定见于1986年12月2日第六届全国人民代表大会第十八次会议通过的《关于修改〈中华人民共和国地方各级人民代表大会和地方各级人民政府组织法〉的决定》。这一规定赋予了较大城市制定地方性法规的权力，是我国立法体制改革的新成果，它对进一步发挥地方的积极性，及时解决地方在社会主义现代化建设进程中所发生的具体问题具有十分重要的意义。

（四）地方各级国家行政机关制定行政规章的权限

根据宪法规定，县级以上地方各级人民政府依照法律规定的权限，有权发布决定和命令（参见《宪法》第一百零七条）。其中，省、自治区、直辖市以及省、自治区的人民政府所在地的市和经国务院批准的较大的市的人民政府，还可以根据法律和国务院的行政法规，制定行政规章和其他规范性文件。这一规定有利于在中央的统一领导下，充分发挥各地行政机关的积极性，实行依法行政，提高行政效率。

我国立法体制中的权限划分结构的基本特点是中央和地方适当分权，授权地方各级国家权力机关及其常设机关和地方各级国家行政机关，在其职权范围内，根据宪法、法律和行政法规制定、颁布具有不同效力的规范性文件，这与我国国家性质和多民族单一制的社会主义国家结构这一具体国情是相适应的。我国教育法的制定就是在这一立法体制下进行的。

（五）法规位阶与效力

按照《宪法》和《中华人民共和国立法法》规定的立法体制，由上述不同立法机关制定的我国的法律有不同的位阶，从高到低分别是根本法、基本法、普通法、行政法规、省级地方性法规和行政规章、省级政府规章和地级市的地方性法规、地级市的政府规章。

1. 法律的位阶

（1）第一位阶：宪法。宪法是国家的根本大法，具有最高效力，其他各项法律法规均在宪法的基础上制定，不得与宪法发生冲突。

宪法是制定下位法律规范的依据，我国宪法明确规定，一切法律、行政法规和地方性法规都不得同宪法相抵触。宪法是一切国家机关、社会团体和全体公民的最高行为准则。我国宪法第五条规定："一切国家机关和武装力量、各政党和各社会团体、各企业事业组织都必须遵守宪法和法律。一切违反宪法和法律的行为，必须予以追究。"任何组织或者个人都不得有超越宪法和法律的特权。

（2）第二位阶：基本法。基本法是全国人民代表大会制定审议通过的法律。1995 年 3 月 18 日第八届全国人民代表大会第三次会议通过的《中华人民共和国教育法》、1986 年 4 月 12 日第六届全国人民代表大会第四次会议通过的《中华人民共和国义务教育法》就是基本法。

（3）第三位阶：普通法。普通法是全国人民代表大会常务委员会制定审议通过的法律。1993 年 10 月 31 日第八届全国人民代表大会常务委员会第四次会议通过的《中华人民共和国教师法》、2016 年 11 月 7 日第十二届全国人民代表大会常务委员会第二十四次会议通过的《中华人民共和国民办教育促进法（修订）》、2021 年 10 月 23 日第十三届全国人民代表大会常务委员会第三十一次会议表决通过的《中华人民共和国家庭教育促进法》就是普通法。

法律条文中使用的"法律"仅指基本法和普通法。除了上述的基本法和普通法，我国还有一批国务院制定的行政法规与规范性文件和国务院各部、委制定的有关教育的行政规章，以及数量繁多的地方性法规和规章。

（4）第四位阶：行政法规。国务院制定的教育类法律规范即属此类。如国务院办公厅出台的《关于促进 3 岁以下婴幼儿照护服务发展的指导意见》《关于幼儿教育改革与发展指导意见的通知》《关于当前发展学前教育的若干意见》等都属于行政法规。

（5）第五位阶：省级地方性法规和行政规章。例如：2017 年浙江省第十二届人民代表大会常务委员会第四十一次会议通过的《浙江省学前教育条例》等。

（6）第六位阶：省级政府规章和地级市的地方性法规。例如：浙江省教育厅教研室关于下发《浙江省学前教育保教管理指南》等。

（7）第七位阶：地级市的政府规章。例如：浙江省绍兴市发布的《中共绍兴市委　绍兴市人民政府关于学前教育深化改革规范发展的实施意见》等。

2. 法律规范相互冲突时的位阶解决办法

（1）下位法与上位法冲突时，优先适用上位法；

（2）普通法和特别法冲突时，优先适用特别法；

（3）人大优于政府，上级优于下级。

二、法规的实施与监督

法律的实施，是指国家机关及其工作人员以及社会组织和公民在自己的实际活动中使法律规范得到实现。因此法律实施的过程就是法律在现实社会生活中的具体运用、贯彻和实现的过程，就是将法律中所设定的权利与义务关系转化为现实生活中的权利与义务关系，并进而将体现在法律中的国家意志转化为人们的行为的过程。法律在社会生活中的实现，必须采用一定的方式。

一般来说，法律规范可以分为禁止性规范、义务性规范和授权性规范。禁止性规范禁止人们做出一定的行为，要求人们抑制一定的行为。义务性规范责成人们承担一定的积极行为。授权性规范授予人们可以做出某种行为或要求他人做出或不做出某种行为的能力。以上三类法律规范在社会生活中实现的方式尽管不同，但一般来说，人们可以独立地遵守、执行和运用法律，而不须通过专门的国家机关来实现这些法律规范。然而，法律规范的实现还可以有另外的方式，即通过专门的国家机关的特定活动，使法律规范在社会生活中得到实现。由此，法律的实施可以有两种方式——法律的适用和法律的遵守。

（一）法律的适用

法律的适用是法律实施的一种基本方式。广义的法律的适用包括国家权力机关、国家行政机关和国家司法机关及其公职人员依照法定权限和程序，将法律运用于具体的人或组织的专门活动。狭义的法律的适用则专指国家司法机关依照法定的职权和程序，运用法律处理各种案件的专门活动。不管是广义的还是狭义的理解，法律的适用都是指国家机关及其公职人员以国家的名义实施法律规范的活动。因此，法律的适用同一般的国家机关遵守法律、执行法律、运用法律不同。

教育法的适用是由国家权力机关、行政机关、公安机关、检察机关和审判机关来实现的，但教育法更多地牵涉依法行使其管辖权的国家行政机关。教育法由专门的国家机关适用，一般包括以下情况。

在公民、社会组织和一般的国家机关行使法律规定的权利和义务时需要取得有专门权限的国家机关支持的情况下，必须由有专门权限的国家机关来适用法律。例如，公民有参加高等教育自学考试的权利，但如果没有高等教育自学考试机构来主持、负责这项工作，确定开考专业、统筹安排考试、建立考籍管理档案等，那么公民就不可能实际地获得通过自学考试成才的权利。

当公民、社会团体和一般的国家机关在相互关系中发生纠纷或争议，不可能自己解决时，必须由有专门权限的国家机关来适用法律。例如，《中华人民共和国义务教育法实施细则》规定，当事人对行政处罚决定不服的，可以依照法律、法规的规定申请复议。当事人对复议决定不服的，可以依照法律、法规的规定向人民法院提起诉讼。当事人在规定的期限内不申请复议，也不向人民法院提起诉讼，又不履行处罚决定的，由作出处罚决定的机关申请人民法院强制执行，或者依法强制执行。在这里，行政复议机构、法院以及作出处罚决定的国家行政机关都属于有专门权限的国家机关。

当公民、社会团体和一般的国家机关在其活动中存在违法行为时，必须由有专门权限的国家机关来适用法律，对违法行为进行制裁。教育法所规定的法律责任主要是行政法律责任，法律制裁也主要是行政处罚。这些都是由行政机关来实现的。但如果违法行为同时涉及民事范围或触犯了刑律，那么除了由行政机关追究行政责任外，还要由法院追究民事法律责任和刑事法律责任。

以上方面说明，法律的适用是一种特殊的国家管理活动形式。适用法律的机关要以法律规范为根据来采取措施。因此，为了维护公民、社会团体、国家机关各个方面的权益，正确、有效地适用法律就是法律适用机关及其公职人员的基本职责。

（二）法律的遵守

遵守法律是法律实施的另一种基本形式，它是指公民、社会团体和国家机关都按照法律规定的要求去行动，它们的活动都是合法的行为，而不是违法的行为。遵守法律是针对一切组织和个人而言的，我国宪法对守法的主体作了明确规定。《宪法》第五条规定："一切国家机关和武装力量、各政党和各社会团体、各企业事业组织都必须遵守宪法和法律。一切违反宪法和法律的行为，必须予以追究。"《宪法》第三十三条规定："任何公民享有宪法和法律规定的权利，同时必须履行宪法和法律规定的义务。"第五十三条规定："中华人民共和国公民必须遵守宪法和法律，保守国家秘密，爱护公共财产，遵守劳动纪律，遵守公共秩序，尊重社会公德。"从《宪法》的规定来看，守法的主体包括两个方面：一是一切国家机关、武装力量、政党和社会团体、企事业组织。特别是国家机关及其公职人员，他们担负着各种社会公共事务，以贯彻执行国家统一意志和利益为原则，因此严格守法、执法是对国家机关及其公职人员的基本要求。二是所有公民，即一切社会关系的参加者自觉遵守法律、贯彻法律、维护法律的尊严、发挥法律的威力，就能有效保证法律的实施。

从守法的内容来看，这里所说的法是广义的法，包括宪法、各部门法和组成各部门法的法律、条例、规定、规则、实施细则等。守法，首先应当遵守宪法和法律。宪法是国家的根本大法，是治国的总章程。它规定了国家的根本性质和根本任务，具有最高的法律效力和法律地位。法律是依据宪法制定的二级大法，是对某一社会关系基本制度和基本任务的确认。宪法和法律都是由最高权力机关制定的，因此，守法首先必须遵守宪法和法律。其次，守法还要求遵守所有符合宪法和法律的其他国家机关制定的一切法规和其他规范性文件，如国务院的行政法规、决议、命令和规章；省、自治区、直辖市人民代表大会制定的地方性法规；地方各级人民政府发布的决议、命令等。这些法规和规范性文件都是依据宪法和法律，根据本地区、本部门的具体情况，为实施宪法和法律的需要而制定的，因此也应当遵守。

三、教育法的监督

为了保证教育法的实施，必须加强对法律实施的监督，这是推进教育法治的必要一环。我国已经初步形成了通过国家法律制度的制定和运用，来制约和督促社会各个方面执法守法的法律监督体制。这一监督体制包括权力机关的法律监督和工作监督，司法机关的司法监督，行政机关的行政监督，以及执政党的监督和人民群众的社会监督等方面。需要指出的是，教育督导也对教育法的实施具有监督作用。

法律监督有广义和狭义两种理解。广义的法律监督是指所有的国家机关、社会组织和公民对各种法律活动的合法性进行的监察和督促；狭义的法律监督是指有关国家机关依照法定职权和程序，对立法、执法和司法活动的合法性进行的监察和督促。二者都以法律实施及人们行为的合法性为监督的基本内容。我国已经建立起一套法律监督体系，法律监督主要包括以下五种类型。

（一）权力机关的法律监督和工作监督

在我国，国家的一切权力属于人民，人民行使国家权力的机关是全国人民代表大会和地方各级人民代表大会。国家行政机关、审判机关和检察机关由国家权力机关产生，对它负责，受它监督。国家权力机关的监督作用首先表现在对其所制定和颁布的宪法、法律、地方性法规、自治条例和单行条例的实施情况进行监督。全国人民代表大会及其常务委员会可以依照宪法规定，追究一切违宪行为。全国人民代表大会可以改变或撤销全国人民代表大会常务委员会的不适当的决定。全国人民代表大会常务委员会可以撤销国务院制定的同宪法和法律相抵触的行政法规、决定和命令，撤销省、自治区、直辖市国家权力机关制定的同宪法、法律和行政法规相抵触的地方性法规和决议。县级以上人民代表大会可以改变或撤销本级人民代表大会常务委员会的不适当的决议，撤销本级人民政府的决定和命令。县级以上人民代表大会常务委员会可以撤销下一级人民代表大会及其常务委员会的不适当的决议，撤销本级人民政府的不适当的决定和命令。这样一个制约的机制使法律的遵守得到了有效的监督。此外，国家权力机关还可以就某项法律、法规的实施情况在自己所辖范围内进行检查。如全国人民代表大会组织专项教育法检查组，对省、自治区、直辖市实施教育法的情况进行检查，这也是权力机关职权范围内的一种法律监督。

权力机关的监督作用还表现在它对行政机关、审判机关和检察机关的工作监督。这些机关对同级人民代表大会及其常务委员会负责并报告工作。国家权力机关还可以通过人民代表行使质询权和视察工作，对这些国家机构进行监督；对重大的问题，还可组织调查委员会进行调查处理。

（二）司法机关的司法监督

司法机关的司法监督主要包括检察机关对公安机关、法院等司法机关的司法监督和法院对行政机关的司法监督两个方面。对于教育法来说，主要是后者。对行政机关的司法监督是指法院依法对特定行政机关及其公职人员的特定行政行为是否违法、越权、侵权、失职、不当进行审理和判决。随着国家普遍强化政府职能的进程，国家行政管理的范围和种类也愈来愈广泛，由此也带来了日益增多的行政纠纷和日益复杂的行政法律关系，因此建立行政诉讼制度已成为历史的需要。我国于1982年开始建立行政诉讼制度，人民法院可以受理法律规定可以起诉的行政案件。特别是1990年10月1日生效实施的《中华人民共和国行政诉讼法》全面统一地规定了我国的行政诉讼制度，这就使法院的受案范围除了民事案件和刑事案件外，还包括行政诉讼案件，从而扩大了司法机关对教育行政管理的监督职能。该法规定，行政机关的具体行政行为属于行政诉讼的范围，这就对行政机关采取行政措施提出了严格的法律要求。教育行政机关作出的行政决定，凡涉及公民、法人和其他组织的人身权、财产权的，如规定各种学校收费、印发学历证书、取消考试资格等，都应与有关的法规的规定一致，否则在行政诉讼中将处于被动地位。

（三）行政机关的行政监督

行政机关的行政监督包括上下级行政机关的相互监督和特设的行政监察机关对行政机关的监督。行政系统上下级机关之间的监督表现为国务院有权改变或撤销各部委发布的不适当的命令、指示和规章，改变或撤销地方各级国家行政机关的不适当的决定和命令。县级以上地方各级人民政府有权改变或撤销所属各工作部门和下级人民政府的不适当的决定。国家行政监察机关的监督表现为对国家行政机关及其公职人员执行法律、法规和政策的情况以及违反政纪行为的监察。国家行政监察机关有检查权、调查权、建议权，并有一定的行政处分权。

（四）执政党监督和社会监督

执政党的监督是一种来自中国共产党的监督。根据宪法的规定，执政党对国家管理活动进行监督是保证中国共产党的领导地位的重要方式。执政党监督是通过批评与自我批评的组织生活形式、党的党规党纪的制约、党的组织监督系统来实现的。社会监督是各种社会组织、社会团体、公民个人对国家管理活动所进行的一种监督形式，主要通过批评、建议、检举、控告和申诉等方式来进行，社会监督对教育法的实施也具有重要的保障作用。

（五）教育督导

在教育系统内，还有一种特殊的对教育工作的行政监督，即督导制度。为保证教育法律、法规、规章和国家教育方针、政策的贯彻执行，实施素质教育，提高教育质量，促进教育公平，推动教育事业科学发展，我国制定了《教育督导条例》，自2012年10月1日起施行。根据规定，教育督导职权由国务院教育督导机构行使，县级以上地方人民政府设教育督导机构。教育督导的主要任务是对下级人民政府的教育工作、下级教育行政部门和学校的工作进行监督、检查、评估和指导，保证国家有关教育方针、政策、法规的贯彻执行和教育目标的实现。教育督导可分为综合督导、专项督导和经常性检查，由教育督导机构根据本级人民政府、教育行政部门或上级督导机构的决定实施。督导机构和督导人员根据国家有关的方针、政策、法规进行督导，并具有以下职权：列席被督导单位的有关会议；要求被督导单位提供与督导事项有关的文件并汇报工作；对被督导单位进行现场调查。总之，教育督导制度的建立，使教育法的行政监督有法可依，日臻完善。

第二节　学前教育立法历程

学前教育是国民教育体系的重要基石，是重要的社会公益事业、重大的国计民生问题。1978年至今，我国学前教育事业发展取得突出成就，也面临诸多挑战。党的二十大报告在总结过去五年的工作和新时代十年的伟大变革时指出："在幼有所育、学有所教、劳有所得、病有所医、老有所养、住有所居、弱有所扶上持续用力，人民生活全方位改善。"中国政府从国情和各地方实际出发，积极制定政策，加大财政投入，完善制度体系，有力推动了我国学前教育事业的持续、快速发展。

一、拨乱反正，学前教育恢复发展时期（1978—1986 年）

党的十一届三中全会确定了改革开放的国家发展战略，将学前教育发展纳入政府重要议事日程，对学前教育管理体制、城乡学前教育发展方针、幼儿园课程标准、学前教育师资培养及管理等作出了明确规定。

1978 年，教育部恢复了学前教育处。1979 年 6 月，第五届全国人民代表大会第二次会议通过的《政府工作报告》指出"要十分重视发展托儿所、幼儿园，加强学前教育"。同年 7 月 24 日至 8 月 7 日，国务院召开全国托幼工作会议，讨论并通过了《全国托幼工作会议纪要》。文件决定，由国务院设立"托幼工作领导小组"，成员由教育部、卫生部、计委等 13 个部门组成。"托幼工作领导小组"下设办公室作为常设机构，开展日常工作。此次会议在我国学前教育发展史上具有划时代意义，它将学前教育摆在政府议事日程的重要位置，确定了学前教育事业的发展方针，首次确立了由政府牵头、各部门共同管理的学前教育管理体制。在领导小组的领导下，各有关部门陆续制定出台了一系列学前教育政策法规，加强了对学前教育的管理。

1979 年 11 月 8 日，教育部颁布了《城市幼儿园工作条例（试行草案）》。作为粉碎"四人帮"后的第一项学前教育政策，该文件对学前教育发展方针、教育目标、内容和管理制度作出了详尽规定，使学前教育迅速摆脱"四人帮"造成的混乱无序状态，恢复了正常的工作秩序。

1981 年 10 月 31 日，教育部发出《关于试行幼儿园教育纲要（试行草案）的通知》，这是我国改革开放以后第一个幼儿园课程标准。同年 6 月，卫生部颁布了《三岁前小儿教养大纲（草案）》，这是中华人民共和国成立后首次就 3 岁以下儿童的集体教育工作作出明确规定，在提高托儿所保教质量方面发挥了重要指导作用。

针对当时农村学前教育发展缓慢的情况，教育部于 1983 年 9 月发布《关于发展农村学前教育的几点意见》，提出必须坚持"两条腿走路"的方针，采取多种形式举办幼儿园。该文件有力推进了农村学前教育的发展，特别是调动了农村小学举办学前教育的积极性。随后于 1986 年 6 月颁布《关于进一步办好幼儿学前班的意见》，对学前班的办班指导思想、教育活动的内容与组织、教师培训、办班条件、领导和管理等方面作出了明确规定。该文件倡导因地制宜、利用现有教育资源发展学前教育的新思路，推动了农村学前教育的健康发展。

这一时期，教育部门和有关部门通力合作，极大地调动了广大学前教育工作者的积极性和创造性，形成了全社会共同关心、支持学前教育的良好局面。1979 年，全国幼儿园 16.65 万所，在园幼儿 879.23 万人，教职工 53.27 万人，比 1965 年分别增长了 8.7 倍、5.1 倍和 3.29 倍。

二、依法治教，学前教育快速发展阶段（1987—1995 年）

20 世纪 80 年代后期，在教育体制改革的大背景下，政府通过改革管理体制推进依法治教，使学前教育各项工作更加科学化、规范化，实现了快速发展。

针对"托幼工作领导小组"及其办事机构撤销后未有相关部门接手学前教育管理而造成的管理职责不明、事业发展受限的情况，1987 年，国务院召开全国学前教育工作会议，决定由国务院办公厅转发国家教委等九部门《关于明确幼儿教育事业领导管理职责分工的请示》，确定了学前教育实行"地方负责，分级管理和各有关部门分工负责"的原则，明确了各部门对学前教育的职责。此后，国家教委

微 课

学前教育
立法历程

进一步明确"国家教育委员会主管全国的幼儿园管理工作，地方各级人民政府的教育行政部门主管本辖区内的幼儿园管理工作"。就此，全国学前教育管理体制基本理顺，多数省（市）设立了学前教育专门管理机构，配备了专职管理人员，建立起省、地、县、乡四级学前教育行政管理、教研和培训网络。这一新管理体制的建立，实现了学前教育管理的地方化，极大地调动了各地办园的积极性。

1988 年，国务院办公厅转发国家教委等八部门发布的《关于加强学前教育工作的意见》，强调要加强学前教育管理。次年 8 月 20 日，国务院批准了中华人民共和国第一个学前教育行政法规——《幼儿园管理条例》（下称《条例》）。《条例》明确了地方人民政府发展和管理学前教育的职责，提出"地方各级人民政府可以依据本条例举办幼儿园，并鼓励和支持企业事业单位、居民委员会、村民委员会和公民举办幼儿园或捐资助园……幼儿园的管理实行地方负责，分级管理和各有关部门分工负责的原则"。《条例》还对举办幼儿园的基本条件和审批程序、幼儿园的保教工作、行政事务及奖励处罚等作出了明确规定。

1989 年 6 月，国家教委颁布《幼儿园工作规程（试行）》（简称《规程（试行）》），全面、系统地对幼儿园的各项工作作出了规定。《规程（试行）》提出的"体、智、德、美全面发展"的教育目标，充分体现了培养适应未来社会需要的人才的指导思想。《规程（试行）》提出的"面向全体幼儿""遵循幼儿身心发展的规律，注重个体差异""合理地综合组织各方面的教育内容，并渗透于幼儿一日生活的各项活动中，充分发挥各种教育手段的交互作用"等教育原则，充分体现了"全面发展""因材施教""一日生活皆教育"等新教育观，引发了幼儿园课程和教学的全面改革。经 6 年试行，《幼儿园工作规程》于 1996 年 6 月以国家教委第 25 号令发布，正式施行。

依法治教是构建有中国特色的现代化学前教育体系的重要举措。《幼儿园管理条例》和《规程（试行）》的颁布，标志着我国学前教育迈向法治化的新里程。为保证两个法规落到实处，各级政府和教育部门从本地实际出发，制定了地方行政法规和实施细则，在加强科学管理、转变教育观念、全面提高教育质量等方面取得了显著成效。

进入 90 年代，国家加大了学前教育的改革力度。政府陆续签署了《儿童生存、保护和发展的世界宣言》《执行九十年代儿童生存、保护和发展世界宣言行动计划》《儿童权利公约》，向世界作出发展教育、保护儿童的庄严承诺。随后又颁布了《中华人民共和国未成年人保护法》和《中华人民共和国母婴保健法》及《九十年代中国儿童发展规划纲要》，为保障儿童健康发展、提高人口素质提供法律保障。

这一时期，在学前教育法规、政策的保障和推动下，我国学前教育事业获得了快速发展。1995 年，全国幼儿园 18.04 万所，在园幼儿 2 711.2 万人，教职工 116 万人，比 1986 年分别增长了 1.04 倍、1.66 倍和 1.32 倍。

三、社会变革，学前教育曲折发展阶段（1996—2000 年）

"九五"时期，是学前教育贯彻"科教兴国"战略、实现健康发展的关键时期，也是应对经济、社会和政治变革努力前行、曲折发展的重要时期。

为认真贯彻《中华人民共和国教育法》《中华人民共和国教师法》《幼儿园管理条例》《幼儿园工作规程》，1997 年 7 月，国家教委下发《全国幼儿教育事业"九五"发展目标实施意见》，提出了学前教育的发展目标：2000 年全国学前三年幼儿入园（含学前班）率达到 45% 以上，大中城市基本解决适龄幼儿入园问题，农村学前一年幼儿入园（班）率达到 60% 以上，所有幼儿园（班）均应达到县以上教育行政部门规定的基本办园标准。针对上述目标，文件提出了包括切实加强学前教育的领导和管理、深化幼儿园办园体制改革、深化教育教学改革、加强师资队伍建设、加大学前教育经费投入力度等六项具体措施。文件首次提出"幼儿教育发展方向应该是建立以社区为依托的、适应当地经济和社会发展的、正规与非正规相结合的组织形式"，勾画了"九五"期间学前教育事业发展的蓝图，指明了这一时期学前教育的多元化、社会化发展前景。

四、深化改革，学前教育社会化发展阶段（2001—2005 年）

进入 21 世纪，国务院在 2003 年 3 月转发了教育部等十部门联合发布的《关于幼儿教育改革与发展的指导意见》（简称《意见》），明确了今后 5 年我国学前教育改革与发展的目标。其主要特点是落实各级政府的责任，完善"地方负责、分级管理"的管理体制；明确了新形势下各部门管理职能的重点工作内容；建立新的学前教育发展模式；明确改制幼儿园资产的基本管理办法；办好示范园，发挥示范、培训、管理等多种功能作用；保障幼儿园教师的合法权益；推进学前教育均衡发展，加大对农村和贫困地区的学前教育的支持力度；首次明确在各级政府建立学前教育评价制度，发挥督政和督学相结合的评价监督管理机制作用。

《意见》的出台使学前教育发展呈现稳步发展的态势。"十五"期间，幼儿园教师学历提高的速度和水平与小学教师总体较为一致。但未评职称教师比例严重偏高。2005 年，未评职称教师占幼儿园教师总数的 54.5%，比 2001 年增加了 6.5 个百分点。这一情况与其学历迅速提高的状况形成了强烈反差，不利于稳定教师队伍和调动教师专业发展的积极性。

此外，幼儿园师幼比过低，专任教师比例逐年减少。2005 年，全国幼儿园教职工（含代课教师和兼任教师）与幼儿比平均为 1 ∶ 17.6，其中城市为 1 ∶ 9.8，县镇为 1 ∶ 15.9，而农村为 1 ∶ 36。农村幼儿园师幼比过低的状况未得到缓解，这是制约农村学前教育教育质量提高的症结之一。

五、调整提高，学前教育持续发展阶段（2006—2009 年）

"十一五"期间，我国学前教育事业在改革创新中不断前进，展现出强劲的发展势头。四年间，城市学前教育得到稳步发展，县镇学前教育出现持续发展的态势，农村学前教育发展形势则十分严峻。2007 年，农村幼儿园数量比上年减少 3 376 所，在园幼儿人数减少 14.72 万。2009 年，农村学前班数量比 2005 年减少 56 712 个，在班幼儿数占当年全国学前班幼儿总数的比例、占全国农村在园幼儿总数的比例分别下降 4.5 个百分点和 13.9 个百分点。这一情况与农村中小学布局调整工作的不断推进密切相关。小学被撤并，学前班不得不随之消亡，这一趋势使农村学前教育的发展陷于危机之中。

同期，民办幼儿园发展速度显著快于公办幼儿园。相比 2005 年，2009 年的民办园总数增长 29.7%，公办园总数下降 12.0%；民办园新入园幼儿数增长 62.2%，公办园新入园幼儿数比 2005 年下降 3.0%；民办园在园幼儿数增长 69.8%，公办园在园幼儿数仅增长 0.8%。同时，民办幼儿园占幼儿园总规模的比例亦有所上升。2009 年，民办幼儿园园数、新入园幼儿数、在园幼儿数占比比 2005 年分别增加了 9.3、11.1 和 12 个百分点。

其间，幼儿园教师队伍规模扩大，高学历教师增量大，但未评职称教师比例偏高、农村师幼比偏低的情况未得到根本缓解。2009 年，幼儿园教职工总数比 2005 年增加了 36.3%，本科以上学历教师人数比 2005 年增长了 188%，但全国一半以上的幼儿园教师没有职称。

六、改革创新，学前教育跨越式发展阶段（2010 年至今）

2010 年至今是我国学前教育改革发展的关键时期。学前教育迎来了改革发展的第二个春天，续写欣欣向荣的"春天的故事"，一系列指引学前教育改革发展的政策法规密集出台，改革发展实践不断取得新成就，开创了学前教育改革发展的全新局面，实现了跨越式发展，基本形成了适应中国国情的、公办与民办相结合的学前教育公共服务体系。

2018 年 9 月 7 日公布的十三届全国人大常委会立法规划中，学前教育法纳入全国人大常委会立法规划的一类立法项目，拟在十三届全国人大常委会任期内提请审议。为深入贯彻党的十九大和十九届二中、三中、四中全会精神，落实全国教育大会和习近平总书记关于教育的重要论述精神，促进学前教育事业健康发展，健全学前教育法律制度，根据宪法、教育法及其他有关法律法规，经充分调研与广泛征求意见，2020 年 9 月《中华人民共和国学前教育法草案（征求意见稿）》公布，面向社会公开征求意见。2023 年 6 月，国务院常务会议讨论并原则通过《中华人民共和国学前教育法（草案）》。随着这部法律的制定与实施，我国的学前教育法治系统将更趋于完善。

第三节　学前教育法规政策解读

一、《幼儿园工作规程》解读

1996 年 3 月 9 日，中华人民共和国国家教育委员会发布了《幼儿园工作规程》。2016 年 3 月，教育部颁布了经修订的《幼儿园工作规程》，废止了 1996 年的旧规程。

《幼儿园工作规程》的主要内容包括幼儿园教育的性质和任务、幼儿园的人员配备、幼儿园的园舍与设施、幼儿园的卫生保健、幼儿园的保育和教育、幼儿园的经费等。

《幼儿园工作规程》体现的主要理念包括以下三个方面。

（一）从多个维度充分保护幼儿安全

幼儿园以安全为首，因幼儿是极端的弱势群体，他们缺乏安全意识，不懂安全的重要性，不知相关的安全知识和防护、自救措施，也缺乏自救的能力，因而保护幼儿就是幼儿园工作的重中之重。《幼儿园工作规程》中明确规定幼儿园建立健全门卫、房屋、设备、消防、交通、食品、药物、幼儿接送交接、活动组织和幼儿就寝值守等安全检查制度，幼儿园教职工要有安全意识，掌握基本急救知识和技能，就是为了在紧急情况下首先保护幼儿的安全。

（二）尊重幼儿的身心发展规律开展教育教学

幼儿园教育要秉持尊重幼儿身心发展规律的原则开展教育教学活动，这是幼儿园教育教学品质的"定海神针"。《幼儿园工作规程》提出教育要符合幼儿年龄特点，注重个体差异，因人施教。符合幼儿年龄特点的教育教学就是以游戏为主要活动方式，把教育融入各类活动中。教育活动的内容应当根据教育目标、幼儿实际水平和兴趣确定，教育过程注重支持幼儿的主动探索、操作实践、合作交流和表达表现。

（三）注重幼儿的个性与全面发展协同

注重幼儿发展主要包括两个方面。一是注重幼儿个性发展。《幼儿园工作规程》规定："遵循幼儿身心发展规律，符合幼儿年龄特点，注重个体差异，因人施教，引导幼儿个性健康发展。""幼儿园应当充分尊重幼儿的个体差异，根据幼儿不同的心理发展水平，研究有效的活动形式和方法，注重培养幼儿良好的个性心理品质。"二是注重幼儿全面发展。《幼儿园工作规程》规定："实施德、智、体、美等方面全面发展的教育，促进幼儿身心和谐发展。"

二、《幼儿园教育指导纲要（试行）》解读

2001 年 7 月 2 日教育部印发了《幼儿园教育指导纲要（试行）》，从 2001 年 9 月起试行。《纲要》

主要有以下四部分：总则、教育内容与要求、组织与实施、教育评价。

《纲要》体现的主要理念包括以下两个方面。

（一）终身教育的理念

21世纪的基础教育把每个学生潜能的开发、健康个性的发展、为适应未来社会发展变化所必需的自我教育、终身学习的愿望和能力的初步形成作为最重要的任务，这与传统教育中把基础定位于基础知识、基本技能和技巧的训练有很大的区别。

终身教育的理念在《纲要》中的体现如下：

（1）总则第2条：幼儿园教育是基础教育的重要组成部分，是我国学校教育和终身教育的奠基阶段。城乡各类幼儿园都应从实际出发，因地制宜地实施素质教育，为幼儿一生的发展打好基础。

（2）健康——"内容与要求"第5条：开展丰富多彩的户外游戏和体育活动，培养幼儿参加体育活动的兴趣和习惯，增强体质，提高对环境的适应能力。

（3）语言——"内容与要求"第2条：养成幼儿注意倾听的习惯，发展语言理解能力。

（4）社会——"内容与要求"第2条：为每个幼儿提供表现自己长处和获得成功的机会，增强其自尊心和自信心。

（5）科学——"内容与要求"第1条：引导幼儿对身边常见事物和现象的特点、变化规律产生兴趣和探究的欲望。

（二）"以人为本"的教育理念

"以人为本"的思想是《纲要》的一个突出特征，体现如下：

（1）《纲要》将《幼儿园工作规程》"促进每个幼儿在不同水平上的发展"的思想进一步扩展和深化。

（2）《纲要》字里行间都旗帜鲜明地倡导尊重幼儿、保障幼儿权利，促进幼儿全面和谐发展的儿童观。

（3）《纲要》总则的5条中除第1条外，其他4条都分别从不同的角度，围绕"以幼儿发展为本"，明确提出要"为幼儿一生的发展打好基础""共同为幼儿的发展创造良好的条件""满足他们多方面发展的需要，使他们在快乐的童年生活中获得有益于身心发展的经验""尊重幼儿的人格和权利，尊重幼儿身心发展的规律和学习特点，促进每个幼儿富有个性的发展"等。

三、《3—6岁儿童学习与发展指南》解读

2012年10月，教育部组织专家研究制定并印发了《3—6岁儿童学习与发展指南》。《指南》从健康、语言、社会、科学、艺术五个领域描述幼儿的学习与发展。每个领域按照幼儿学习与发展最基本、最重要的内容划分为若干方面。每个方面分为两部分，一是学习与发展目标，二是教育建设。

（一）五大领域均呈现出不同年龄段儿童的发展方向

《指南》中，基于健康、语言、社会、科学、艺术五个领域，分别对3~4岁、4~5岁、5~6岁三个年龄段末期幼儿应该知道什么、能做什么、大致可以达到什么发展水平提出了合理期望，共32个目标。例如，健康领域从幼儿身心状况、动作发展、生活习惯与生活能力三个方面，提出9个目标。着重强调了三点：一是幼儿积极、健康的身心状况不仅是身体健康，也包括心理健康；二是身体动作和手的精细动作发展；三是具有良好的生活与卫生习惯、基本的生活自理能力和自我保护能力。

（二）给予幼儿园教师恰当的教育建议

根据幼儿的学习与发展目标，针对当前学前教育普遍存在的困惑和误区，列举了一些能够有效帮

助和促进幼儿学习与发展的教育途径与方法，同时也指出了错误做法对幼儿终身发展的危害，为广大家长和幼儿园教师提供了具体、可操作的指导，共87条教育建议。以"健康"领域为例，建议要为幼儿提供合理均衡的营养、充足的睡眠、适宜的锻炼和有规律的生活，让幼儿充分感受到亲情和关爱，保持愉快的情绪，形成安全感和信赖感。反对成人过度保护和包办代替，养成幼儿过于依赖的不良习惯。

（三）《指南》不是标尺，切不可直接测量

《指南》中提供的3～4岁、4～5岁、5～6岁幼儿的发展可能性只是一种方向，教师可以按照这个方向为幼儿提供适宜的活动，旨在促进幼儿的发展。但是幼儿之间的个体差异很大，不能用标准或指标直接测量幼儿，避免存在忽略差异、忽略特性、无视"人"的根本问题。

四、《幼儿园教师专业标准（试行）》解读

2012年2月10日，教育部正式公布了《幼儿园教师专业标准（试行）》（简称《专业标准》）。《专业标准》是国家对合格幼儿园教师专业素质的基本要求，是幼儿园教师开展保教活动的基本规范，是引领幼儿园教师专业发展的基本准则，是幼儿园教师培养、准入、培训、考核等工作的重要依据，主要包括基本理念、基本内容、实施建议等部分。

《专业标准》的主要理念包括以下四个方面。

（一）幼儿为本

尊重幼儿权益，以幼儿为主体，充分调动和发挥幼儿的主动性；遵循幼儿身心发展特点和保教活动规律，提供适合的教育，保障幼儿快乐健康成长。《专业标准》中有以幼儿为本的考察，包括对幼儿的态度与行为、幼儿保育与教育的态度与行为等。

（二）师德为先

热爱学前教育事业，具有职业理想，践行社会主义核心价值观，履行教师职业道德规范。关爱幼儿，尊重幼儿人格，富有爱心、责任心、耐心和细心；为人师表，教书育人，自尊自律，做幼儿健康成长的启蒙者和引路人。《专业标准》中有对教师专业理念的考察，包括职业理解与认识、对幼儿的态度与行为、个人修养与行为。

（三）能力为重

把学前教育理论与保教实践相结合，突出保教实践能力；研究幼儿，遵循幼儿成长规律，提升保教工作专业化水平；坚持实践、反思、再实践、再反思，不断提高专业能力。专业知识主要涉及幼儿发展的知识、幼儿保育和教育的知识、通识性知识。专业能力主要包括环境创设与利用、一日生活组织与保育、游戏活动支持与引导、教育活动计划与实施、激励与评价、沟通与合作。

（四）终身学习

学习先进学前教育理论，了解国内外学前教育改革与发展的经验和做法；优化知识结构，提高文化素养；具有终身学习与持续发展的意识和能力，做终身学习的典范。《专业标准》中有对教师反思与发展的考察。

五、《幼儿园保育教育质量评估指南》解读

2022年2月，教育部印发《幼儿园保育教育质量评估指南》（以下简称《评估指南》），指引幼儿

园进行质量实践评估，引导学前教育向高质量迈进。《评估指南》第一次系统地从总体要求、评估内容、评估方式、组织实施四个方面阐明了我国幼儿园保教质量评估的定位、意义、内容、实施方法，是引领我国幼儿教育工作者重新认识儿童、聚焦保教质量、落实幼儿园教育"以游戏为基本活动"、反思教育理论与实践的明灯，是再一次引发我国学前教育从理念到实践的教育变革的"指挥棒"[①]。

《幼儿园保育教育质量评估指南》理念主要包括以下两个方面。

（一）切实以游戏为基本活动开展教育

《评估指南》重申了幼儿教育要尊重幼儿年龄特点和成长规律，注重幼儿发展的整体性和连续性，坚持保教结合，以游戏为基本活动，有效促进幼儿身心健康发展。"以游戏为基本活动"，就是要求对儿童的认识不仅仅是一句口号，而是要落实在行动中。要通过评估反思，改进我们的理念和教育行为，认真思考幼儿园的一日保教活动是否"相信每一个幼儿都是积极主动、有能力的学习者"，是否"遵循幼儿身心发展规律和学前教育规律，尊重个体差异，坚持以游戏为基本活动，珍视生活和游戏的独特价值"。

（二）以过程性评估督导班级保教质量的提升

《评估指南》是以评促建的重要手段。通过教师在教育现场的连续观察、记录，了解教师与幼儿的互动情况，准确判断教师对促进幼儿学习与发展所做的努力与支持，全面、客观、准确地了解幼儿园的保育教育真实情况。教师个人、园长通过不断对保教情况进行观察、反思、审视，找出保教质量存在的问题，提出建设性的改进意见，最终调整教育教学计划、策略、方法，切切实实促进幼儿的"真发展"，这才是《评估指南》的核心宗旨。

思考与练习

一、单项选择题

1.（ ）具有我国最高立法权限。
A.全国人民代表大会及其常务委员会　　B.国务院及其所属部委
C.地方人民代表大会及其常务委员会　　D.地方各级国家行政机关

2.《幼儿园管理条例》发布于（ ）。
A.1989年8月　　B.1989年9月
C.1989年10月　　D.1989年11月

3.《幼儿园工作规程》修订于（ ）。
A.1996年3月　　B.2016年3月
C.1996年5月　　D.2014年3月

4.教育部印发《幼儿园教育指导纲要（试行）》是在（ ）。
A.1990年　　B.1996年
C.2001年　　D.2010年

5.《幼儿园教师专业标准（试行）》正式发布于（ ）。
A.2010年　　B.2011年
C.2012年　　D.2013年

[①] 张晖.科学评估 提升质量 面向未来——在实践中落实《幼儿园保育教育质量评估指南》的精神［J］.早期教育（教育教学），2022（04）：4-6.

185

6. (　　) 年，教育部颁布了《幼儿园保育教育质量评估指南》。

  A. 2020   B. 2021

  C. 2022   D. 2023

7. 中华人民共和国首次就 3 岁以下儿童的集体教育工作作出的明确规定是 (　　)。

  A.《城市幼儿园工作条例（试行草案）》

  B.《三岁前小儿教养大纲（草案）》

  C.《关于发展农村学前教育的几点意见》

  D.《关于进一步办好幼儿学前班的意见》

8. (　　) 明确提出"幼儿教育是促进幼儿德、智、体、美全面发展的教育"。

  A.《幼儿园工作规程》

  B.《幼儿园管理条例》

  C.《幼儿园教育指导纲要（试行)》

  D.《3—6 岁儿童学习与发展指南》

9.《幼儿园保育教育质量评估指南》的理念不包括 (　　)。

  A. 注重幼儿发展的整体性   B. 以游戏为基本活动

  C. 坚持保教结合   D. 注重教学的有效性

二、判断题

1. 法律法规有七阶。　　　　　　　　　　　　　　　　　　　　　　　　　　(　　)

2. 学前教育法规最高法阶是第二阶。　　　　　　　　　　　　　　　　　　　(　　)

3. 幼儿园按照编制标准设园长、副园长、教师、保育员、医务人员、事务人员、炊事员和其他工作人员，编制参照国家教育委员会和原劳动人事部制定的《全日制、寄宿制幼儿园编制标准》制定具体规定。　　　　　　　　　　　　　　　　　　　　　　(　　)

4. 企业、事业单位和机关、团体、部队设置的幼儿园，除招收本单位工作人员的子女外，有条件的应向社会开放，招收附近居民子女入园。　　　　　　　　　　　　　(　　)

5. 积极开展适合幼儿的体育活动，每日户外体育活动不得少于半小时。　　　　(　　)

6. 游戏是对幼儿进行全面发展教育的重要形式，应根据幼儿的年龄特点选择和指导游戏。

                            (　　)

三、简答题

1. 简述《3—6 岁儿童学习与发展指南》的主要内容。

2. 简述《幼儿园教师专业标准（试行)》的基本理念。

3. 简述学前教育立法的历程。

四、论述题

1. 试述《幼儿园教育指导纲要（试行)》体现的主要理念。

2. 试述《幼儿园保育教育质量评估指南》体现的主要理念。

·推荐阅读·

1. 李季湄、冯晓霞主编：《〈3—6 岁儿童学习与发展指南〉解读》。第一章：《3—6 岁儿童学习与发展指南》概述。本章介绍《指南》研制的背景、目的与作用,《指南》的研制过程,《指南》的内容,《指南》实施的基本原则。

2. 幸福新童年编写组编著:《〈幼儿园保育教育质量评估指南〉解读》。第二章:《幼儿园保育教育质量评估指南》主体内容解读。本章介绍《幼儿园保育教育质量评估指南》的总体要求、评估内容、评估方式和组织实施。

主要参考文献

［1］陈向明.质的研究方法与社会科学研究［M］.北京：教育科学出版社，2000：450.

［2］杨爱华.学前教育科学研究［M］.南京：南京师范大学出版社，2001：258.

［3］［美］苏珊·纽曼.学前教育改革与国家反贫困战略——美国的经验［M］.李敏谊，霍力岩，译.北京：教育科学出版社，2011：9.

［4］北京大学中国教育财政科学研究所.学前教育财政保障与公平报告［R］.中国教育财政，2023（12）：9.

［5］钱雨.教育福利视角下英国学前教育立法经验分析［J］.教育发展研究，2022，42（6）：16-23.

［6］虞永平，王海英，张斌，等.儿童·国家·未来——学前教育体制机制改革研究［M］.南京：南京师范大学出版社，2020：1-3.

［7］陈秀云，陈一飞.陈鹤琴全集（第一卷）［M］.南京：江苏教育出版社，2008：1.

［8］［法］让-雅克·卢梭.爱弥儿：论教育（上册）［M］.李兴业，熊剑秋，译.北京：人民教育出版社，2017：7.

［9］颜之推.颜氏家训［M］.长春：时代文艺出版社，2001：6-7，102.

［10］朱子.朱子家训［M］.郑州：中州古籍出版社，1995：7.

［11］冒怀辛.慎言·雅述全译［M］.成都：巴蜀书社，2009：341，359.

［12］赵寄石.赵寄石学前教育论稿［M］.南京：南京师范大学出版社，2001：364.

［13］梁玉华，庞丽娟.发展适宜性教育：内涵、效果及其趋势［J］.全球教育展望，2011，40（8）：53-59.

［14］王守仁.王阳明全集（卷3）［M］.上海：上海古籍出版社，1992：96；104.

［15］［意］蒙台梭利.蒙台梭利幼儿教育科学方法［M］.任代文，等译.北京：人民教育出版社，1993：410.

［16］叶平枝.幼儿园健康领域教育精要——关键经验与活动指导［M］.北京：教育科学出版社，2015：1-7.

［17］余珍有.幼儿园语言领域教育精要——关键经验与活动指导［M］.北京：教育科学出版社，2015：42-43.

［18］张俊，等.幼儿园教学领域教育精要——关键经验与活动指导［M］.北京：教育科学出版社，2015：10.

［19］虞永平.学前课程价值论［M］.南京：江苏教育出版社，2002：196.

［20］冯晓霞.幼儿园课程［M］.北京：北京师范大学出版社，2000：164.

［21］李季湄，冯晓霞.《3—6岁儿童学习与发展指南》解读［M］.北京：人民教育出版社，2013：50.

［22］成军，张淑琼.幼儿园教育活动设计与实施［M］.北京：高等教育出版社，2016：21.

［23］杨枫.学前儿童游戏（第三版）［M］.北京：高等教育出版社，2019：6.

［24］姚伟.学前教育学［M］.长春：东北师范大学出版社，2012：150.

［25］蔡菡."课程游戏化项目"背景下江苏省幼儿园课程建设的效果与启示——基于教师评价的视角［J］.学前教育研究，2018（12）：39-51.

［26］江苏省教育厅.江苏教育年鉴（2014）［M］.南京：江苏凤凰教育出版社，2015：44-145.

［27］王振宇.论游戏课程化［J］.幼儿教育，2018（12）：3-8.

［28］王振宇.实现游戏手段与目的的统一——再论游戏课程化［J］.幼儿教育，2019（Z3）：3-7.

［29］袁爱玲.幼儿园教育环境创设［M］.北京：高等教育出版社，2010：118-119.

［30］顾明远.教育大辞典（增订合编本）［M］.上海：上海教育出版社，1998：604.

［31］秦元东，唐淑.为儿童创设良好的环境——论陈鹤琴关于幼稚园环境创设的思想［J］.学前教育研究，2002（6）：42-44.

［32］张博.现代幼儿教育观念研究［M］.长春：东北师范大学出版社，2003：124.

［33］黄藤.学校教育基本功能研究［M］.西安：陕西人民教育出版社，2006：67.

［34］赵秀红，许雯.新五指活动［M］.南京：南京师范大学出版社，2023：1.

［35］刘晶波，等.幼儿园社会领域教育精要——关键经验与活动指导［M］.北京：教育科学出版社，2015：63-137.

［36］王秀萍.幼儿园音乐领域教育精要——关键经验与活动指导［M］.北京：教育科学出版社，2015：24.

［37］朱家雄.幼儿园教育活动设计与实施［M］.北京：高等教育出版社，2008：67.

［38］虞永平.生活化的幼儿园课程［M］.北京：高等教育出版社，2010：18-28.

［39］蔡迎旗.学前教育概论［M］.武汉：华中师范大学出版社，2006：55.

［40］李生兰.学前教育学［M］.上海：华东师范大学出版社，1999：61-62.

［41］黄人颂.学前教育学（第三版）［M］.北京：人民教育出版社，2015：6.

［42］刘宇.儿童如何成为研究参与者："马赛克方法"及其理论意蕴［J］.全球教育展望，2014，43（9）：68-75.

［43］苗曼."马赛克方法"与幼儿教育改革［J］.教育发展研究，2018，38（22）：7-15.

［44］毛乐，鄢超云.马赛克方法的隐喻分析——以《倾听幼儿：马赛克方法》为例［J］.陕西学前师范学院学报，2021（9）：67-73.

［45］叶澜.教育概论［M］.北京：人民教育出版社，2006：98，306.

［46］刘焱.学前教育兼具"教育性"和"社会公共福利性"［N］.人民政协报，2009-5-20.

［47］裘指挥，刘焱.国外学前教育的社会经济效益研究［J］.比较教育研究，2011，33（6）：1-4+14.

［48］Timothy J. Bartik. The Economic Development Benefits of Universal Preschool Education Compared to Traditional Economic Development Programs W. E.［J］. Upjohn Institute for Employment Research, 2006(5): 3.

［49］虞永平，张斌.改革开放40年我国学前教育的成就与展望［J］.中国教育学刊，2018（12）：18-26.

［50］庞丽娟，王红蕾，贺红芳，等.关于我国学前教育立法的思考［J］.教育发展研究，2018，38（23）：46-50.

［51］唐淑.学前教育史［M］.北京：人民教育出版社，2009：194.

［52］闫晓英，周京.完善公益普惠儿童福利体系 为儿童友好提供制度支撑——解读国家发展改革委等部门联合印发的《关于推进儿童友好城市建设的指导意见》（基于民政视角）［J］.社会福利，2021（11）：23-24.

［53］李克建，陆浩.学前教育质量评价工具的演进路径与未来趋势［J］.学前教育研究，2023（2）：

1-11.

［54］张雪门.增订幼稚园行为课程［M］.台北：台湾书店，1966：1.

［55］宗林徐.西洋教育史［M］.台北：幼狮文化事业公司，1976：226.

［56］王利器.颜氏家训集解·勉学［M］.上海：上海古籍出版社，1980：166；25，34.

［57］滕大春.今日美国教育［M］.北京：人民教育出版社，1980：65.

［58］赵祥麟，王承绪.杜威教育论著选［M］.上海：华东师范大学出版社，1981：164.

［59］北京市教育科学研究所.陈鹤琴教育文集［M］.北京：北京出版社，1983.

［60］中国学前教育史编写组.中国学前教育史资料选［M］.北京：人民教育出版社，1989.

［61］李定开.中国学前教育［M］.重庆：西南师范大学出版社，1990：288.

［62］王守仁.王阳明全集（卷1）［M］.上海：上海古籍出版社，1992：14.

［63］王守仁.王阳明全集（卷2）［M］.上海：上海古籍出版社，1992：87；88.

［64］赵祥麟.外国教育家评传（第一卷）［M］.上海：上海教育出版社，1992：600.

［65］戴自俺.张雪门幼儿教育文集（上下卷）［M］.北京：北京少年儿童出版社，1994：1089.

［66］王伦信.陈鹤琴教育思想研究［M］.沈阳：辽宁教育出版社，1995：235.

［67］张雪门.实习三年［M］.台北：台湾书店，1996.

［68］陈秀云，陈一飞.陈鹤琴全集（第一卷）［M］.南京：江苏教育出版社，2008：1.

［69］吕达，刘立德，邹海燕.杜威教育文集（第2卷）［M］.北京：人民教育出版社，2008.

［70］杨汉麟.外国幼儿教育史［M］.北京：人民教育出版社，2011：180.

［71］姚伟.学前教育原理［M］.长春：东北师范大学出版社，2012：147-150.

［72］唐淑，虞永平.幼儿园班级管理［M］.南京：南京师范大学出版社，1997：66-68.

［73］赵南.学前教育"保教并重"基本原则的反思与重构［J］.教育研究，2012，33（7）：115-121+129.

［74］李季湄，肖湘宁.幼儿园教育［M］.北京：北京师范大学出版社，1997：110.

［75］阎水金.学前教育学［M］.上海：上海教育出版社，1998：289-290.

［76］胡春光，陈洪.法国幼小衔接教育制度的内涵与启示［J］.学前教育研究，2011（9）：23-27.

［77］许艳.美国幼小衔接的经验及启示［J］.早期教育（教师版），2010（6）：10-11.

［78］刘焱.儿童游戏通论［M］.北京：北京师范大学出版社，2004：72.

［79］丁海东.论学前教育的规律［J］.学前教育研究，2009（7）：29-31.

［80］张晖.科学评估 提升质量 面向未来——在实践中落实《幼儿园保育教育质量评估指南》的精神［J］.早期教育（教育教学），2022（4）：4-6.

图书在版编目(CIP)数据

学前教育学/杜丽静,叶好琴主编.—上海:复旦大学出版社,2024.8
ISBN 978-7-309-17476-2

Ⅰ.①学… Ⅱ.①杜… ②叶… Ⅲ.①学前教育-教育理论-教材 Ⅳ.①G610

中国国家版本馆 CIP 数据核字(2024)第 107604 号

学前教育学
杜丽静 叶好琴 主编
责任编辑/赵连光

复旦大学出版社有限公司出版发行
上海市国权路 579 号 邮编:200433
网址:fupnet@ fudanpress.com http://www.fudanpress.com
门市零售:86-21-65102580 团体订购:86-21-65104505
出版部电话:86-21-65642845
上海丽佳制版印刷有限公司

开本 890 毫米×1240 毫米 1/16 印张 12.5 字数 378 千字
2024 年 8 月第 1 版第 1 次印刷

ISBN 978-7-309-17476-2/G·2599
定价:48.00 元